ACCESO GRATIS *a la Lectura en la Nube*

Para visualizar el libro electrónico en la nube de lectura envíe junto a su nombre y apellidos una fotografía del código de barras situado en la contraportada del libro y otra del ticket de compra a la dirección:

ebooktirant@tirant.com

En un máximo de 72 horas laborables le enviaremos el código de acceso con sus instrucciones.

ANÁLISIS DE LA TEORÍA DE LA REPRESENTACIÓN POLÍTICA

Una propuesta para Castilla-La Mancha

ANÁLISIS DE LA TEORÍA DE LA REPRESENTACIÓN POLÍTICA

Una propuesta para Castilla-La Mancha

Martín Bajatierra Ruiz

tirant lo blanch
Valencia, 2025

En caso de erratas y actualizaciones, la Editorial Tirant lo Blanch publicará la pertinente corrección en la página web www.tirant.com.

© TIRANT LO BLANCH
EDITA: TIRANT LO BLANCH
C/ Artes Gráficas, 14 - 46010 - Valencia
TELFS.: 96/361 00 48 - 50
FAX: 96/369 41 51
Email: tlb@tirant.com
www.tirant.com
Librería virtual: www.tirant.es
DEPÓSITO LEGAL: V-1830-2025
ISBN: 979-13-7010-069-8

Si tiene alguna queja o sugerencia, envíenos un mail a: *atencioncliente@tirant.com*. En caso de no ser atendida su sugerencia, por favor, lea en *www.tirant.net/index.php/empresa/politicas-de-empresa* nuestro procedimiento de quejas.

Responsabilidad Social Corporativa: *http://www.tirant.net/Docs/RSCTirant.pdf*

Índice

Introducción[1]

El libro que el lector sostiene en sus manos tiene como principal objetivo proponer un modelo de representación política para Castilla-La Mancha que responda a los desafíos actuales en la materia. El trabajo se estructura en cuatro capítulos, cuyo propósito es ofrecer una argumentación detallada y un respaldo teóricamente sólido a la propuesta final que presentamos. Así, el Capítulo I se dedica a explorar los fundamentos de la democracia, la representación política y la igualdad de voto, elementos esenciales para la configuración de un modelo de representación política. En primer lugar, se abordan las principales justificaciones teóricas de la democracia, donde se examina el pensamiento de autores como Hans Kelsen, Robert Dahl y Giovanni Sartori. A continuación, se profundiza en la doctrina del constructivismo ético, que concibe la democracia como un proceso para descubrir verdades morales a través del diálogo, con un análisis de los enfoques de filósofos tan relevantes como Immanuel Kant, John Rawls, Jürgen Habermas y Carlos S. Nino. En cuanto a la representación política, se estudia su justificación como respuesta a las limitaciones de la democracia directa, destacando su papel en la delegación del poder y la eficiencia en la toma de decisiones colectivas. Por último, se profundiza en la cuestión de la igualdad del voto,

---

1 Esta obra es el resultado de un proyecto de investigación financiado por las Cortes de Castilla-La Mancha, cuyo apoyo durante estos dos años ha sido fundamental para su desarrollo. El origen de este trabajo, sin embargo, se remonta varios años atrás, cuando comencé a investigar sobre temas relacionados con la representación política a través de mi Trabajo de Fin de Grado. Así, este libro culmina un largo proceso de reflexión y estudio, consolidando y ampliando las ideas que he venido desarrollando a lo largo de estos últimos años.

un principio central en cualquier sistema democrático, considerando sus implicaciones filosóficas y prácticas.

En el Capítulo II se abordan las diversas teorías de la representación política, comenzando con su origen y desarrollo. A lo largo de este Capítulo, se analiza la evolución histórica de la representación política, con especial énfasis en la concepción liberal que surgió durante la Revolución Francesa, que establece un marco de referencia fundamental para entender cómo se configura la representación política en las democracias modernas. Posteriormente, se explora el concepto de representación política en el contexto del sistema español, particularmente bajo el modelo del Estado de partidos, un aspecto clave para comprender el sistema político contemporáneo en España y, por extensión, en Castilla-La Mancha. Además, se exploran las diferentes formas de representar, tales como la representación descriptiva, simbólica y de intereses, que ofrecen enfoques variados sobre cómo debe ser o actuar un representante. A lo largo del Capítulo, se examinan las principales teorías que han tratado de explicar y justificar la representación política, desde Thomas Hobbes, quien considera la autorización como una condición fundamental de la representación, hasta las ideas de autores más contemporáneos, como Francisco Rubio Llorente o Ángel Garrorena Morales, que reformulan las teorías clásicas para adaptarlas a los desafíos de la democracia actual. En este recorrido, se exploran las ideas de autores como Georg Jellinek, Hans Kelsen, Heinrich Triepel y Gerhard Leibholz, quienes ofrecen distintas visiones sobre los fundamentos y la práctica de la representación política en sus respectivos contextos.

En el Capítulo III se analiza el sistema electoral de Castilla-La Mancha, su origen y las reformas que han marcado su evolución hasta el modelo actual. Se comienza con el estudio de los primeros pasos del sistema electoral en la región, destacando la aprobación del Estatuto de Autonomía en 1982 y la Ley Electoral de 1986, que sentaron las bases del régimen electoral en Castilla-La Mancha. El Capítulo continúa con un análisis detallado de las reformas más significativas en el periodo comprendido entre 1997 y 2012. Durante este tiempo, se produjeron importantes modificaciones tanto en el Estatuto de Autonomía como en la Ley Electoral, que reflejaron la tensión existente entre los dos principales partidos políticos, que mantenían diferencias en torno al número y distribución de diputados en las Cortes regionales. La jurisprudencia del Tribunal Constitucional también juega un papel fundamental en el análisis, con sentencias clave como la STC 19/2011, la STC 197/2014 y la STC 15/2015. Finalmente, el Capítulo aborda el sistema electoral actual de Castilla-La Mancha, evaluando la reforma del Estatuto de Autonomía de 2014 y la Ley Electoral de 2014, que continúan configurando el marco electoral vigente en la región, así como el impacto de las decisiones judiciales que han influido en su evolución.

En el Capítulo IV se presenta la propuesta de un modelo de representación política para Castilla-La Mancha, con el propósito de optimizar el sistema electoral vigente y ofrecer una solución que responda a los desafíos contemporáneos de la representación política. En primer lugar, se destacan los aspectos fundamentales que deben tenerse en cuenta a la hora de diseñar un modelo de representación política. Se analiza la distinción entre sistemas mayoritarios y proporcionales, considerando cómo cada uno influye en la distribución de escaños y la representación de las distintas fuerzas políticas. A continuación, se profundiza en los métodos proporcionales utilizados para la asignación de escaños, evaluando cuáles son los más adecuados para un sistema electoral justo y equilibrado. El Capítulo continúa con un análisis de los inconvenientes del sistema electoral vigente en Castilla-La Mancha, señalando las principales fallas y áreas que requieren una reforma. Se abordan las críticas a la actual distribución de escaños y los problemas derivados de la representación desigual entre las provincias, un tema que ha sido objeto de debates y disputas entre los principales partidos políticos. A partir de este diagnóstico, se presenta una propuesta de reforma del sistema electoral, diseñada para ajustarse al marco del Estatuto de Autonomía y para mejorar la proporcionalidad en la representación, sin sacrificar la gobernabilidad. Finalmente, se propone un modelo de representación política para Castilla-La Mancha que busca equilibrar los principios de proporcionalidad y gobernabilidad, adaptándose a la teoría de la representación del Estado de partidos.

Capítulo I

Democracia, representación política e igualdad de voto

1. SOBRE LA DEMOCRACIA Y SU JUSTIFICACIÓN

¿Qué es la democracia y por qué deberíamos adoptarla como sistema para la toma de decisiones colectivas? En nuestras democracias actuales, no es común que cuestionemos la validez de la democracia como herramienta para decidir en asuntos sociales, pues solemos aceptarla porque la consideramos un método inherentemente bueno. Sin embargo, dado que la democracia es el medio por el cual la sociedad actúa colectivamente para tomar decisiones cruciales que afectan a todos sus miembros, es importante no dar por sentada su validez ética y considerar las profundas implicaciones de cualquier proceso de decisión colectiva. Para abordar adecuadamente las preguntas planteadas al inicio de este epígrafe, sería necesario realizar un estudio exhaustivo que podría exceder los objetivos de esta investigación. Sin embargo, con el propósito de enriquecer la comprensión de la propuesta del modelo de representación política que se presenta en esta obra, es fundamental examinar algunas nociones básicas relacionadas con la definición de "democracia". En este Capítulo, exploraremos las respuestas pertinentes a estas preguntas, centrándonos en cómo una conceptualización clara de la democracia puede informar y fortalecer el modelo que aquí propondremos.

Es un hecho ampliamente reconocido que el origen de las democracias modernas se encuentra en la Declaración de Independencia de los Estados Unidos de 1776 y en la Revolución Francesa de 1789. Estos dos procesos históricos establecieron límites al poder soberano y sentaron las bases para que el pueblo comenzara a ganar protagonismo en la toma de decisiones políticas. La transición democrática que desarrollaron las colonias inglesas fue notoriamente diferente a la ocurrida en Europa, pues, mientras que en el lado oeste del Atlántico los esfuerzos se centraron en establecer una serie de garantías para proteger los derechos fundamentales frente al Estado, en la parte este del océano las ideas estuvieron decisivamente influidas por el atractivo *Contrato social* de Rousseau.

La concepción norteamericana de la democracia se tradujo en una Constitución que limitaba la acción del legislador[2], pues el centro de protección constitucional eran los derechos naturales e inalienables de los habitantes de la nación estadounidense[3]. Por otro lado, el foco de la Revolución Francesa no dirigió sus esfuerzos hacia los mecanismos para custodiar los derechos fundamentales de los miembros de la sociedad, sino en dotar al pueblo, es decir, a la voluntad general, de un poder absoluto. Este hecho lo expresa con precisión Luis Prieto cuando afirma que en el suceso de 1789 se produjo una transferencia de soberanía del monarca al pueblo, pero sin alterar este último sus propiedades, constituyendo así el gran defecto de la Revolución Francesa, que más tarde se extendería al modelo europeo

---

2 Prieto Sanchís, L., *Justicia constitucional y derechos fundamentales*, Trotta, 3ª ed., Madrid, 2014, p. 53.

3 *Vid.* a modo de ejemplo, el artículo primero de la *Declaración de Virginia* de 1776, que dice así: «todos los hombres son por naturaleza igualmente libres e independientes y tienen ciertos derechos innatos, de los cuales cuando entran en estado de sociedad, no pueden, por ningún pacto, privar o desposeer a su posteridad; a saber, el goce de la vida y de la libertad, con los medios para adquirir y poseer la propiedad, y buscar y conseguir la felicidad y la seguridad». La traducción ha sido extraída de: Hervada, J. / Zumaquero, J. M., *Textos Internacionales de Derechos Humanos*, Universidad de Navarra, Pamplona, 1978, p. 26.

de Estado de Derecho[4]. En palabras de Rousseau: «la voluntad general es un acto de soberanía y tiene fuerza de ley»[5], por lo que «no hay que preguntar [...] si la ley puede ser injusta, puesto que nadie es injusto consigo mismo»[6].

Si bien estas breves precisiones sobre el origen de la democracia no nos proporcionan una respuesta definitiva, sí contribuyen a clarificar su evolución. Ahora es fundamental profundizar en el significado del término "democracia" y en las justificaciones que respaldan un sistema democrático. Puesto que, como bien indicó Kelsen, el concepto de democracia ha sido aplicado a fines de muy diversa índole y en muy distintas ocasiones de la Historia, prácticamente su significado no responde a ningún sentido concreto o determinado[7]. En este sentido, debe recordarse que, durante milenios, el término "democracia" ha poseído una connotación negativa, desde la antigua Grecia hasta mediados del siglo XIX. Esta visión de la democracia fue enfatizada por pensadores tan ilustres como Aristóteles, Kant, o los autores de *El Federalista*, entre otros muchos[8]. Con todo, si definir la democracia consiste en explicar el significado del vocablo, es suficiente con emplear algunos conocimientos básicos de griego, pues literalmente este término se traduce como poder (*kratos*) del pueblo (*demos*)[9]. Sin

---

4 Prieto Sanchís, L., *Justicia constitucional y derechos fundamentales, cit.*, p. 142.

5 Rousseau, J-J., *El contrato social,* trad. de María José Villaverde, Taurus, Barcelona, 2021, 3ª ed., pp. 32-33.

6 *Ibid.*, p. 46.

7 Kelsen, H., *Esencia y valor de la democracia,* trad. de Rafael Luengo Tapia y Luis Legaz Lacambra, Comares, Granada, 2002, p. 5.

8 Sartori, G., *Elementos de teoría política,* trad. de María Luz Morán, Alianza, Madrid, 1992, p. 27.

9 Sartori, G., *¿Qué es la democracia?*, trad. de Miguel Ángel González Rodríguez / María Cristina Pestellini Laparelli Salomon / Miguel Ángel Ruiz de Azúa, Taurus, España, 2007, p. 17.

embargo, con ello solamente habríamos resuelto un problema etimológico, por lo que será necesario examinar otras características inherentes al concepto de democracia. Para ello, nos serviremos de las exposiciones al respecto articuladas por Sartori, Kelsen y Dahl, para más tarde analizar las tesis elaboradas por Kant, Rawls, Habermas y Nino.

1.1. Relativismo moral y libertad: la concepción democrática de Hans Kelsen

Para entender a fondo el concepto de democracia, resulta fundamental analizar la perspectiva de Hans Kelsen, quien propone una visión distintiva y compleja del sistema democrático. Podría afirmarse que la justificación que ofrece Kelsen acerca de la existencia de un régimen democrático se fundamenta en su concepción de la ética. Para Kelsen, el contenido de la justicia no pueda determinarse mediante el método científico. Esto se evidencia en la existencia de las diversas concepciones de lo justo entre las distintas sociedades y épocas. No es posible, a juicio de Kelsen, establecer un punto en común entre órdenes morales tan heterogéneos. De hecho, insistirá en que la única característica común entre todos los sistemas morales es su forma: todos ellos establecen normas, no su contenido[10].

---

[10] Kelsen, H., *Teoría pura del derecho (2ªed.)*, trad. de Roberto J. Vernego, Universidad Nacional Autónoma de México, México, 1983, pp. 77-78. Esta visión moral se corresponde con el relativismo sociológico o descriptivo, y se refiere a la observación de que distintas culturas poseen sistemas morales que varían entre sí (Ruiz Manero, J., "Presentación: Teoría de la democracia y crítica del marxismo en Kelsen", en: Kelsen, H., *Escritos sobre la democracia y el socialismo,* Debate, Madrid, 1988, p. 15). No obstante, Kelsen parece pasar por alto un aspecto crucial: el hecho de que un grupo de personas, ya sea en distintas épocas o en el presente, no logre consensuar una definición de justicia (lo cual, por cierto, es un punto discutible) no implica

Ello, unido a que para Kelsen no resulta posible establecer una jerarquía racionalmente válida entre valores diferentes[11], va a conducirle a adoptar una postura relativista en materia moral. De hecho, afirmará nuestro autor, si pensásemos que puede determinarse con objetividad cuál es el bien común, la democracia no sería posible[12]. Por este motivo, la democracia se apoya en la presunción de que no es posible hallar, mediante la razón, cuál es el bien común para toda la sociedad.

Según Kelsen, las normas son producto exclusivo de la voluntad de la autoridad normativa, lo que implica que no pueden ser objeto de racionalización. Esto significa que el contenido de las normas, especialmente el de aquellas ubicadas en la cúspide de la pirámide normativa, no puede ser racionalizado, ya que su parte material solo puede valorarse objetivamente en relación con otras normas[13]. Para Kelsen, los valores, es decir, las opiniones que inspiran las normas, no son accesibles a la razón, ya que no provienen del conocimiento ni de un reflejo de la realidad, sino de actos puramente volitivos que responden a emociones, sentimientos o deseos de quienes crean las normas[14]. Dado que no existe una voluntad suprahumana accesible a la razón, Kelsen sostiene que las normas siempre

---

necesariamente la inexistencia de un criterio objetivo o, al menos, razonablemente fundamentado, que sirva para diferenciar lo justo de lo injusto de manera mínimamente precisa.

11 Kelsen, H., "¿Qué es justicia?", en: Kelsen, H., *¿Qué es Justicia?*, trad. de Albert Calsamiglia, Ariel, Barcelona, 2001, 3ªed., p. 39.

12 Kelsen, H., "Los fundamentos de la democracia", trad. de Juan Ruiz Manero, en: Kelsen, H., *Escritos sobre la democracia y el socialismo*, Debate, Madrid, 1988, p. 209.

13 García Amado, J. A., *Hans Kelsen y la norma fundamental*, Marcial Pons, Madrid, 1996, p. 174.

14 Kelsen, H., "Absolutismo y relativismo en filosofía y en política", en: Kelsen, H., *¿Qué es Justicia?*, trad. de Albert Calsamiglia, Ariel, Barcelona, 2001, 3ªed., p. 69.

reflejan la voluntad de los seres humanos que las formulan, lo que implica que su creación pertenece al ámbito del "deber ser" y no al del "ser". A diferencia de la teología, donde se unifican razón, voluntad, normatividad y conocimiento, en el ámbito del Derecho, que es una ciencia perteneciente al campo del "deber ser", esta unificación no es posible. En consecuencia, el relativismo moral adoptado por el jurista austriaco le lleva a concluir que la democracia es el único sistema político coherente con esta visión filosófica[15].

A juicio de Kelsen, la esencia de la democracia no es otra que la participación en el gobierno, esto es, en la creación y aplicación de las normas, de los individuos que forman parte de la comunidad social. En otras palabras: para Kelsen la democracia es ante todo un sistema político que se estructura a través de un determinado procedimiento, consistente en que aquellos sometidos a las normas participan en su creación y aplicación[16]. Sin embargo, desde un punto de vista un tanto más epistemológico, Kelsen sostendrá que la democracia es una aproximación a la idea de libertad entendida como autodeterminación[17]. A su vez, la regla de la mayoría simple significa una aproximación mayor a la idea de libertad, pues su

---

15 Así, dirá Kelsen, «[u]na filosofía relativista es decididamente empirista y racionalista, y, en consecuencia, tiene una franca propensión al escepticismo» (Kelsen, H., "Los fundamentos de la democracia", *cit.*, p. 228).

16 *Ibid.*, p. 210.

17 No es casualidad que autores como de Miguel Bárcena y Tajadura Tejada hayan afirmado que la obra de Kelsen en la que mejor se ve reflejado su pensamiento democrático, *Esencia y valor de la democracia,* constituya «una de las más lúcidas defensas de la democracia parlamentaria como sistema fundado en y orientado hacia la libertad» (de Miguel Bárcena, J. / Tajadura Tejada, J., *Kelsen versus Schmitt: Política y derecho en la crisis del constitucionalismo,* Guillermo Escolar, Madrid, 2022, 3ªed., p. 43).

acatamiento implica que existirán más individuos que obran según su voluntad que individuos que obedecen una voluntad diferente a la suya. Esta afirmación tiene su origen en el rechazo, por parte de Kelsen, de que otros procedimientos que *prima facie* parecen aproximarse en mayor grado a la idea de libertad, como la regla de la mayoría cualificada o la unanimidad, pueden promover la libertad de mejor forma que la regla de la mayoría simple. Esto es así porque, a ojos de Kelsen, el hecho de que un solo individuo (unanimidad) o una pequeña minoría social (regla de la mayoría cualificada) pueda impedir cualquier cambio, repercute negativamente en la libertad de un número mayor de ciudadanos[18]. Por ende, al aceptar la unanimidad o la mayoría cualificada como procedimiento para tomar decisiones colectivas, se estaría también aceptando el gobierno, al menos negativo, de la minoría sobre la mayoría.

Según indica nuestro autor, la democracia depende en gran medida de que lleguen a desarrollarse unos efectivos mecanismos de control político[19], entre los que parecen destacarse la existencia de un órgano de control concentrado de constitucionalidad[20] y un régimen de separación de poderes[21]. La

---

18 Kelsen, H., "Los fundamentos de la democracia", *cit.*, p. 240.

19 Kelsen, H., *Esencia y valor de la democracia, cit.*, p. 83.

20 Para comprender el pensamiento de Kelsen en materia de control de constitucionalidad, debe consultarse: Kelsen, H., "¿Quién debe ser el defensor de la Constitución?", en: Schimtt, C. / Kelsen, H., *La polémica Schmitt / Kelsen sobre la justicia constitucional: El defensor de la Constitución versus ¿Quién debe ser el defensor de la Constitución?,* trad. de Manuel Sánchez Sarto / Roberto J. Brie, Tecnos, Madrid, 2019, 2ª ed. Esto también pude verse en: Kelsen, H., "La garantía jurisdiccional de la Constitución", en: Kelsen, H., *Escritos sobre Justicia constitucional,* trad. de Juan Luis Requejo Pagés, Tecnos, Madrid, 2021.

21 Kelsen, H., *Esencia y valor de la democracia, cit.*, p. 89. Sobre la separación de poderes en Kelsen, *Vid.* Kelsen, H., *Teoría General del Estado,* trad. de Luis Legaz Lacambra, Editora Nacional, México, 1979, 15ª ed., pp. 333 y ss.

igualdad política también parece representar para Kelsen un elemento importante en lo concerniente a los sistemas democráticos, ya que, según él, el principio democrático encuentra su más profundo sentido en que el individuo no solo quiere para sí mismo la libertad, sino que también la desea para los demás, reconociéndolos como iguales. A medida que el rechazo del ser humano hacia la superioridad política de otros aumenta, también lo hace, según Kelsen, el sentimiento de igualdad política hacia los demás. Esto significa que, cuando las personas se oponen a la idea de que algunos individuos o grupos tengan un estatus político superior, surge un mayor reconocimiento de la igualdad entre todos los ciudadanos[22]. No obstante, como se puede observar, este sentimiento de igualdad política depende en gran medida de factores subjetivos. Esto implica que, en la práctica, no todos los individuos perciben a los demás como sus iguales en el ámbito político. Por lo tanto, integrar este sentimiento junto a la libertad como elementos esenciales de la democracia puede parecer, desde nuestro punto de vista, algo forzado y ficticio. Sea como fuere, en la teoría democrática de Kelsen, del mismo modo que la libertad, la igualdad desempeña un gran papel en el contenido de la democracia, limitando a la libertad[23].

Con todo, algunas voces en la doctrina han señalado que el argumento que ofrece Kelsen para justificar un régimen democrático consistente en sostener una postura relativista en materia moral, resulta inconcluso y poco convincente. No obstante, su defensa de la democracia basada en la libertad y la igualdad es mucho más sólida[24]. Para Kelsen, estos dos principios o valores (libertad e igualdad), cuando se integran, conforman

---

22 Kelsen, H., "Los fundamentos de la democracia", *cit.*, p. 230.

23 Kelsen, H., *Esencia y valor de la democracia, cit.*, p. 109.

24 Ruiz Manero, J., "Presentación: Teoría de la democracia y crítica del marxismo en Kelsen", *cit.*, p. 25.

la esencia y el fundamento, no solo del relativismo ético, sino también de la democracia. Así las cosas, indicará Kelsen, dado que, como es evidente, el dominio de unos sobre otros (la autoridad) resulta inevitable, debemos aspirar a ser dominados por nosotros mismos. Así, la libertad natural se convierte en libertad política o social, permitiendo la participación de todos en el gobierno[25]. Esta libertad política implica que el individuo se somete a leyes en cuya creación ha participado[26]. Por lo tanto, Kelsen va a sostener que el principio de la mayoría debe derivarse principalmente de la noción de libertad, y no, como suele pensarse, de la idea de igualdad.

Retomando lo expuesto unas pocas líneas más arriba, resulta contradictorio que Kelsen, quien concibe la razón práctica como un «oxímoron cargado de presupuestos religiosos y metafísicos»[27], defienda con tanto énfasis los valores de la democracia y la tolerancia. Si, según Kelsen, los valores que fundamentan las normas no pueden ser racionalizados, ¿implica esto que dicha irracionalidad también se transmite a las normas inferiores que deben ajustarse a esos valores? Parece, pues, incoherente, que Kelsen apoye firmemente la democracia por ser el sistema que de mejor forma promueve la libertad y la igualdad, y sostenga que los valores no pueden ser objeto de crítica racional. Esto es problemático porque aquellos que priorizan valores distintos, como la seguridad sobre la libertad, podrían ver en regímenes como la autocracia una forma más adecuada de gobierno. Desde la perspectiva del relativismo kelseniano, la afirmación de que la autocracia es

---

25 Kelsen, H., *Esencia y valor de la democracia, cit.*, p. 8.

26 Kelsen, H., "Los fundamentos de la democracia", *cit.*, p. 231.

27 Rodilla, M. A., "Prefacio", a: Sendín Mateos, J. A., *La filosofía moral de Hans Kelsen,* Marcial Pons, Madrid, 2017, p. 20.

un mejor sistema que la democracia tendría el mismo valor argumentativo que la defensa de la democracia misma[28].

En este sentido, Ruiz Manero ha argumentado que el relativismo ético es compatible, no solo con los valores de tolerancia y democracia que defiende Kelsen, sino también con la instauración de sistemas autocráticos, e incluso con un sistema que determine aleatoriamente las normas que rigen una sociedad. Por lo tanto, sostener que el relativismo ético puede servir como base racional para la tolerancia democrática resulta contradictorio con los principios del propio relativismo ético, que argumenta la imposibilidad de fundamentar racionalmente nuestras elecciones de valores[29]. En efecto, como ha señalado García Amado, la defensa de Kelsen a favor de la democracia y en contra de cualquier postura ideológica parece, paradójicamente, un alegato ideológico en sí mismo, impulsado por sus convicciones y preferencias valorativas. Esta perspectiva proviene de su preferencia por un sistema en el que las normas positivas son la única autoridad. Así, García Amado da cuenta de que aceptar esto último implica reconocer que la teoría moral de Kelsen, aunque se presenta como antiideológica y científica, en realidad contiene un componente ideológico significativo[30]. De hecho, como ha señalado Rawls desde

---

28 Sendín Mateos, J. A., *La filosofía moral de Hans Kelsen*, Marcial Pons, Madrid, 2017, p. 312.

29 Ruiz Manero, J., "Presentación: Teoría de la democracia y crítica del marxismo en Kelsen", *cit.*, p. 19.

30 García Amado, J. A., *Hans Kelsen y la norma fundamental, cit.*, pp. 165-166. Según Sendín Mateos, es precisamente cuando Kelsen argumenta a favor de la democracia cuando sus justificaciones parecen más políticas que científicas. Es en este contexto donde se evidencia claramente su preferencia por la liberal-democracia (Sendín Mateos, J. A., *La filosofía moral de Hans Kelsen, cit.*, p. 316). Es importante mencionar que, aunque numerosos autores han criticado a Kelsen por su relativismo ético, también existen influyentes iusfilósofos

una perspectiva objetivista en materia moral, en una sociedad pluralista (donde coexisten diversas opiniones y creencias) es fundamental que estas convicciones se basen en principios y criterios reconocidos colectivamente. Si aceptamos el pluralismo razonable como una característica inherente de las sociedades libres, el concepto de lo razonable resulta más adecuado para justificar un régimen constitucional que el de una verdad moral absoluta. Esto implica que, aunque no exista una única doctrina política verdadera, es posible distinguir entre doctrinas políticas razonables y no razonables. Así podría justificarse una concepción de la democracia que se encuentra entre el relativismo ético y el absolutismo moral. En lugar de defender una verdad política absoluta, Rawls propone que la democracia se fundamente en principios compartidos por personas razonables, lo que permite un marco común para la deliberación política sin caer en la imposición dogmática ni en la total ausencia de criterios normativos[31].

En lo que respecta a la identificación de un sistema democrático, Kelsen se atrevió a señalar algunas características que deben prosperar en una democracia. Entre ellas cabe destacar que en los regímenes democráticos la mayoría reconoce como legítima a la minoría, esto es, a la oposición, llegándola a proteger mediante instituciones y mecanismos que garantizan sus

---

que interpretan este aspecto de su pensamiento de manera distinta. Por ejemplo, Norberto Bobbio argumenta que la visión de Kelsen del Derecho como un fenómeno meramente instrumental no está necesariamente en conflicto con el irracionalismo en materia de valores ni con el relativismo ético (Bobbio, N., "Estructura y función en la teoría del Derecho de Kelsen", en: Bobbio, N., *Contribución a la teoría del Derecho,* trad. de Alfonso Ruiz Miguel, Olejnik, Argentina, 2022, p. 207).

31 Rawls, J., *El liberalismo político,* trad. de Antoni Domènech, Crítica, Barcelona, 2019, p. 161.

condiciones de existencia[32]. En esta línea argumental, Kelsen piensa que el hecho de que se produzca una continua tensión entre la oposición y el gobierno es necesario para el buen funcionamiento de la democracia, pues de ello deriva el tan distintivo procedimiento dialéctico sobre el que se construye la voluntad política[33]. De este modo, la democracia se sustenta sobre un método basado en *transacciones típicamente pacíficas*[34]. En otras palabras: la democracia se basa en postergar aquello que es perjudicial para la unión a favor de lo que contribuye a conseguirla[35], ya que una de las características de este sistema consiste en la preferencia por la paz interna en lugar de la imposición de una determinada voluntad política por la fuerza[36].

No se olvida Kelsen de enfatizar, además de los anteriores, ciertos rasgos propios que hacen de la democracia un sistema fácil de distinguir. Entre estos rasgos nuestro autor destaca la garantía de las libertades de pensamiento, ciencia, prensa, culto y conciencia, además de la afirmación del principio de tolerancia[37]. Sobre la libertad de ciencia, añade Kelsen, resulta palpable la inclinación del ciudadano demócrata hacia la comprensión y el conocimiento, pues éste se encuentra dispuesto a discutir sus valores, ideas o principios sobre la base de la crítica y la ciencia racionales. Por esta razón, Kelsen nos advierte de

---

32 Kelsen, H., "Los fundamentos de la democracia", *cit.*, p. 242.

33 Kelsen, H., *Esencia y valor de la democracia, cit.*, p. 113.

34 Para Kelsen el compromiso parlamentario constituye «la aproximación real a la unanimidad» (Kelsen, H., "El problema del parlamentarismo", trad. de Manuel Atienza, en: Kelsen, H., *Escritos sobre la democracia y el socialismo,* Debate, Madrid, 1988, p. 103).

35 Por ello afirma Kelsen que «todo el procedimiento parlamentario con su técnica, con sus controversias dialécticas, discursos y réplicas, argumentos y refutaciones, tiende a la consecución de *transacciones*» (Kelsen, H., *Esencia y valor de la democracia, cit.*, p. 66).

36 *Ibid.*, p. 113.

37 *Ibidem.*

que, una vez rechazada la creencia en una ciencia libre y objetiva, alejada de los intereses políticos, o desaparecido el ideal de la objetividad del conocimiento, se habrá dado el primer paso hacia un régimen autocrático[38]. Finalmente, el jurista austriaco piensa que el rasgo más característico de los sistemas democráticos es su tendencia a ordenar el aparato estatal con base en normas generales, escritas y previsibles. Esta previsibilidad normativa[39], opina Kelsen, hace de la democracia un sistema inclinado hacia el control político y hacia la publicidad y transparencia[40]. En definitiva, lo que se desprende claramente es que, para Kelsen, la democracia moderna está intrínsecamente vinculada al liberalismo político. El principio fundamental de este último radica en que el gobierno no debe intervenir en determinadas esferas individuales, que deben ser protegidas por la ley como derechos fundamentales. De este modo, el respeto a tales derechos no solo limita el poder estatal, sino que también garantiza la protección de las minorías frente al posible abuso de las mayorías[41].

Por lo tanto, podríamos concluir que, para Kelsen, las características más fundamentales que debe poseer un sistema democrático son, esencialmente, las siguientes: 1) la toma de decisiones políticas corresponde a la mayoría social; 2) la existencia política de la minoría social está garantizada; 3) el principio que guía la toma de las decisiones parlamentarias es el de

---

38 Ya que un movimiento autocrático de estas características «suele ir de la mano con la alta estima concedida al irracionalismo y el consiguiente menosprecio de lo racional» (*Ibid.*, pp. 116-117).

39 Es palpable que la previsibilidad normativa y la seguridad jurídica en Kelsen nacen de su fuerte inclinación hacia el positivismo jurídico como concepción del Derecho, y no tanto de su concepto de democracia. En todo caso, ambas nociones (previsibilidad normativa y democracia) parecen encontrarse estrechamente relacionadas.

40 Kelsen, H., *Esencia y valor de la democracia, cit.*, pp. 119-120.

41 Kelsen, H., "Los fundamentos de la democracia", *cit.*, p. 243.

transacción o consenso; 4) la existencia de unos efectivos mecanismos de control político, entre los que destacan un órgano de control concentrado de constitucionalidad y un régimen de separación de poderes; 5) los derechos fundamentales de libertad se encuentran garantizados; 6) existe igualdad política entre todos los ciudadanos; 7) el aparato estatal se estructura con base en la ciencia, la racionalidad y la objetividad; 8) hay previsibilidad normativa, publicidad y transparencia política; y 9) el principio de tolerancia se encuentra presente tanto en la sociedad como en el Estado.

1.2. Fundamentos y justificación de la democracia en la obra de Robert Dahl

Tras analizar la visión de Kelsen sobre la democracia, es relevante considerar también las aportaciones de Dahl, quien proporciona un enfoque distinto pero complementario con el anterior, que ayuda a comprender el funcionamiento y los principios del sistema democrático. Para Dahl, es erróneo presuponer que la democracia fue inventada de una vez por todas, pues no se trata de un término que pueda definirse por completo, sino que puede existir de diversas formas y en distintas épocas[42]. En este sentido, resulta interesante la dualidad entre idealismo y realismo a la que recurre Dahl en sus escritos sobre la democracia. Según este autor, en cualquier Estado democrático existe un desfase sustancial entre la democracia ideal y la democracia real[43]. Dahl enfatiza que, entre los elementos que debe tener una democracia ideal, la igualdad política es fundamental, dado que: 1) es una condición que se encuentra implícita en la mayoría de razonamientos morales; 2) no existe

---

[42] Dahl, R., *La democracia*, trad. de Fernando Vallespín, Ariel, Barcelona, 2012, p. 10.

[43] *Ibid.*, p. 36.

un mejor criterio alternativo racional; 3) no parece prudente no adoptar la igualdad política; y 4) es un principio que puede ser aceptado por una gran mayoría de personas[44]. Para garantizar que la igualdad política pueda ser efectivamente satisfecha, Dahl propone cinco elementos que deben ser cumplidos, que son: i) participación efectiva, es decir, oportunidades iguales y efectivas para expresar sus puntos de vista; ii) igualdad de voto; iii) comprensión ilustrada, que se refiere a la igualdad y efectividad de oportunidades para ser instruido en las alternativas políticas más relevantes y sus consecuencias; iv) control de la agenda, esto es, la oportunidad de decidir qué asuntos deben incluirse en el debate político; y v) inclusión de todos los adultos respecto a los derechos implícitos en los cuatro criterios anteriores, sin que se produzca discriminación hacia ningún colectivo[45].

Dado que, según Dahl, no existe ningún Estado idealmente democrático (ni se prevé su existencia a corto o medio plazo), lo que actualmente denominamos democracias son verdaderamente poliarquías. Las poliarquías son «regímenes relativamente (pero no completamente) democráticos», esto es, «sistemas sustancialmente liberalizados y popularizados, es decir, muy representativos a la vez que francamente abiertos al debate público»[46]. Por ello, supuesta la imposibilidad contemporánea de instaurar una democracia ideal, Dahl equiparará la poliarquía a la democracia real. Respecto a los elementos que deben imperar en una democracia real, Dahl se aventura a proponer una serie de instituciones políticas que ha de poseer una democracia a gran escala, que son: a) cargos públicos electos; b) elecciones libres, imparciales y frecuentes; c) libertad de expresión;

---

44 *Ibid.*, pp. 77-80.

45 *Ibid.*, p. 44.

46 Dahl, R., *La poliarquía. Participación y oposición*, trad. de Julia Moreno San Martín, Tecnos, Madrid, 1997, 2ª ed., p. 18.

d) fuentes alternativas de información; e) autonomía de las asociaciones; y f) ciudadanía inclusiva[47]. En todo caso, sostiene Dahl, lo que verdaderamente debe tenerse en consideración desde un punto de vista realista de la democracia es la ley del tiempo y el número, la cual expresa que «[c]uantos más ciudadanos contenga una unidad democrática, tanto menos podrán participar los ciudadanos directamente en las decisiones políticas y tanto más tendrán que delegar su autoridad sobre otros»[48]. Aun teniendo esto en cuenta, ha de advertirse que para Dahl una de las necesidades que imperan en los países democráticos es la de potenciar las capacidades de los ciudadanos, para que así puedan implicarse en la vida política[49], por lo que podemos deducir que para este pensador la participación activa de la ciudadanía en la elaboración de las leyes es un elemento clave de la democracia representativa.

Una vez analizados los principales rasgos que definen una democracia en la teoría política de Dahl, conviene estudiar la justificación que ofrece este autor sobre el hecho de adoptar un sistema democrático como método de decisión colectiva. Así, en *La democracia y sus críticos*[50], Dahl explica que la democracia se justifica por varias razones fundamentales. En primer lugar, argumenta que la democracia es el mejor sistema político conocido, ya que tanto la experiencia histórica como la contemporánea sugieren que las sociedades democráticas tienden a ser superiores a aquellas gobernadas por otros regímenes. En segundo lugar, Dahl sostiene que la democracia promueve

---

47 Dahl, R., *La democracia, cit.*, pp. 100-101.

48 *Ibid.*, p. 128. Como señala el propio Dahl, desde las primeras democracias atenienses se ha buscado mantener un número reducido de miembros en la sociedad, ya que esto facilita una gobernanza más efectiva y democrática (Dahl, R., *La democracia y sus críticos, cit.*, p. 39).

49 Dahl, R., *La democracia, cit.*, p. 216.

50 Dahl, R., *La democracia y sus críticos, cit.*, Capítulos 6 y 7.

el máximo grado de libertad posible. Según él, la libertad se ve potenciada en tres aspectos clave. Primero, en una democracia, los individuos disfrutan de un abanico de derechos y libertades más amplio que en cualquier otro sistema político, lo que maximiza la libertad general. Segundo, la democracia optimiza la libertad como autodeterminación, ya que permite a las personas, que por naturaleza buscan autogobernarse, alcanzar mayores cuotas de libertad al convivir y decidir en común con otros, ya que, a través de mecanismos democráticos, los individuos participan en la toma de decisiones colectivas, lo que les permite un mayor grado de autodeterminación. En tercer lugar, la democracia maximiza la libertad en términos de autonomía moral, pues los ciudadanos no solo se autogobiernan, sino que también pueden vivir según principios éticos que ellos mismos han establecido, decidiendo sobre cuestiones morales colectivas fundamentales. Finalmente, y muy ligado a esto último, Dahl vincula la democracia con el desarrollo humano. Vivir bajo leyes que uno mismo ha contribuido a crear fomenta el crecimiento personal, tanto en el ámbito moral como en el social. Los ciudadanos en una democracia no solo protegen sus derechos y promueven sus intereses, sino que también desarrollan la capacidad de autodeterminarse, de asumir responsabilidades en decisiones trascendentales y de colaborar libremente con otros para alcanzar soluciones óptimas. De esta forma, la democracia facilita el pleno desarrollo de los ciudadanos como seres autónomos y responsables dentro de la sociedad.

Otra razón que Dahl ofrece en defensa de la democracia es su capacidad para proteger los intereses personales. Dahl sostiene que la democracia proporciona un mecanismo pacífico y ordenado para que la mayoría de los ciudadanos puedan hacer aquello que desean y para evitar aquello que no desean. Para reforzar esta idea, Dahl introduce lo que denomina la "presunción de la autonomía personal", que formula de la siguiente manera: «[e]n ausencia de una prueba concluyente que lo contradiga, debe considerarse a cada individuo el mejor juez de sus propios bienes e intereses»[51]. Esto significa que, según Dahl, nadie está en mejor posición para conocer y comprender sus propios intereses que el propio individuo. Esto implica que solo el propio individuo puede conocer con exactitud cuáles son sus propios intereses[52]. Únicamente bajo la existencia de un régimen democrático, cada ciudadano tiene la oportunidad de tomar decisiones sobre sus propios asuntos y participar en las decisiones que le afectan, por lo tanto, únicamente un sistema democrático puede garantizar la satisfacción del principio de autonomía personal.

Por otro lado, desde una perspectiva más didáctica, en su obra *La democracia* Dahl nos ofrece 10 razones (o consecuencias deseables derivadas de los sistemas democráticos) por las cuales la democracia es el mejor régimen político conocido. Tales razones son las siguientes: 1) la democracia evita las tiranías y las dictaduras; 2) garantiza a los ciudadanos una serie de derechos fundamentales; 3) asegura un ámbito de libertad personal mayor que el de cualquier otro sistema; 4) ayuda a las personas a proteger sus propios intereses; 5) ofrece oportunidades para que los individuos puedan autodeterminarse, esto es, vivir bajo las leyes que ellos mismos se han dado; 6) brinda una situación ideal para ejercitar la responsabilidad moral; 7) promueve el desarrollo humano de manera más plena que cualquier alternativa factible; 8) proporciona un grado relativamente alto de igualdad política; 9) tiende a la búsqueda de

---

51 Dahl, R., *La democracia y sus críticos, cit.*, p. 124. Verdaderamente, en la edición de la obra que estamos manejando aquí, se utiliza la palabra "contradice" en vez de "contradiga". Dado el contexto lingüístico en el que es utilizado, y en aras de una lectura fluida, se ha optado por cambiar la forma verbal del término.

52 Varias páginas más adelante, Dahl se atreverá a sostener que el interés de una persona es «todo lo que ella elegiría, con su máxima comprensión posible, de la experiencia resultante de su elección y de sus alternativas más significativas» (*Ibid.*, p. 217).

la paz, por lo que además previene los escenarios bélicos; y 10) los países democráticos suelen ser más prósperos que aquellos que no lo son[53].

1.3. La democracia como consenso en la elección del sistema de selección de los representantes políticos: Giovanni Sartori

Según Sartori, para comprender el significado de la democracia es esencial comenzar por definir los diferentes tipos de democracia, ya que esto nos permite clarificar el tema y entender realmente de qué estamos hablando. Esta clasificación facilita la contextualización y la distinción entre las diversas formas en que la democracia puede expresarse en la práctica. De este modo, Sartori diferencia entre democracia social, democracia económica y democracia política. Para Sartori, la democracia social se define como un sistema político en el que los individuos se tratan como iguales en el ámbito social, dentro de un marco de igualdad en términos de dignidad y condiciones sociales. La noción de democracia social tiene sus raíces en *La democracia en América* de Tocqueville[54], quien, tras su viaje a Estados Unidos en la primera mitad del siglo XIX, observó que la sociedad norteamericana se caracterizaba por una igualdad social generalizada entre sus miembros. Así, el concepto de democracia social se entiende como una realidad en la que todos los miembros de la sociedad se perciben y tratan como socialmente iguales[55]. Por otro lado, explicará Sartori, la democracia económica se caracteriza por tender hacia la igualdad económica, aproximando los extremos de la pobreza y la riqueza a través de redistribuciones de capital con el fin de aumentar el

---

53 *Ibid.*, pp. 55-69.

54 *Vid.* Tocqueville, A., *La democracia en América*, trad. de Eduardo Nolla, Trotta, Madrid, 2018, 2ª ed.

55 Sartori, G., *¿Qué es la democracia?*, *cit.*, pp. 19-20.

bienestar general. Sin embargo, nuestro autor detallará que la democracia económica adquiere un significado más preciso en el momento en el que se la encuadra dentro de lo que se conoce como "democracia industrial". Este último tipo de democracia se define como el autogobierno del trabajador, entendido como el gobierno del obrero en la propia fábrica, de evidentes connotaciones marxistas[56]. Ahora bien, aun con todo esto, Sartori aclara que, si se utiliza el vocablo "democracia", sin más calificativos, a lo que habitualmente nos estaremos refiriendo es a la noción de democracia política, es decir, a una concreta forma de Estado y de gobierno. La utilidad que revisten las tipologías democráticas, como la social o la económica, radica en que éstas precisan o completan el significado del concepto, designando un tipo de democracia determinada, pero siempre presuponiendo la existencia de una democracia política (ya sea social, económica o de cualquier otra índole)[57]. Es decir, que democracia en sentido político es macrodemocracia o democracia soberana, mientras que los diversos tipos de democracias pueden ser consideradas microdemocracias o democracias subordinadas[58].

Para Sartori, el verdadero desafío en el estudio de la democracia no se halla en la comprensión del significado etimológico del término, el cual, como ya vimos, se traduce sencillamente como "el poder del pueblo", sino en abordar tres cuestiones fundamentales: 1) definir quién constituye el pueblo; 2) determinar cómo el pueblo puede ejercer el poder; y 3) establecer sobre quién se ejerce dicho poder. En relación con la primera cuestión, Sartori argumenta que el concepto "pueblo" es complejo y difícil de precisar. En el marco de la democracia,

56 Sartori, G., *Elementos de teoría política, cit.*, pp. 29-31.

57 Sartori, G., *¿Qué es la democracia?, cit.*, p. 22.

58 Sartori, G., *Teoría de la democracia. Tomo 1. El debate contemporáneo*, trad. de Santiago Sánchez González, Alianza, Madrid, 1988, p. 31.

debe interpretarse como un principio de mayoría moderada, lo que significa que la toma de decisiones se basa en la regla de la mayoría, pero siempre respetando los derechos y libertades de las minorías. En este contexto, el poder de la mayoría está sujeto a límites para proteger a las minorías. El segundo desafío se refiere a la manera en que el pueblo puede ejercer el poder. Aquí, Sartori destaca que el problema no se centra tanto en quién posee el poder, sino en cómo se ejerce. En otras palabras, el poder real reside en quienes ejercen y en quienes controlan las instituciones y los mecanismos de gobierno, más que en quienes solo lo ostentan en teoría. El tercer problema aborda la cuestión de quiénes son los sujetos sobre los que se ejerce el poder. En este sentido, Sartori aclara que, en una democracia, el poder se ejerce sobre el mismo pueblo, es decir, el gobierno es ejercido por el pueblo sobre sí mismo[59].

Uno de los aspectos clave que Sartori resalta al definir la democracia es la importancia del consenso. Según el autor italiano, en un régimen democrático no es necesario que sus miembros aprueben explícitamente cada aspecto o directriz específica, sino que basta con que acepten ciertos principios fundamentales. Para Sartori, estas condiciones pueden agruparse en tres niveles de consenso esenciales en una democracia. Por lo tanto, los ciudadanos deben aceptar: i) unos valores fundamentales; ii) las reglas del juego; y iii) los gobiernos. El primer consenso se refiere a la comunidad y sus creencias compartidas, abarcando los valores que sustentan la sociedad. El segundo tiene que ver con la aceptación de las reglas del procedimiento democrático. Y el tercero está relacionado con el reconocimiento del gobierno y las políticas que implementa. Sartori explica que el consenso sobre la comunidad busca reforzar un sistema de creencias y valores comunes. En una democracia, estos valores suelen incluir principios como la

---

[59] Sartori, G., *¿Qué es la democracia?*, *cit.*, pp. 27 y ss.

libertad, la igualdad y el respeto al pluralismo. Si una comunidad comparte ciertos valores u objetivos últimos, puede decirse que posee una cultura política homogénea que trasciende las ideologías particulares. Es interesante aclarar que, para Sartori, la existencia de una cultura política homogénea favorece el funcionamiento de la democracia; su ausencia no la hace imposible, pero sí más difícil de sostener. No obstante, también especifica que las democracias estables tienden, con el tiempo, a generar una cierta homogeneidad cultural, lo que facilita su funcionamiento a largo plazo[60].

Para Sartori, aunque no es indispensable que la cultura política de una sociedad sea homogénea para que exista una democracia, sí es esencial que exista consenso sobre el procedimiento o las reglas del juego que rigen el sistema democrático. Es decir, para que una democracia funcione, debe haber acuerdo sobre cómo se tomarán las decisiones. Dado que en cualquier comunidad surgirán inevitablemente conflictos, es crucial determinar de qué manera se resolverán. En un régimen democrático, los conflictos se resuelven de manera pacífica, recurriendo a la regla de la mayoría. La democracia es, entonces, decidir por mayoría, aunque con ciertos límites. Si este método para resolver conflictos no es respetado, la democracia simplemente no puede existir. Por lo tanto, el consenso fundamental es un consenso procedimental, basado en quién tiene el derecho a decidir y cómo se debe proceder. Por último, el consenso sobre el gobierno y las políticas que implementa es de una naturaleza completamente distinta. Según Sartori, no solo no es necesario que exista consenso sobre quién gobierna o cómo lo hace, sino que es beneficioso para la democracia que no se logre un acuerdo en este aspecto, al menos inicialmente. Para Sartori, la discrepancia en estos asuntos y su resolución a través de acuerdos es lo que constituye la verdadera

---

60 *Ibid.*, pp. 73-75.

esencia de la democracia. La diversidad de opiniones y el debate permiten que el sistema democrático se mantenga dinámico y abierto a la negociación[61].

Según Sartori, otro de los aspectos fundamentales para definir la democracia es la legitimidad que le otorga el pueblo. Una democracia no es simplemente la ausencia de un poder político arbitrario o la existencia de una sociedad abierta, sino que se basa en la premisa de que el poder no deriva de la fuerza ni de ningún tipo de autoinvestidura. En una auténtica democracia, el poder está legitimado, condicionado y puede ser revocado a través de elecciones libres, donde el verdadero titular del poder es el pueblo[62]. Esta relación entre gobernantes y gobernados se establece bajo el principio de que el Estado debe servir a los ciudadanos, y no al revés. En este marco, las elecciones no solo son un mecanismo para designar líderes, sino que también son el instrumento que garantiza la legitimidad del poder. A través de este proceso electoral, se asegura que los gobernantes actúan en representación de los intereses y necesidades de la ciudadanía, evitando así cualquier forma de dominación cerrada o discrecional[63].

Con todo, para definir la democracia, Sartori enfatiza la necesidad de diferenciar entre lo que entendemos por una democracia en la actualidad y lo que constituye el ideal democrático. Siguiendo la terminología de Dahl, Sartori define la democracia, en términos descriptivos, como una “poliarquía electiva”. Este concepto implica que la "elección" se refiere al acto de votar, el cual está influenciado por creencias, ideologías e intereses personales. No obstante, Sartori plantea que, desde una perspectiva prescriptiva, la democracia debería ser entendida como una poliarquía selectiva. Al utilizar el término “selección”,

---

61 *Ibid.*, pp. 75-76.

62 Sartori, G., *Elementos de teoría política, cit.*, pp. 27-28.

63 Sartori, G., *¿Qué es la democracia?, cit.*, p. 39.

enfatiza que seleccionar no se limita al acto de elegir, sino que implica, además, promover a los candidatos basándose en criterios de mérito, es decir, identificar y elegir a los más capacitados para gobernar. Así, la poliarquía selectiva, que representa una forma de democracia de calidad, se asemeja a una meritocracia electiva[64]. Sartori argumenta que, en el complejo e interdependiente mundo actual, la gestión del poder no puede depender únicamente de la voluntad popular. También es necesario contar con conocimiento, habilidades, visión de futuro y un liderazgo sólido, algo de lo que, según nuestro autor, carecen cada vez en más medida las nuevas generaciones[65]. Por lo tanto, el sistema electoral que mejor se adapta a la democracia es aquel que favorece una selección cualitativa. Dado que, actualmente el voto va dirigido a decidir quién ocupará el liderazgo, es decir, quién tomará las decisiones políticas, y no al establecimiento de qué políticas concretas deben implementarse, el enfoque del voto debería centrarse en la selección de líderes competentes y capacitados. De este modo, asegura Sartori, se garantizaría de mejor forma que ahora una gobernanza efectiva y alineada con las necesidades de la sociedad[66].

---

64 Como se verá más adelante (*infra*, Capítulo IV), nuestra propuesta de modelo de representación política se adhiere a esta visión de la democracia como una meritocracia electiva.

65 En su obra *Homo Videns*, Sartori critica cómo la predominancia de los medios visuales puede influir en la percepción y participación ciudadana, lo que subraya aún más la importancia de elegir líderes competentes. En este escrito, Sartori sostiene que el desconocimiento y la falta de cultura en la ciudadanía no constituyen, necesariamente, un argumento sólido en contra de la democracia. Simplemente es un argumento de peso contra la democracia directa. La democracia representativa, al procurar una elección (o selección) de buenos líderes, salva, aunque no sin problemas, esta dificultad. Para más información, *Vid.* Sartori, G., *Homo videns. La sociedad teledirigida*, trad. de Ana Díaz Soler, Taurus, Madrid, 2003, 6ªed.

66 Sartori, G., *¿Qué es la democracia?*, *cit.*, pp. 118 y ss.

1.4. Entonces, ¿por qué la democracia?

Todo lo anterior parece pues, indicar, que las tesis de Kelsen, Dahl y Sartori nos conducen a la idea de que la democracia es el mejor sistema conocido para maximizar la libertad del ser humano, lo que nos aproxima a un pensamiento que tiende a tomar la libertad como un bien en sí mismo. Si bien es cierto que tal afirmación no puede ser objeto de reflexión en esta investigación, debe sostenerse aquí, de cara a la fundamentación de la libertad como un bien en sí mismo, la opinión de que resulta congruente que la libertad tome su fundamento en las nociones de necesidad[67] y de felicidad[68]. Exceptuando elementos tan básicos como los alimentos, un sistema sanitario mínimo o una vivienda digna, el camino hacia la felicidad de cada sujeto es subjetivo. Lo que queremos decir es que, puesto que la satisfacción de las necesidades varía de una persona a otra, la idea de que la libertad del ser humano ha de ser optimizada teniendo en consideración la libertad de los demás cobra especial relevancia en los estados constitucionales actuales, y ha de ser tenida en consideración en lo referente a la fundamentación de los derechos fundamentales.

Por ello, si partimos de la premisa de que la libertad es un bien fundamental para el ser humano, podríamos, en un primer momento, inclinarnos a pensar que el sistema político ideal sería uno de tipo anarquista, o uno en el que las decisiones fuesen tomadas por unanimidad. No obstante, rápidamente nos

---

67 Sobre este asunto, *Vid.* Añón, M. J., *Necesidades y derechos. Un ensayo de fundamentación,* Centro de Estudios Constitucionales, Madrid, 1994.

68 Aunque ambas nociones pueden llegar a confundirse, pues no parece equivocado afirmar que la principal necesidad de cualquier persona consiste en alcanzar la felicidad (para lo que deben satisfacerse ciertas subnecesidades o necesidades secundarias), aquí se ha optado por diferenciar ambos conceptos para lograr una mayor claridad expositiva.

damos cuenta de que, en una anarquía, una minoría acabaría imponiéndose sobre el resto, ya que prevalecería la ley del más fuerte (extinguiendo, por lo tanto, la situación de anarquía)[69]. En este escenario, la libertad de la mayoría de las personas no estaría, de ninguna forma, garantizada. Esto nos lleva a la conclusión de que debe existir una entidad que posea el monopolio de la violencia legítima. Sin embargo, si no se determina racionalmente ninguna regla procedimental para acceder al poder, esa misma entidad podría ser capturada por una minoría, que utilizaría su poder para imponer sus condiciones al resto, afectando gravemente a la libertad de la mayoría. De ello se desprende la importancia de que las decisiones tomadas por dicha entidad, es decir, el Estado, reflejen y respondan a los deseos de la mayoría de la sociedad. Enseguida volveremos sobre ello. Respecto a un sistema en el que las decisiones son tomadas de forma unánime, merece la pena detenerse un momento. Algunos autores como Rousseau han afirmado que la unanimidad en la toma de decisiones es la única fuente que legitima la sumisión de los ciudadanos al Estado[70], pues el hombre nace libre y no puede ser sometido, a no ser que se cuente con su propio consentimiento. Entonces, ¿de qué manera justifica Rousseau la legitimidad de los sistemas (como la democracia) en los que la unanimidad no puede lograrse? Según el pensador francés, «cuando la opinión contraria a la mía se impone, eso sólo demuestra que yo me había equivocado y que lo que yo consideraba como voluntad general no lo era. Si mi opinión particular hubiese triunfado, habría hecho algo que no quería; entonces es cuando no hubiese sido libre»[71]. Es a través de esta ficción mediante la cual Rousseau intenta

---

69 Pues, como vimos anteriormente con la tesis de Kelsen, el dominio de unos sobre otros es, en última instancia, inevitable.

70 Chueca Rodríguez, R. L., *La regla y el principio de la mayoría*, Centro de Estudios Constitucionales, Madrid, 1993, p. 96.

71 Rousseau, J-J., *El contrato social, cit.*, p. 128.

convencernos de que la voluntad general es (o debe ser) unánime, pues de lo contrario la fuerza del soberano devendría en injusta e ilegítima. No obstante, esta argumentación, por muy útil que parezca, no deja de apoyarse, como acabamos de advertir, sobre una ficción, ya que según parece derivarse de la fundamentación del autor de *El Contrato Social,* si volviera a repetirse la votación en la que se hubiesen mostrado voluntades diferentes, se lograría la unanimidad, puesto que la minoría corregiría su error al constatar que no se encontraba alineada con la voluntad de la mayoría[72]. Evidentemente, como bien ha podido comprobarse en prácticamente todas las ocasiones en las que se ha producido una segunda vuelta a lo largo de la historia de la democracia, esto es falso.

Retomando la cuestión de la libertad, lo interesante de la reflexión de los autores que hemos analizado aquí es que, para ellos (algunos lo admiten de forma implícita y otros explícitamente) la libertad es un bien en sí mismo. A partir de esta premisa, podemos concluir que, si la libertad es un fin en sí mismo, y si no existen más valores que deban ser considerados como tal (como fines en sí mismos), el fin último de un sistema político no es otro que la maximización de la libertad de los individuos sometidos. Por supuesto, en este contexto, la libertad ha de ser entendida, no solo negativamente (como omisión o no intervención del Estado) sino también positivamente (como acciones positivas del Estado, habitualmente asociadas a los derechos sociales)[73]. Así, la regla de la mayoría se muestra,

---

72 Chueca Rodríguez, R. L., *La regla y el principio de la mayoría, cit.*, pp. 95-96.

73 La idea de libertad en su concepción positiva parte de la insuficiencia de la libertad negativa para garantizar la realización plena de los planes de vida de los miembros de una sociedad. No basta con que el Estado se abstenga de interferir en determinadas esferas de autonomía personal, también es necesario que provea ciertos bienes primarios que permitan a los individuos desarrollar sus proyectos vi-

prima facie, como un procedimiento que maximiza la libertad de los individuos de mejor forma que cualquier otro criterio de decisión[74]. Sin embargo, el hecho de que las decisiones de un Estado sean tomadas democráticamente no quiere decir, necesariamente, que tales decisiones respondan a la maximización de la libertad. Ahora bien, que las decisiones sean tomadas siguiendo la regla de la mayoría constituye, desde un primer momento, una garantía de que las personas sujetas al régimen político democrático se obedezcan a sí mismas, es decir, que obren libremente. El problema surge entonces respecto de la libertad de aquellos que no siguen los mandatos que les dicta su propia conciencia, es decir, de la minoría social, que debe acatar lo decidido por la mayoría. En este punto es donde entra en juego el principio de igualdad política.

---

tales. Que la principal justificación de los derechos sociales se base en un argumento de libertad es una idea que tomamos de Alexy. Este autor explica que la libertad jurídica para realizar u omitir una acción pierde su valor si no va acompañada de una libertad fáctica, es decir, de la capacidad real de elegir entre las opciones permitidas. En otras palabras, la libertad jurídica de un individuo para llevar a cabo o abstenerse de realizar una acción carece de sentido práctico si, por motivos de hecho, esa persona no tiene la posibilidad efectiva de elegir entre ejecutar o no la acción en cuestión (Alexy, R., *Teoría de los derechos fundamentales,* trad. de Carlos Bernal Pulido, Centro de Estudios Políticos y Constitucionales, Madrid, 2022, 3°ed., pp. 456-457).

74 En esta línea argumental, Sartori sostiene que la ausencia de un criterio procedimental superior a la regla de la mayoría para tomar decisiones es un argumento sólido a favor de la justificación de la democracia. Son significativas las siguientes palabras de Sartori al respecto de este asunto: «[s]i los conflictos no se resuelven por mayoría ¿qué alternativa hay? ¿Recurrir a la fuerza? ¿El sometimiento a un déspota? Así pues, incluso si nos parece mal, el criterio mayoritario es el mal menor» (Sartori, G., *¿Qué es la democracia?, cit.,* p. 116).

Como hemos visto anteriormente, la noción de igualdad política se fundamenta en la idea de que ningún ciudadano tiene un poder político natural superior al de los demás. No obstante, desde nuestro punto de vista, la igualdad política, al igual que la democracia, no es un fin en sí mismo, sino un medio para promover la libertad de los miembros de la sociedad[75]. A diferencia de la igualdad política y la democracia, la libertad, por sí misma, puede satisfacer las necesidades básicas del ser humano e incrementar su felicidad[76]. Expliquémoslo con un ejemplo. Imaginemos dos países: A y B. En el país A todos los ciudadanos, incluidos los niños y las personas con graves problemas mentales[77], gozan de plena igualdad política, es decir, tienen la misma cuota de poder político y, por ende, pueden ejercer su derecho a votar en las elecciones. En

---

75 Estas afirmaciones han sido respaldadas implícita o explícitamente por algunos autores relevantes. *Vid.* Dahl, R., *La democracia y sus críticos, cit.*, pp. 386-387. Desde una perspectiva más acotada, Torres del Moral ha llegado a afirmar que «[l]as elecciones no son un fin en sí mismas, sino un medio de provisión personal de determinados órganos políticos, primordialmente del Parlamento» (Torres del Moral, A., "La reforma del sistema electoral o la cuadratura del círculo", *Revista de Derecho Político*, nº74, 2009, pp. 49-111; p. 55).

76 Siempre y cuando, claro está, busquemos satisfacer las necesidades humanas y procurar el bienestar general de la sociedad sin caer en el enfoque del utilitarismo clásico, que tiende a maximizar la felicidad sin atender a las particularidades o derechos individuales.

77 En este contexto, se incluye a todas las personas de la sociedad para señalar que el objetivo final de nuestras democracias no es la maximización de la igualdad política, sino de la libertad. Esto se evidencia en el hecho de que ciertos grupos, como los niños o las personas con graves problemas mentales, no tienen derecho a voto. Ello indica que el fin último del sistema democrático no radica en asegurar una igualdad política absoluta, sino en garantizar que las decisiones que afectan a la colectividad promuevan, en última instancia, la libertad de sus miembros, dentro de los límites de la capacidad de autogobierno.

consecuencia, el país A decide constituirse como una democracia, pues es el único sistema que permite igualar políticamente a todos los sujetos. Así, en el país A, existe una igualdad política absoluta, y las decisiones son tomadas siguiendo la regla de la mayoría. Sin embargo, dado que el fin de el país A no es promover la libertad, los individuos pueden decidir, y así lo hacen, despojar de sus derechos (excepto los democráticos) a la minoría social. De esta forma, en el país A la igualdad política y la regla de la mayoría son optimizadas, pero la minoría social es confinada en campos de concentración, en los que se les priva de libertad.

Por otro lado, en el país B, la igualdad política y la regla de la mayoría son principios contemplados como medios para promover la libertad. Por ello, en el país B se han impuesto una serie de límites y garantías para que el fin ultimo del Estado sea la maximización de la libertad de sus ciudadanos. Así, los niños y las personas con graves patologías mentales son excluidos del derecho a decidir sobre los asuntos políticos. Además, existen poderes contramayoritarios que, en ciertas ocasiones, tienen la capacidad de anular las decisiones tomadas de forma democrática si éstas lesionan desproporcionalmente la libertad de algún sujeto[78]. Por ende, en el país A la igualdad política y la

---

[78] El término "desproporcional" está claramente inspirado en la concepción de Alexy sobre los derechos fundamentales como mandatos de optimización, y, consecuentemente, en el principio de proporcionalidad. Acerca de los derechos fundamentales como mandatos de optimización debe consultarse: Alexy, R., *Teoría de los derechos fundamentales, cit.* Sobre el principio de proporcionalidad son de obligada lectura: Bernal Pulido, C., *El principio de proporcionalidad y los derechos fundamentales: El principio de proporcionalidad como criterio para determinar el contenido de los derechos fundamentales vinculante para el Legislador*, Universidad Externado de Colombia, Bogotá, 2014, 4°ed., y: Alexy, R., "Los derechos fundamentales y el principio de proporcionalidad", *Revista Española de Derecho Constitucional,* n°91, 2011, pp. 11-29.

idea de democracia (entendida como regla de la mayoría) son satisfechas en mayor medida que en el país B. Ahora bien, en el país B la libertad de cada uno de los ciudadanos se encuentra asegurada mediante una serie de limites y garantías al poder de la mayoría. Por otro lado, los individuos que conforman la mayoría en el país A disfrutan de un abanico más amplio de libertad que en el país B, pero la minoría queda despojada de sus derechos fundamentales. Por lo tanto, en el país A, la mayoría social puede satisfacer mejor sus necesidades y, en última instancia, alcanzar su felicidad. En cambio, en el país B, aunque las personas que forman la mayoría disfrutan de más libertad, ésta se encuentra ligeramente limitada. A cambio de ello, la minoría puede gozar del mismo espectro de libertades que la mayoría. Teniendo en cuenta que las mayorías y las minorías son cíclicas, corresponde al lector decidir en qué país preferiría vivir.

Independientemente de la opción que se elija, lo que sí parece evidente es que la democracia es el sistema político que de mejor forma garantiza la realización del principio de autodeterminación o de autonomía[79]. Por ello, Kelsen sostiene que la forma más pura de democracia se encuentra allí donde las normas de una sociedad son acordadas por el propio pueblo reunido en asamblea, ya que de esta manera se garantiza de forma eficaz el principio de autonomía. Con todo, Kelsen también señala que, en la práctica, nadie puede dudar seriamente de que el parlamentarismo, es decir, la democracia representativa, es la única forma viable de llevar a cabo la idea de democracia en la realidad social actual[80]. Sin embargo, Kelsen indicará que, partiendo de este axioma, el problema radicará entonces en que

---

79 Monereo Pérez, J. L., "La democracia en el pensamiento de Kelsen", Estudio preliminar en: Kelsen, H., *Esencia y valor de la democracia, cit.*, p. XLVIII.

80 Kelsen, H., "El problema del parlamentarismo", *cit.*, p. 86.

el principio de autonomía hallará una limitación cuando, en vez del pueblo reunido en asamblea, son los representantes de la ciudadanía los que toman tales decisiones en el parlamento[81]. Por lo tanto, el desafío consistirá entonces en armonizar la idea de libertad democrática con la representación política. Volveremos sobre ello más adelante[82].

1.5. El constructivismo ético

Antes de adentrarnos en el siguiente Capítulo, el cual tendrá por objeto abordar el asunto de la representación política, es conveniente analizar la doctrina moral del constructivismo ético, debido a las profundas implicaciones que ésta tiene en la teoría de la democracia. El constructivismo ético comenzó a desarrollarse tras más de cien años de la publicación de las principales obras de Kant, surgiendo como una actualización de sus tesis más fundamentales, pero respetando el espíritu y la esencia de sus postulados más trascendentales. Como bien ha indicado García Figueroa, el constructivismo ético se caracteriza porque «formula una representación procedimental del discurso moral»[83]. Su principal fundamento se basa en la comprensión de que los principios morales correctos, serían, en palabras de Atienza: «aquellos a los que llegaría por consenso una serie de agentes que discutieran respetando ciertas reglas más o menos idealizadas»[84]. Lo que distingue al constructivismo ético, ante todo, es su capacidad para construir máximas éticas a través de un procedimiento discursivo. Su influencia

---

[81] Kelsen, H., *Esencia y valor de la democracia, cit.*, p. 109.

[82] *Vid. infra*, 2.

[83] García Figueroa, A., *Criaturas de la moralidad: Una aproximación neoconstitucionalista al Derecho a través de los derechos*, Trotta, Madrid, 2009, p. 35.

[84] Atienza, M., *Curso de argumentación jurídica, cit.*, p. 562.

ha sido tan trascendente en lo que respecta a la concepción actual de la democracia, que algunos autores se han atrevido a afirmar que un concepto adecuado de democracia debe comprender, además de por supuesto la decisión mayoritaria, también la argumentación discusiva[85], que es precisamente el motor que impulsa el constructivismo ético.

Para comprender adecuadamente los postulados de esta doctrina, resulta pertinente abordar la distinción entre moral social y moral crítica. Mientras que la moral social hace referencia a los criterios socialmente mayoritarios, esto es, a las valoraciones sociales predominantes (es decir, la democracia en sentido amplio), la moral crítica se refiere a la práctica moral correcta y justificada, es decir, a una moral que responde a los mejores argumentos, y que no tiene porqué coincidir con la opinión de la mayoría social[86]. A este respecto, parece evidente el hecho de que, aceptar que existen buenos y malos argumentos para justificar una determinada práctica, esto es, aceptar la existencia de la moral crítica, conduciría al reconocimiento de un objetivismo moral, al menos en un grado mínimo[87].

---

85 Alexy, R., “Constitutional Rights, Democracy, and Representation”, *Ricerche giuridiche,* nº2, 2014, pp. 197-209; p. 206.

86 *Vid.* sobre la moral social y la moral crítica (o justificada) y sus diferencias aplicativas en la argumentación jurídica, Atienza, M., *Curso de argumentación jurídica,* Trotta, Madrid, 2013, pp. 559-562.

87 Acerca del objetivismo moral mínimo puede consultarse el siguiente texto de Atienza: (Atienza, M., “Objetivismo moral y Derecho”, en: Ortega García, R., (Coord.), *Problemas constitucionales contemporáneos,* Fontamara, México, 2017). Lo que realmente sostiene este autor con su tesis del objetivismo moral mínimo no debe interpretarse como una justificación de un sistema no democrático, sino como una afirmación de que las razones que respaldan una decisión moral pueden, en ocasiones, considerarse objetivas en el sentido de que son correctas y deben ser aceptadas por cualquier persona razonable (*Ibid.*, p. 12).

A nuestro parecer, el objetivismo moral mínimo se presenta como la alternativa ética más sólida y congruente con los valores democráticos, a la vez que ofrece una base firme capaz de sustentar una ética normativa que respete los principios de libertad e igualdad. En este sentido, Rawls ha defendido que las convicciones políticas son objetivas si personas razonables, racionales y suficientemente inteligentes, al ejercer sus facultades de juicio práctico en condiciones adecuadas, son capaces de aceptar dichas convicciones o, al menos, reducir significativamente sus diferencias. Para que esto ocurra, es esencial que estas personas estén bien informadas sobre los hechos relevantes y hayan evaluado las razones pertinentes de manera suficiente y reflexiva. Según Rawls, la objetividad de una concepción política se basa en la existencia de razones determinadas por una concepción política razonable y comúnmente aceptada, las cuales son capaces de convencer a todas las personas razonables de su legitimidad[88].

Si bien es cierto que, si el único objetivo de un sistema es el de maximizar el valor de la democracia (entendida como decisión de la mayoría), sin tener en cuenta ningún otro principio o valor, probablemente, tomar la moral social como único elemento para hallar verdades éticas fuese lo óptimo. Sin embargo, regirse exclusivamente a través del criterio de la moral social es peligroso, pues se corre el riesgo de que una gran mayoría de personas pueda tomar decisiones injustas en perjuicio de la minoría de la sociedad[89]. Con todo, no podemos

---

88 Rawls, J., *El liberalismo político*, p. 150.

89 Algo similar es lo que propone Ferrajoli con la configuración de los derechos fundamentales como fragmentos de soberanía popular, aunque, eso sí, desde un curioso punto de vista positivista del Derecho (Ferrajoli, L., *Principia iuris. Teoría del derecho y de la democracia*, trad. de Perfecto Andrés Ibáñez, Juan Carlos Bayón, Marina Gascón, Luis Prieto Sanchís y Alfonso Ruiz Miguel, Trotta, Madrid, 2011, p. 14).

olvidar que la moral social sí resulta un elemento importante en la búsqueda de las verdades morales, puesto que tiene en cuenta las necesidades de la mayoría. Por ello, no son pocos los pensadores que han procurado elaborar una teoría que, respetando el contenido de las decisiones tomadas democráticamente, trate de racionalizar la *praxis* social[90]. Por esta razón,

---

90 A este respecto, Atienza ha propuesto cinco criterios para evaluar argumentaciones jurídicas, que son: la universalidad, la coherencia, la adecuación a las consecuencias, la moral social y la moral justificada (Atienza, M., *Curso de argumentación jurídica, cit.*, pp. 553-562). Sin embargo, si deseamos justificar problemas de segundo orden, es necesario atender a otros elementos que van más allá de las argumentaciones estrictamente jurídicas. Los problemas de segundo orden se anteponen a los problemas de primer orden, que son aquellos que se expresan en términos lógico-deductivos, presentando la forma de un *modus ponendo ponens* (García Figueroa, A., "Justificación interna y justificación externa", en: Gascón Abellán, M., (Coord.), *Argumentación jurídica,* Tirant Lo Blanch, Valencia, 2014) y que siguen la siguiente estructura que propone Atienza:
«-Si se dan una serie de propiedades, X (que configuran un caso genérico), entonces es obligatorio (prohibido, permitido) realizar la acción Y.
- En este caso se dan las propiedades X (o sea, el caso concreto se subsume en el caso general).
- Por lo tanto, es obligatorio (prohibido, permitido) realizar la acción Y.» (Atienza, M., *El Derecho como argumentación,* Ariel, Barcelona, 2012, p. 165).

La justificación de segundo orden, sostiene MacCormick, se ocupa principalmente de dos elementos: de «lo que tiene sentido en el mundo» (que incluye argumentos *evaluativos* y *subjetivos*) y de «lo que tiene sentido en el sistema» (MacCormick, N., *Razonamiento jurídico y Teoría del Derecho,* trad. de José Ángel Gascón Salvador, Palestra, Lima, 2018, pp. 145-146). Para García Figueroa, en realidad existen dos maneras de observar la dicotomía entre la justificación de primer orden y la justificación de segundo orden: la primera es verla como un conflicto entre la justificación lógica y la no lógica, y la segunda consiste en tomar esta dicotomía como una diferenciación entre justificar utilizando normas válidas del sistema y justificar

en los siguientes epígrafes nos adentraremos en el estudio de la doctrina del constructivismo ético, una corriente moral que, al tiempo que respeta los derechos de las minorías, ofrece una justificación sólida para la existencia de un sistema democrático y promueve su adecuado funcionamiento.

Puesto que existen algunas diferencias entre las tesis que defienden los principales representantes de esta doctrina, las teorías que se expondrán más adelante responden a las ideas de los filósofos que, a nuestro modo de ver, han desarrollado de mejor manera los presupuestos más característicos del constructivismo ético. Estos autores son John Rawls, Jürgen Habermas y Carlos S. Nino. Sin embargo, dado que el origen de tal doctrina ética se encuentra en las tesis defendidas por Kant, a continuación examinaremos el pensamiento del precursor de esta corriente moral.

1.5.1. La universalidad de la moral en el Reino de los fines de Immanuel Kant

La idea de democracia cobra un especial sentido en el contexto del Reino de los fines kantiano. Para Kant, el Reino de los fines (o Reino de la autolegislación) es aquel en el que los participantes tienen libertad de voluntad, y por ello se dotan a sí mismos de leyes[91] (Kant identifica estas leyes con imperativos

---

utilizando normas que no forman parte del sistema jurídico (García Figueroa, A., "Justificación interna y justificación externa", *cit.*, pp. 168-182). En todo caso, la justificación de primer orden, ya sea vista como argumentación lógica o como argumentación sistemática, resulta insuficiente para realizar una correcta justificación jurídica, política o de cualquier otro ámbito, pues los argumentos últimos sobre los que se apoya una argumentación deben ser siempre morales.

91 Kant, I., *Fundamentación de la metafísica de las costumbres,* trad. de Manuel García Morente, Austral, Barcelona, 2016, p. 139.

categóricos que son, al fin y al cabo, leyes morales). Para él, el fundamento de la dignidad humana es la autonomía de la voluntad, es decir, la libertad[92], y es a raíz de esta por la que los seres humanos optamos por imponernos ciertos imperativos categóricos, que son compartidos por todos. En la actualidad, es evidente el notable parecido que guarda el Reino de los fines con un orden normativo avanzado, pues, al igual que en un Estado desarrollado, el Reino de los fines es el lugar en donde las leyes y las normas de la sociedad buscan reflejar principios de justicia, asegurando que todos los individuos sean tratados con dignidad. En ambos casos, se persigue un orden en el que la moralidad y la legalidad se entrelazan para crear una estructura social justa.

Si para Kant el universo de la autolegislación es aquel en el que los seres racionales se dan unas leyes morales que deben cumplir, el Derecho, con ciertos matices, es la misma cosa, ya que en nuestros ordenamientos jurídicos los ciudadanos nos autolegislamos, ponemos límites a nuestra libertad para conseguir diversos objetivos que tienen su base en la moral individual y colectiva, es decir, en qué deberíamos o no hacer. En este sentido, Kant sostiene que la libertad es una propiedad de la voluntad, y que ambos conceptos son inconcebibles el uno sin el otro[93]. Es por ello por lo que podemos colegir que la tesis de este autor confluye en armonía con la idea de un sistema democrático, pues una de las principales características de la democracia es que facilita el desarrollo de la autonomía individual, que en este caso se extiende a la autonomía colectiva[94].

---

92 *Ibid.*, p. 117.

93 *Ibid.*, pp. 135-136.

94 Este interesante apunte lo detalla Sastre Ariza en: Sastre Ariza, S., "A vueltas con la democracia", en: Valmaña Ochaíta, A., (Coord.), *Democracia en el Mundo Antiguo y en la actualidad,* Andavira, Santiago de Compostela, 2013, pp. 133-134.

No obstante, para comprender adecuadamente las ideas kantianas sobre la moralidad, es esencial estudiar la distinción fundamental entre imperativos hipotéticos e imperativos categóricos, que constituye una premisa básica en la filosofía del pensador prusiano. Los primeros destacan por estructurarse como máximas subjetivas de la moral, es decir, por ser simples preceptos de habilidad que indican cómo debe procederse ante una situación tomando siempre la felicidad como fin de las acciones, esto es, por ser principios utilitaristas[95]. Dado que la felicidad es en gran medida subjetiva, pues atiende a las características particulares de un sujeto, los imperativos hipotéticos tienen como fin último un propósito concreto, ya que operan como principios instrumentales o técnicos[96]. Por esta razón, la maximización del placer dependerá siempre de circunstancias particulares y relativas[97]. Es evidente que una máxima hipotética no puede elevarse a la categoría de ley universal ni, en términos jurídicos, ser susceptible de coerción estatal en caso de incumplimiento, porque su aplicación no está destinada a ser igualmente beneficiosa para todos los sujetos, sino que está diseñada para satisfacer las necesidades o intereses de uno o varios individuos en particular.

---

95 En su formulación más clásica, el utilitarismo sostiene que las acciones correctas son aquellas orientadas a procurar la felicidad del mayor número de personas, como materialización de un cálculo racionalizado del bien. No obstante, esta definición se encuentra lejos de aprehender la riqueza y variedad de los argumentos utilizados por los diferentes representantes de esta doctrina. Sobre el utilitarismo pueden consultarse, como principales obras de referencia: Bentham, J., *Los principios de la moral y la legislación*, trad. de Margarita Costa, Claridad, Buenos Aires, 2008; y Stuart Mill, J., *El utilitarismo*, trad. de Esperanza Guisán Seijas, Alianza, Madrid, 1984.

96 Kant, I., *Crítica de la razón práctica*, trad. de Emilio Miñana y Villagrasa; Manuel García Morente, Tecnos, Madrid, 2017, pp. 137-138.

97 *Ibid.*, p. 144.

En cambio, los imperativos categóricos presentan una serie de particularidades que los hacen diferenciarse de los imperativos hipotéticos. Para Kant, una máxima es válida para cualquier ser racional cuando se aplica independientemente de las particularidades subjetivas que distinguen a un individuo de otro. Cuando esto ocurre, es decir, cuando un principio es válido para cualquier ser racional, puede afirmarse que nos encontramos ante una máxima universal y objetiva[98]. El ideal kantiano de universalizar los principios morales se entiende mejor al examinar una de las formulaciones del imperativo categórico que él propone, que dice así: «obra como si la máxima de tu acción debiera convertirse, por tu voluntad, en ley universal de la naturaleza»[99]. Es evidente que Kant abogaba por el cumplimiento de los imperativos categóricos, ya que, de este modo, las acciones humanas se armonizarían y regularizarían de tal manera que el invariable cumplimiento de las leyes morales podría equipararse a la inalterabilidad con la que se cumplen las leyes de la naturaleza. En resumen, para Kant, el hecho de que un individuo guíe su conducta mediante imperativos categóricos, esto es, a través de la razón y no de simples inclinaciones naturales, es algo bueno porque los actos voluntarios del sujeto van a encontrarse determinados con base en la razón, en la ley que el ser racional se impone a sí mismo. Por ello, desde la visión de la tesis de Kant, si un individuo eleva a máxima universal un principio nacido de la razón, debemos considerar que dicho principio es igualmente válido para todos los seres humanos[100], pues éstos comparten una única virtud común: la razón.

---

98 *Ibid.*, pp. 137-138.

99 Kant, I., *Fundamentación de la metafísica de las costumbres, cit.*, p. 95.

100 *Ibid.*, p. 84.

1.5.2. La posición original de John Rawls

Como ha señalado Miguel Ángel Rodilla, a pesar de las profundas repercusiones que la teoría moral de Rawls ha tenido y sigue teniendo en los debates sobre justicia y filosofía política, su objetivo principal es más restringido de lo que *prima facie* podría parecer. La teoría de Rawls ni siquiera pretende ser una teoría de la justicia completa. Su finalidad es defender una concepción de la justicia que se aplique a un ámbito específico: la estructura básica de la sociedad. El enfoque de Rawls ofrece una serie de argumentos que justifican un conjunto definido de principios, diseñados para servir como base para legitimar las principales instituciones de la sociedad[101]. Para entender adecuadamente la tesis moral elaborada por Rawls, debemos tener en consideración que, para el autor estadounidense, cualquier teoría que pretenda organizar la sociedad mediante una particular concepción de la justicia debe comprenderse siempre en el marco del contractualismo. Es por ello por lo que Rawls, en su *Teoría de la justicia,* actualiza la idea del pacto social desarrollada por Rousseau a través de un experimento mental. En dicho experimento, Rawls nos invita a imaginar que una serie de representantes de todos los individuos se sitúan en la "posición original". La posición original, describe Rawls, es aquella que puede definirse como «el *statu quo* inicial apropiado que asegura que los acuerdos fundamentales alcanzados en él sean imparciales»[102]. Esta particular disposición es una situación hipotética en la que los representantes de la sociedad deben procurar establecer unos principios de justicia básicos que sirvan como base para una correcta convivencia en sociedad.

---

101 Rodilla, M. Á., "Presentación", a: Rawls, J., *Justicia como equidad,* trad. de Miguel Ángel Rodilla, Tecnos, Madrid, 1986, p. X.

102 Rawls, J., *Teoría de la justicia,* trad. de María Dolores González, FCE, México, 1995, 2ª ed., p. 29.

¿Por qué, entonces, la posición original garantiza que los acuerdos alcanzados sean imparciales? Según Rawls, esto es así porque en la posición original las partes, esto es, los representantes de la sociedad, se encuentran cubiertas por lo que nuestro autor denomina como "velo de la ignorancia", un elemento que impide que las partes puedan conocer las características que constituyen sus diferencias, como su clase social, su apariencia física, su color de pelo, de piel, su sexo, su lugar de nacimiento… etc. Podría decirse que prácticamente la única cualidad que comparten los representantes en la posición original y, sobre todo, conocen sobre ellos mismos, es la racionalidad[103]. Esta es la razón por la que Rawls sostiene que todos los representantes en la posición original podrían ser persuadidos por los mismos argumentos, siempre que estén fundamentados en razones sólidas y no en meras afirmaciones ideológicas. Esto se debe a que los representantes en la posición original actúan con total imparcialidad, ya que no están influenciados por circunstancias específicas y subjetivas[104].

Situadas las partes en la posición original, Rawls sostiene que los principios básicos que acordarían entre ellas serían imparciales, sin favorecer a ningún sector específico de la sociedad, sino a su conjunto en general. Nuestro autor presupone que las partes, en la posición original, elegirían dos principios fundamentales: el principio de libertad y el principio de diferencia[105]. El principio de diferencia establece que las

---

[103] A lo sumo, podría añadirse aquí que las partes tienen un cierto sentido de la justicia. Sobre el sentido de la justicia en Rawls, *Vid.* Rawls, J., "El sentido de la justicia", en: Rawls, J., *Justicia como equidad,* trad. de Miguel Ángel Rodilla, Tecnos, Madrid, 1986, pp. 40 y ss.

[104] Rawls, J., *Teoría de la justicia, cit.*, p. 137.

[105] *Ibid.*, pp. 147-156. Es importante señalar aquí que, en "Justicia como equidad", un artículo anterior a su obra cumbre *Teoría de la justicia,* Rawls plantea que los miembros de la sociedad, aunque no ubicados en la posición original, se encuentran en una posición general

desigualdades económicas y sociales deben organizarse de tal manera que beneficien al máximo a los más desfavorecidos, en consonancia con un principio de ahorro equitativo, y que estén vinculadas a cargos y funciones accesibles para todos bajo condiciones de igualdad justa de oportunidades[106]. Por lo tanto, aunque la situación de algún miembro de la sociedad mejore, desde la perspectiva del principio de diferencia, no se considerará un verdadero progreso a menos que todos los demás también se beneficien. Por lo tanto, en esencia, este

prácticamente similar a la posición original. En esta posición general, las partes escogerían principios muy parecidos a los que más tarde Rawls desarrollaría. En "Justicia como equidad", con el objetivo de justificar los principios básicos que deben guiar a una sociedad, Rawls imagina una sociedad compuesta por individuos que ya participan en un sistema de prácticas establecidas. Estos individuos comparten ciertas características: suelen actuar de manera autointeresada (aunque no siempre), son racionales y no son excesivamente egoístas, pues poseen un cierto sentido de la justicia. Rawls nos invita a imaginar que esta sociedad, antes de abordar cualquier cuestión pública, acuerda establecer principios que guíen sus juicios sobre dichas cuestiones. Rawls opina que ningún individuo, al desconocer de antemano en qué asuntos se verá implicado, optaría por principios que lo favorecieran exclusivamente, ya que sus futuras necesidades son inciertas. En esta situación hipotética, los miembros de la sociedad elegirían dos principios fundamentales. Mientras que el primer principio afirma que cada persona tiene derecho a la mayor libertad posible, siempre que sea compatible con la libertad de los demás, el segundo principio sostiene que las desigualdades solo son legítimas si benefician a todos (a absolutamente todos) los miembros de la sociedad. Este último principio establece qué desigualdades son aceptables, rechazando al mismo tiempo el utilitarismo clásico (Rawls, J., "Justicia como equidad", en: Rawls, J., *Justicia como equidad*, trad. de Miguel Ángel Rodilla, Tecnos, Madrid, 1986, pp. 18 y ss.).

106 Rawls, J., *Teoría de la justicia, cit.*, p. 68. Bien visto, el principio de diferencia no prescribe igualdad, sino que es un criterio para justificar en qué casos las desigualdades se encuentran justificadas (Rodilla, M. Á., "Presentación", *cit.*, p. XXXI).

principio afirma que las desigualdades no son injustas si contribuyen a mejorar la situación de los más desaventajados[107]. Del mismo modo, el otro principio que las partes escogerían en la posición original sería el principio de libertad, que Rawls formula de la siguiente forma: «[c]ada persona ha de tener un derecho igual al esquema más extenso de libertades básicas que sea compatible con un sistema semejante de libertad para los demás»[108]. El principio de libertad, explica nuestro autor, gozaría de prioridad lexical sobre el principio de diferencia, lo cual significa que las lesiones a las libertades básicas no pueden justificarse ni compensarse mediante mayores beneficios sociales o económicos. Estas libertades solo pueden ser restringidas cuando entran en conflicto con otras libertades básicas. Dicho de otro modo, únicamente se puede limitar la libertad en favor de la libertad. Así, una libertad más restringida debe fortalecer el sistema total de libertades compartido por todos, y cualquier reducción en la igualdad de libertades debe ser aceptable para aquellos que experimentan dicha restricción[109].

La prioridad lexical del principio de libertad se fundamenta, según Rawls, en que, una vez levantado el velo de la ignorancia, las partes tendrán intereses específicos y se orientarán hacia la consecución de sus propios proyectos de vida. Para alcanzar una correcta realización de estos proyectos, es fundamental que se

---

[107] En este sentido, Rawls afirma que el principio de diferencia guarda cierta relación con el principio de reparación, el cual establece que las desigualdades inmerecidas, como las relacionadas con el lugar de nacimiento o con los dotes naturales, deben ser, de algún modo, reparadas. Desde esta perspectiva, el Estado debe prestar más atención a aquellos individuos que ostentan inmerecidamente posiciones sociales desfavorables (Rawls, J., "Justicia distributiva", en: Rawls, J., *Justicia como equidad*, trad. de Miguel Ángel Rodilla, Tecnos, Madrid, 1986, p. 72).

[108] Rawls, J., *Teoría de la justicia, cit.*, p. 67.

[109] *Ibid.*, pp. 68-69 y p. 280.

dé prioridad al principio de libertad, ya que cada individuo encontrará la felicidad de una forma diferente. En la teoría de Rawls, el levantamiento del velo de la ignorancia ocurre de manera gradual. Nuestro autor sostiene que este proceso debe ser progresivo, permitiendo a las partes conocer gradualmente más sobre su contexto social. Esto les permitirá redactar primero una Constitución, luego establecer un sistema de leyes, y, finalmente, tomar decisiones judiciales en cada caso. La eliminación completa del velo de la ignorancia es esencial para asegurar que todas estas fases se lleven a cabo de manera justa y efectiva[110]. Por último, debe señalarse que, para Rawls, los dos principios fundamentales representan la solución *maximin* al problema de la justicia social. Dado que las partes en la posición original seleccionan los principios de libertad y de diferencia bajo condiciones de incertidumbre, su aversión al riesgo las llevaría a elegir la opción cuyo peor desenlace sea mejor que el peor resultado de las demás alternativas. Así, bajo la regla del *maximin* (que se traduce literalmente como el máximo de los mínimos), las partes elegirían el escenario en el que los más desfavorecidos reciban el mayor beneficio posible, aunque existan otros escenarios en los que los más favorecidos resulten más beneficiados[111].

110 *Ibid.*, pp. 187-192.

111 Para explicarlo, podemos recurrir al siguiente ejemplo de Rawls. Imaginemos un escenario en el que pueden tomarse tres decisiones (d_1, d_2 y d_3). Estas decisiones conducen, cada una, a tres circunstancias o consecuencias diferentes (C_1, C_2 y C_3) que se corresponden con ciertos valores numéricos, los cuales expresan unidades monetarias. Esto puede representarse de la siguiente forma:

Decisiones	*Circunstancias*		
	C_1	C_2	C_3
d_1	-7	8	12
d_2	-8	7	14
d_3	5	6	8

1.5.3. Jürgen Habermas y la democracia deliberativa

En el campo de la ética y de la democracia contemporáneas, Jürgen Habermas presenta una perspectiva que sitúa al lenguaje y a la comunicación en el centro de la moralidad y de la construcción del sistema político. Para Habermas, el fundamento de la ética reside en la estructura de los actos de habla y, por ende, en las prácticas lingüísticas. Esta visión implica que la moralidad debe estar necesariamente vinculada al diálogo y a la interacción lingüística, procesos mediante los cuales se construyen y legitiman los principios éticos[112]. En este sentido, Habermas sostiene que, para alcanzar un entendimiento sobre las verdades morales, es necesario profundizar en la teoría del discurso. A diferencia de Rawls, quien plantea que este diálogo debe llevarse a cabo entre las partes situadas en la posición original, Habermas argumenta que tal discusión debe fundamentarse siempre en el diálogo entre los afectados. Es relevante destacar que, para Habermas, un convencido defensor del diálogo y la comunicación como medio para obtener verdades morales, no todos los actos de habla deben ser considerados válidos. Solo se reconocen como tales aquellos que satisfacen una pretensión de validez, la cual ha de encontrarse destinada a su cumplimiento práctico. Dicho cumplimiento dependerá, como es evidente, de la práctica en cuestión que pretenda

---

Siguiendo la regla del *maximin*, debe escogerse la decisión cuya peor circunstancia sea mejor que la peor circunstancia de las demás decisiones. Por ello, según la regla del *maximin*, la decisión correcta sería d_3, dado que su peor escenario (5) es mucho mejor que el peor escenario de las restantes decisiones (-7 y -8), aunque ello suponga una pérdida de valor en el sentido de que el mejor escenario de d_3 (8) es bastante peor que los mejores escenarios de d_1 y d_2 (12 y 14, respectivamente) (*Ibid.*, p. 150, nota 19).

112 García Figueroa, A., *Praxis: Una introducción a la moral, la política y el Derecho,* Atelier, Barcelona, 2017, p. 319.

realizarse a través del acto de habla[113]. Dado que no es este el lugar indicado para realizar una amplia exposición de todas las clases de actos de habla, simplemente se señalarán aquí los tipos de enunciados comunicativos que más interesan para esta investigación: los actos de habla constatativos o aseverativos y los actos de habla regulativos.

En el primer caso, cuando el emisor de un acto de habla ejecuta una constatación o aseveración, lo que realmente está haciendo es describir un hecho capaz de ser tasado como verdadero o falso, es decir, un acontecimiento empírico. Por otro lado, si un sujeto emite un acto de habla regulativo, lo que verdaderamente pretende es guiar u ordenar algún tipo de conducta referente a la *praxis*; a la acción. En una línea argumental similar, debe destacarse a este respecto que Austin ya había señalado que los actos de habla constatativos y realizativos (un tipo de acto de habla que incluye a los regulativos) no difieren demasiado. Según Austin, mientras que los enunciados aseverativos pueden ser calificados como verdaderos o falsos, los actos de habla realizativos pueden ser evaluados como afortunados o desafortunados[114]. Así, Habermas sostendrá, siguiendo esta tesis de Austin, que, al igual que un acto de habla constatativo se torna defectuoso si carece de una pretensión de verdad, un acto de habla regulativo también se vuelve defectuoso si incumple una pretensión de corrección[115].

---

113 Que el ser humano pueda ser capaz de hacer cosas con palabras es algo que ya puso de relieve Austin en su excelente obra *Cómo hacer cosas con palabras*. *Vid.* Austin, J., *Cómo hacer cosas con palabras*, trad. de Genaro R. Carrió; Eduardo A. Rabossi, Paidós, Barcelona, 2016.

114 *Ibid.*, p. 115.

115 García Figueroa, A., *Praxis…*, *cit.*, p. 321.

Como han dado cuenta algunos iusfilósofos[116], la pretensión de corrección constituye una condición de posibilidad de la argumentación que deben llevar implícitos los actos de habla regulativos no desafortunados. Es por ello por lo que, si ejecuto un acto de habla que ordena hacer X, pero al mismo tiempo creo que no es correcto hacer X, infrinjo la pretensión de corrección. En cuanto a los actos de habla constatativos, esta dinámica se ilustra con mayor claridad a través del célebre ejemplo de Austin: "el gato está sobre el felpudo, pero yo no lo creo"[117]. Como puede percibirse, la primera parte de la frase (el gato está sobre el felpudo) hace referencia a un enunciado constatativo, esto es, a un hecho capaz de ser catalogado como verdadero o falso, pues el gato se encontrará, o no, sobre el felpudo. Sin embargo, si enuncio un hecho empírico como el del ejemplo, pero a la vez no creo en lo que estoy afirmando, mi acto de habla se vuelve defectuoso, ya que no cumple con la pretensión de verdad inherente a mi afirmación. Lo que realmente está sucediendo aquí es que el acto de habla se contradice a sí mismo, incurriendo en una contradicción performativa[118].

Pues bien, en el caso de un acto de habla regulativo del cual no se pretende su corrección ocurriría algo muy similar. Para ejemplificar esto, podemos servirnos de la fundamentación utilizada por Alexy sobre la existencia de una supuesta pretensión de justicia en el Derecho. La pretensión de justicia de los enunciados jurídicos es equivalente a la pretensión de corrección de los actos de habla regulativos, pues la primera ha de comprenderse como una especificación de la segunda en el campo del Derecho. De esta forma, Alexy sostiene que «[u]n legislador

---

116 En este sentido, *Vid.* García Figueroa, A., *Moral de victoria: Una filosofía del deporte,* Hexis, Terrasa, 2021, p. 319.

117 Austin, J., *Cómo hacer cosas con palabras, cit.*, p. 95.

118 García Figueroa, A. *Praxis…, cit.,* p. 322.

constitucional comete una contradicción performativa cuando el contenido de su acto constituyente niega esta pretensión [de justicia], a pesar de que con su ejecución la formula»[119]. En este contexto, Alexy asume la premisa de que una norma que no pretende ser justa no debe ser considerada como Derecho. De lo contrario, no se produciría tal contradicción, ya que la falta de una pretensión de justicia implicaría la ausencia de una contradicción en el acto legislativo. Uno de los ejemplos que nos brinda Alexy para hacer más comprensible su postura es el de una Constitución ficticia que proclama en uno de sus artículos lo siguiente: «X es una república soberana, federal e injusta»[120]. Como puede observarse, desde la perspectiva alexyana del lenguaje, el anterior enunciado resulta defectuoso porque incurre en una contradicción performativa, es decir, el propio enunciado niega lo que pretende (la justicia), ya que, insistimos, para Alexy cualquier norma que no pretenda ser justa no puede formar parte del Derecho.

Volviendo a lo anteriormente mencionado, cuando Habermas reflexiona sobre los actos de habla que expresan juicios morales, subraya la importancia de objetivizar, en la medida de lo posible, estos enunciados éticos. Esto es fundamental, argumenta Habermas, porque las condiciones de validez de los actos de habla regulativos no pueden evaluarse utilizando la misma lógica que se aplica en las ciencias naturales. Las ciencias naturales operan en un ámbito que se encuentra en gran medida al margen de la teoría del discurso[121], por lo que el asunto debe ser abordado desde una perspectiva diferente. En la visión del autor alemán, los juicios morales

---

119 Alexy, R., *El concepto y la validez del derecho,* trad. de Jorge M. Seña, Gedisa, Barcelona, 2004, 2ª ed., p. 43.

120 *Ibid.*, p. 42.

121 Habermas, J., *Conciencia moral y acción comunicativa,* trad. de Ramón Cotarelo García, Trotta, 2008, p. 73.

requieren un marco que permita su evaluación crítica y su fundamentación en principios de comunicación y consenso, que es precisamente lo que su teoría del discurso busca proporcionar. Por este motivo, Habermas trata de formular un principio puente situado en el nivel del discurso práctico general, esto es, un principio de carácter moral que desempeñe una función parecida al principio de inducción en el terreno de las ciencias naturales. Para nuestro autor, el principio que sirve de puente es el ya conocido imperativo categórico kantiano. Este principio, que Habermas asocia con la noción de voluntad general, permite validar aquellas máximas que un individuo considera como universales. Según Habermas, la condición de universalidad conferida por el imperativo categórico asegura la imparcialidad de las máximas morales, ya que en su aprobación incorporan implícitamente un interés compartido por todos los afectados. Esta inclusión de un interés común en su aprobación las convierte en universalizables, garantizando así que las normas sean aceptables para todos los individuos involucrados[122].

Sin embargo, Habermas no parece aceptar plenamente la fórmula clásica del imperativo categórico kantiano. Para él, el diálogo cooperativo entre las personas afectadas por las leyes que intentan universalizarse es crucial. Por esta razón, rechaza tanto la fórmula imperativa clásica, en la que el sujeto individual eleva su propia máxima moral a ley universal, como la tesis ético-monológica de Rawls, que sostiene que los principios morales básicos (como el principio de libertad y el principio de diferencia) pueden ser descubiertos a través de la mera reflexión individual. En lugar de ello, Habermas enfatiza la importancia del proceso comunicativo y el consenso en la construcción de normas morales justas y universalizables, lo que le conduce a reformular el clásico imperativo categórico

---

[122] *Ibid.*, pp.74 y 76.

kantiano. En este sentido, Habermas propondrá que, en lugar de justificar la validez de una máxima por pensarla individualmente como universal, «tengo que presentarles mi teoría con objeto de que quepa hacer la comprobación discursiva de su aspiración de universalidad»[123].

¿Y a qué se refiere Habermas con una "comprobación discursiva"? Todo parece indicar que, al reformular el clásico imperativo categórico kantiano de esta manera, Habermas está a su vez presuponiendo unas reglas o condiciones discursivas que pueden dotar de objetividad al discurso[124]. Estas reglas del discurso actúan en pos de la racionalidad moral, pues solo a través de buenas razones va a resultar posible justificar un

---

123 *Ibid.*, p. 78.

124 A este respecto, cabe señalar que Robert Alexy ha elaborado unas reglas del discurso para dotar de racionalidad al procedimiento discursivo. Quizá, las más interesantes de cara a este estudio sean las siguientes:
«1. LAS REGLAS FUNDAMENTALES
(1.1) Ningún hablante puede contradecirse.
(1.2) Todo hablante solo puede afirmar aquello que él mismo cree.
(1.3) Todo hablante que aplique un predicado F a un objeto *a* debe estar dispuesto a aplicar F también a cualquier otro objeto igual a *a* en todos los aspectos relevantes.
(1.3') Todo hablante solo puede utilizar aquellos juicios de valor y de deber que afirmaría asimismo en todas las situaciones en las que afirmare que son iguales en todos los aspectos relevantes.
(1.4) Distintos hablantes no pueden usar la misma expresión con distintos significados.
2. LAS REGLAS DE RAZÓN
(2) Todo hablante debe, cuando se le pide, fundamentar lo que afirma, a no ser que pueda dar razones que justifiquen el rechazar una fundamentación.
(2.1) Quien pueda hablar puede tomar parte en el discurso.
(2.2) (a) Todos pueden problematizar cualquier aserción
(b) Todos pueden introducir cualquier aserción en el discurso.
(c) Todos pueden expresar sus opiniones, deseos y necesidades.

discurso concreto, ya que «únicamente cuando la decisión se deriva de la argumentación, o sea, se produce según las reglas pragmáticas de un discurso, puede darse por justificada la norma decidida»[125]. Esta forma concreta de diálogo «debe impedir que algunos puedan sugerir o, incluso, prescribir a los otros lo que es bueno para ellos»[126]. Así, las normas que han sido aprobadas siguiendo las reglas del discurso ostentarán un mayor grado de universalidad y legitimidad, ya que reflejan un consenso alcanzado bajo condiciones de igualdad y racionalidad, en contraste con aquellas normas que no cumplen con este proceso discursivo. En resumidas cuentas, podría afirmarse que, desde la perspectiva de Habermas, la comprobación discursiva no solo valida la norma a través del diálogo y la argumentación,

---

3. LAS REGLAS DE CARGA DE ARGUMENTACIÓN
(3.1) Quien pretende tratar a una persona A de manera distinta que a una persona B está obligado a fundamentarlo.
(3.2) Quien ataca una preposición o una norma que no es objeto de la discusión debe dar una razón para ello.
(3.3) Quien ha aducido un argumento sólo está obligado a dar más argumentos en caso de contraargumentos.
(3.4) Quien introduce en el discurso una afirmación o manifestación sobre sus opiniones, deseos o necesidades que no se refiera como argumento a una anterior manifestación, tiene, si se le pide, que fundamentar por qué introdujo esa afirmación o manifestación.»
(Alexy, R., *Teoría de la argumentación jurídica,* trad. de Manuel Atienza e Isabel Espejo, Centro de Estudios Políticos y Constitucionales, Madrid, 2018, pp. 283 y ss.). Sobre las consideraciones de Habermas al respecto de las reglas del discurso de Alexy, *Vid.* Habermas, J., *Facticidad y validez,* trad. de Manuel Jiménez Redondo, Trotta, Madrid, 1998, pp. 301 y ss.

125 Habermas, J., *Conciencia moral y acción comunicativa, cit.,* p. 82. En este sentido, resulta conveniente señalar que, según Habermas, «el procedimiento que representa la política deliberativa constituye la pieza nuclear del proceso democrático» (Habermas, J., *Facticidad y validez, cit.,* p. 372).

126 Habermas, J., *Conciencia moral y acción comunicativa, cit.,* p. 82.

sino que también fortalece su capacidad para ser aceptada como una norma universalmente justa.

1.5.4. El constructivismo epistemológico de Carlos S. Nino

Tras examinar al detalle las tesis constructivistas de Rawls y Habermas, Carlos Santiago Nino desarrolló su propia teoría moral, situándola en un punto relativamente intermedio respecto a las de los dos autores recientemente citados. Según Nino, la teoría de la justicia de Rawls parece pecar de un cierto *elitismo ético*[127], pues Rawls piensa que las verdades morales pueden hallarse exclusivamente a través de la reflexión individual, sin tener en cuenta las circunstancias particulares de los afectados. Esto se debe a que, como se pudo ver más arriba[128], los principios básicos acordados por las partes en la posición original serían aceptados sin atender a la opinión de las personas afectadas por las normas constitutivas. Para Nino, el resultado de una observación con tendencias tan individualistas como la de Rawls no puede presentarse como una teoría válida, pues olvida que lo que precisamente caracteriza al discurso ético es que es una práctica social, en la que deben tenerse en consideración el bienestar y las particularidades de los afectados[129]. Por esta razón, Nino afirma que, «[s]i nuestra reflexión individual es nuestra única forma de acceso a la verdad moral ¿para qué habríamos de seguir los dictados de una autoridad [de origen democrático] [...] en los casos en que esos dictados se opongan

127 Nino, C. S., *El constructivismo ético,* Centro de estudios constitucionales, Madrid, 1989, p. 109. En un trabajo previo titulado *Introducción al análisis del Derecho,* Nino, aunque no sin elogios hacia el autor norteamericano, califica la argumentación de Rawls como «compleja y dispersa» (Nino, C. S., *Introducción al análisis del Derecho,* Ariel, Barcelona, 1983, p. 413).

128 *Vid. supra,* 1.5.2.

129 Nino, C. S., *El constructivismo ético, cit.*, p. 107.

a las conclusiones de esta reflexión? Esta duda es el germen del anarquismo filosófico o de la dictadura ilustrada»[130].

A nuestro parecer, esta última reflexión expuesta en *El constructivismo ético* resulta particularmente acertada, ya que resalta la relevancia de considerar las circunstancias específicas de los afectados en la construcción de principios morales. Nino, al criticar el enfoque de Rawls con base en su énfasis en la reflexión individual, da cuenta de que este método ignora el carácter social de la ética. Desde la perspectiva del autor argentino, una teoría de la justicia que se limite a la deliberación individual carece de validez, pues omite las particularidades de quienes se verán impactados por las normas. De esta forma, las consideraciones de Nino sobre la teoría de Rawls subrayan que el proceso ético debe tener en cuenta tanto las realidades concretas como el bienestar de los individuos involucrados, lo que implica que la justicia no puede derivarse únicamente de principios abstractos, sino de un diálogo colectivo que contemple la realidad social y las condiciones particulares de los sujetos.

Retomando el camino que estábamos siguiendo, debe señalarse que, aunque Nino considera que la tesis de Rawls peca de cierto elitismo ético, también estima que la teoría habermasiana de la moral incurre en una especie de *populismo ético*[131], al determinar que el único procedimiento válido para hallar verdades morales es el de la mera discusión colectiva. Sin embargo, como hemos visto[132], Habermas no acepta un producto discursivo crudo, sin filtros, sino que presupone una serie de reglas del discurso que racionalizan el consenso, y que, de no respetarse, la validez del fruto de la discusión colectiva perdería racionalidad y objetividad desde un prisma moral. En todo caso, para Nino, la teoría ética habermasiana no parece tener

---

130 *Ibid.*, p. 108.

131 *Ibid.*, p. 109.

132 *Vid. supra*, 1.5.3.

cabida en los estados constitucionales actuales en los que el papel de los derechos fundamentales, concebidos como límites a la mayoría, ha cobrado una gran importancia, ya que en ocasiones puede suceder que una gran mayoría de personas se encuentre completamente equivocada respecto a un determinado pensamiento en materia iusfundamental.

De este modo, aunque Nino critica tanto la teoría de la justicia de Rawls como la teoría del discurso de Habermas, no se limita a rechazarlas sin más. Por el contrario, para avanzar en su propia teoría sobre la construcción moral, Nino propone distinguir entre el constructivismo ontológico y el constructivismo epistemológico. Según el constructivismo ontológico, el procedimiento discursivo determina la validez del resultado. En este sentido, se considera que el resultado es justo precisamente porque proviene de dicho procedimiento[133]. Así, Nino sostiene que, desde la perspectiva del constructivismo ontológico, un principio es válido si es aceptado por todos «en condiciones de imparcialidad, racionalidad y conocimiento de los hechos»[134]. Por lo tanto, cuando un principio es reconocido de esta manera en la práctica discursiva, podemos concluir que estamos ante un principio moralmente correcto. En contraste, el constructivismo epistemológico de Nino no concede un peso determinante al procedimiento empleado para descubrir la verdad moral. En cambio, este procedimiento se considera una herramienta para su conocimiento. Sin embargo, dado que es posible matizar estas dos vertientes del constructivismo, Nino formula una distinción más precisa llegando a distinguir entre tres tesis ontológicas y tres epistemológicas. Las tres tesis ontológicas, que delinean la naturaleza de la verdad moral, son las siguientes:

---

133 García Figueroa, A., *Praxis…*, *cit.*, p. 328.

134 Nino, C. S., *El constructivismo ético*, *cit.*, p. 104.

- O1: La verdad moral se determina por la satisfacción del procedimiento (esta es la postura moral de Rawls).
- O2: La verdad moral está vinculada con los presupuestos del procedimiento socialmente vigentes, aunque esto no implica que los consensos efectivos sean necesariamente correctos (Nino).
- O3: La verdad moral solamente puede hallarse a través del consenso efectivo que se ha formulado de acuerdo con ciertos presupuestos ideales (Habermas).

Por otro lado, las tres tesis epistemológicas, que abordan el modo sobre cómo conocer la verdad moral, son las siguientes:

- E1: Las verdades morales son fruto de la mera reflexión individual (Rawls).
- E2: La discusión pública se constituye como la vía más confiable para acceder a respuestas morales correctas, lo cual no excluye la posibilidad de alcanzar dichas respuestas mediante la reflexión individual (Nino).
- E3: La discusión pública es el único instrumento a través del cual acceder a las verdades morales (Habermas)[135].

De este modo, Nino adopta una postura intermedia entre las teorías de Rawls y Habermas. Mientras que Rawls se alinea con las tesis O1 y E1, y Habermas con O3 y E3, Nino se sitúa en un punto medio, defendiendo O2 en el ámbito ontológico y E2 en el epistemológico. Con su constructivismo epistemológico, Nino considera que la democracia presenta una dimensión epistemológica, pues nos sirve para conocer verdades morales, aunque no deja de ser un método falible. En otras palabras, aunque el procedimiento democrático empleado

---

135 García Figueroa, A., *Praxis…*, *cit.*, pp. 328-329.

para la búsqueda de dichas verdades sea en sí adecuado, los resultados obtenidos no siempre serán justos. Ahora bien, el procedimiento democrático constituye una garantía de la corrección del resultado. Por este motivo, Nino decide adoptar una posición ética intermedia entre el pensamiento de Rawls y Habermas, sosteniendo que la discusión colectiva es un método que asegura en gran medida la corrección del fruto discursivo, aunque ello no excluye que un solo sujeto, mediante la reflexión individual, puede descubrir qué principios morales son correctos. No obstante, señala Nino, este método es mucho menos confiable[136].

2. SOBRE LA REPRESENTACIÓN POLÍTICA Y SU JUSTIFICACIÓN

Como podremos comprobar a lo largo de este epígrafe, la justificación de la representación política se sustenta, principalmente, sobre un pilar fundamental: la imposibilidad de practicar la democracia directa. Ya en el siglo XVIII, algunas décadas antes de la Revolución Francesa, Montesquieu había defendido que, a pesar de que lo ideal sería que el propio pueblo, en cuerpo presente, desempeñase el poder legislativo[137], dada la imposibilidad de la realización de este hecho en los grandes estados y los miles de inconvenientes a los que tal práctica se encuentra sujeta en los pequeños, «el pueblo deberá realizar por medio de sus representantes lo que no puede hacer por sí mismo»[138]. Aproximadamente un siglo más tarde,

---

136 Nino, C. S., *El constructivismo ético, cit.*, p. 105.

137 Esta afirmación la fundamenta Montesquieu, como otros tantos autores, en la libertad del hombre.

138 Montesquieu, *Del Espíritu de las Leyes*, trad. de Mercedes Blázquez; Pedro de Vega, Tecnos, Madrid, 2000, 5º ed., p. 109. Unos años más tarde, en plena Revolución Americana, John Adams sostuvo algo

John Stuart Mill sostuvo que «el único sistema de gobierno que puede satisfacer todas las exigencias de la sociedad será un sistema en el que participe todo el pueblo», pero, dado que no todos pueden participar personalmente en los asuntos públicos, «el modelo ideal de gobierno ha de ser el gobierno representativo»[139]. De manera similar, en las primeras décadas del siglo pasado, Kelsen arguyó que la forma primitiva de la democracia directa es, a todas luces, insostenible, ya que renunciar a las ventajas que ofrece la división del trabajo sería poco práctico. Además, en sociedades numerosas, el pueblo carece de la capacidad necesaria para llevar a cabo todas las funciones políticas, lo que le obliga a crear y controlar el mecanismo de la representación política[140].

Como bien lo expresa Francisco Laporta, a pesar de las diferencias que pueden existir entre estos autores que acabamos de mencionar, parece que todos confluyen en tres presupuestos, que son: «1) Justificación de la presencia de todos

---

muy similar afirmando que «En una comunidad formada por un gran número de personas que habitan un país extenso, no es posible que todos se reúnan para hacer leyes. El sustituto más natural para una asamblea de todos es una delegación de poder, de la mayoría a unos pocos, de los más sabios y virtuosos» (Adams, J., "Carta a John Penn, 27 de marzo de 1776", *National Archives*, «https://founders.archives.gov/documents/Adams/06-04-02-0026-0003», consultado por última vez el 31/03/2025). Aunque en una línea argumental un tanto diferente, también Madison, en el periodo revolucionario americano, arguyó que debe ser un gobierno representativo el encargado de regir los destinos de la nación en sustitución de sus habitantes, dada la imposibilidad de reunirlos en un lugar concreto (Hamilton, A. / Madison, J. / Jay, J., *El federalista*, trad. de Daniel Blanch y Ramón Maíz, Akal, Madrid, 2015, nº52, p. 404).

139 Stuart Mill, J., *Consideraciones sobre el gobierno representativo*, trad. de Carlos Mellizo, Alianza, Madrid, 2019, 2ª ed., pp. 111-112.

140 Kelsen, H., *Esencia y valor de la democracia*, *cit.*, p. 38.

en la decisión (autonomía, interés, paz social). 2) Cláusula de imposibilidad, y 3) por tanto, necesidad del mecanismo de representación»[141]. Es decir, en lo que estos pensadores coinciden es en que el ideal democrático encuentra su mejor versión en un sistema de democracia directa, sin embargo, dada imposibilidad de practicarla, debemos conformarnos con la democracia representativa. De todo ello se desprenden dos conclusiones interesantes. La primera es que, cuanto más se aproximen los mecanismos de gobierno a los propios de una democracia directa, mayor es la legitimidad del orden estatal, ya que se incrementa el grado de libertad y autodeterminación de los ciudadanos. La segunda conclusión es la que ofrece Laporta cuando afirma que la representación tendría, en todo caso, una "justificación derivada", esto es, una justificación no originaria y dependiente de aquello de lo que obtiene su fundamentación, es decir, de la democracia directa, la cual sí disfrutaría de una justificación primaria[142].

Por otro lado, hemos de tener en cuenta que existen teorías que no justifican la representación política únicamente sobre la base de la imposibilidad de conformar un sistema de democracia directa, sino que sostienen su argumentación en el hecho de que los electores no poseen el tiempo ni los conocimientos y capacidades necesarios para legislar acerca del interés general. En este sentido, podemos destacar a Montesquieu[143], Burke[144],

---

141 Laporta San Miguel, F., "Sobre la teoría de la democracia y el concepto de representación política: algunas propuestas para debate", *Doxa. Cuadernos de Filosofía del Derecho*, nº6, 1989, pp. 121-141; p. 122.

142 *Ibidem.*

143 Montesquieu, *Del espíritu de las leyes, cit.*, pp. 109-110.

144 Burke, E., "Discurso a los electores de Bristol (Fragmento)", en: Burke, E., *Textos Políticos*, trad. de Vicente Herrero, Fondo de Cultura Económica, México, 1942.

Madison[145] o Sieyès[146], entre otros muchos[147]. Sin embargo, esta aparente incapacidad del ciudadano medio para atender los diversos y complejos asuntos políticos no parece ser un argumento suficientemente sólido para justificar por sí solo la representación política en los estados modernos, dado que rara vez se exige a los miembros del poder legislativo un alto nivel de conocimientos como condición para ejercer sus cargos. Desde esta perspectiva, si los representantes legislativos de los ciudadanos no son necesariamente expertos en las materias sobre las que tienen poder de actuación o decisión, resulta poco convincente justificar la representación política en la supuesta falta de conocimientos del ciudadano. Esto convierte dicho argumento, seguramente, en una razón insuficiente para justificar la existencia de un régimen de democracia representativa. Si la legislación fuese sometida a un filtro científico y objetivo, basado en el juicio de expertos imparciales, este argumento podría consolidarse de manera más definitiva. Además, otro de los elementos que empañan la verdadera materialización de este argumento es la naturaleza de los partidos políticos, y en general, de cualquier grupo de poder ciertamente numeroso, pues esta clase de organizaciones tienden a la búsqueda de su propia supervivencia, por encima del bienestar general. En este sentido, los partidos políticos priorizarán siempre la captación de mayores cuotas de poder, por lo que la opinión de un experto designado por un partido se torna, no solo parcial, sino incluso, en ocasiones, nimia, si es observada teniendo en consideración la naturaleza de los partidos políticos. En todo caso, probablemente debamos admitir que tanto el argumento de la falta de conocimientos como el argumento de la falta de

---

145 Hamilton, A., Madison, J., Jay, J., *El federalista*, *cit.*, nº10, pp. 141-142.

146 Sieyès, E., *Escritos y discursos de la Revolución*, trad. de Ramón Máiz, Centro de Estudios Políticos y Constitucionales, Madrid, 2007, p. 275.

147 *Vid. infra*, Capítulo II, 2.2.

tiempo (y en muchas ocasiones, de voluntad) de los ciudadanos para dedicarse a los asuntos políticos, se erigen como dos buenas razones que, unidas a la imposibilidad de reunir al pueblo entero en asamblea, constituyen una sólida justificación de la institución de la representación política.

En último término, y retomando el citado artículo de Laporta, resulta de interés para esta investigación la ordenada forma de justificar la representación política que propone el autor español. De esta forma, Laporta articula su propuesta elaborando las siguientes aserciones:

> «a) El grupo social humano se define por la existencia en su interior de pautas y reglas estables de interacción y coordinación que necesitan de algún tipo de sanciones que las refuercen.
>
> b) Como tales reglas no parecen estar dadas de antemano, ni inscritas en el código genético de la especie, es necesaria la existencia de decisiones sobre su creación, aplicación y modificación, y, por tanto, de un procedimiento para tomar esas decisiones.
>
> c) El grupo social humano satisface sus necesidades y desarrolla sus acciones mediante mecanismos de división del trabajo social de acuerdo con los que se atribuyen a algún individuo o grupo de individuos miembros los roles sociales precisos para satisfacer las correspondientes necesidades y desarrollar tales acciones.
>
> d) La institución de la representación política es un mecanismo de este tipo, cuya tarea específica es satisfacer la necesidad social de designar al individuo o individuos que emitan las decisiones sobre la creación, aplicación y modificación de las reglas y pautas mencionadas en a).»[148]

---

148 Laporta San Miguel, F., "Sobre la teoría de la democracia y el concepto de representación política...", *cit.*, p. 139. Existen más aserciones en el texto de Laporta, concretamente hasta la letra *k)*. Sin embargo, las afirmaciones restantes no buscan justificar la existencia misma de la institución de la representación política, ya que esa tarea corresponde a las afirmaciones previas; en cambio, se centran

Sobre la afirmación a), poco puede agregarse. Que un grupo social humano se defina por la existencia de pautas y reglas estables de interacción y coordinación que requieren algún tipo de sanción para su refuerzo es una afirmación indiscutible. Sin estas reglas o pautas comunes, no se podría mantener la cohesión ni el funcionamiento del grupo, pues el concepto mismo de grupo social implica, en primer lugar, una mínima homogeneidad dentro de una comunidad específica, diferenciándola de otras, y, en segundo lugar, un patrón de comportamiento colectivo que la distingue de otros grupos. En cuanto a la afirmación b), es evidente que, desde la superación de las teorías más clásicas de Derecho natural, hemos comprendido que las reglas que rigen una comunidad no están preestablecidas en la naturaleza ni inscritas en el código genético de la especie humana. En lugar de ello, estas reglas son creadas, aplicadas y modificadas por el ser humano a través de procesos ideados por seres humanos. Por lo tanto, es necesario contar con un procedimiento adecuado para la toma de decisiones colectivas sobre estas reglas.

La afirmación c) también parece correcta. Dado que un grupo humano complejo necesita recurrir a la división del trabajo para satisfacer sus necesidades de manera eficiente, cada individuo o grupo de individuos debe asumir roles sociales específicos. La división del trabajo permite una organización más eficaz y una mejor cobertura de las necesidades colectivas, haciendo que la aseveración c) sea válida. Finalmente, en relación con la afirmación d), es apropiado reconocer que la representación política sirve como un mecanismo eficaz para cumplir con la afirmación c). Este procedimiento designa a los

---

en proponer cómo debería estructurarse la institución de la representación política o en definir los criterios que podrían catalogarla como una institución justa, asumiendo su existencia con base en las aserciones *a)* a *d)*.

individuos responsables de tomar decisiones colectivas sobre la creación, aplicación y modificación de las reglas y pautas mencionadas en a). No obstante, es importante señalar que una dictadura también podría cumplir con las afirmaciones a) y c), al imponer reglas y roles sociales específicos. Sin embargo, si partimos del supuesto de que la democracia se constituye como el método más justo para resolver los conflictos colectivos y tomar decisiones, entonces la democracia representativa también debe considerarse justa, siempre y cuando tengamos en consideración que cuenta con una justificación derivada o secundaria[149].

3. SOBRE LA IGUALDAD DE VOTO Y SU JUSTIFICACIÓN

Aunque la idea de que todos los ciudadanos deberían tener el mismo poder de decisión al elegir a sus representantes puede parecer intrínsecamente justa, existen ideologías políticas que sostienen que el valor del voto de los ciudadanos no debe ser uniforme. Por ejemplo, la epistocracia, propuesta por Jason Brennan[150], es una de estas teorías que desafía el principio de igualdad de voto. Brennan argumenta que, en una democracia, el poder de decisión debería estar basado en el conocimiento y en la competencia política de los ciudadanos, en lugar de basarse únicamente en la igualdad política de los individuos. Según la epistocracia, para lograr decisiones políticas más informadas y competentes, el derecho al voto y la influencia en las decisiones políticas deberían ajustarse según

---

149 Ha de mencionarse que Laporta elabora en las siguientes aseveraciones, de la *d)* a la *k),* ciertos criterios que proponen pautas para hacer de la representación política una institución justa.

150 *Vid.*, Brennan, J., *Contra la democracia,* trad. de Ramón González Ferriz, Deusto, Barcelona, 2018.

el nivel de conocimiento y entendimiento de los votantes. Estas nuevas tesis sobre la desigualdad de voto muestran, no solo que el principio de igualdad de voto no debe tomarse como una verdad incuestionable, sino que es crucial evaluarlo y justificarlo adecuadamente para abordar eficazmente las deficiencias que este tipo de teorías señalan.

Con todo, como han indicado algunos estudiosos de la materia, el valor del voto no es el único criterio para determinar si la igualdad de voto se está cumpliendo en un determinado sistema. Así, Urdánoz Ganuza piensa que para definir positivamente el significado que encierra la expresión "igualdad de voto" se ha de atender a dos elementos diferentes: el valor del voto y la vulnerabilidad del voto[151]. A este respecto, es común en la doctrina afirmar que el criterio de igual valor de voto hace referencia a que el poder político que posee cada ciudadano para elegir a sus representantes (o para tomar ciertas decisiones con trascendencia colectiva) debe ser idéntico o muy similar. Por otro lado, el elemento de la vulnerabilidad del voto considera el grado de posibilidad de que el voto de un elector, en una circunscripción concreta, afecte al resultado electoral final. En este sentido, el criterio de la vulnerabilidad del voto evalúa el factor de la eficacia o utilidad del voto[152].

La importancia de este elemento es evidente, ya que la vulnerabilidad del voto tiene un impacto psicológico inmediato en los ciudadanos[153]. Esto puede ejemplificarse con el siguiente supuesto: imaginemos un país dividido en 50 circunscripciones electorales, cada una de las cuales elige un número de representantes para el parlamento nacional en proporción a

---

[151] Urdánoz Ganuza, J, "La desigualdad de voto en España", *Anuario de la Facultad de Derecho de la Universidad Autónoma de Madrid*, nº13, 2009, pp. 271-290; pp. 276-283.

[152] *Ibid.*, p. 280.

[153] *Ibidem.*

su población, hasta conformar un total de 300 diputados. Así, la circunscripción X, la más poblada con 2.400.000 habitantes, elige 30 representantes, mientras que la circunscripción Y, con solo 80.000 habitantes, designa un único representante[154]. Si consideramos que cada representante necesita obtener una mayoría absoluta de votos, en la circunscripción Y, que cuenta con 80,000 habitantes y elige un solo diputado, el candidato debe alcanzar más del 50% de los votos para salir elegido. En cambio, en la circunscripción X, un candidato solo necesitaría aproximadamente el 3.33% de los votos para conseguir uno de los 30 escaños, aunque la proporción de representantes por habitantes (1 por cada 80.000) es la misma en ambas circunscripciones. Esta diferencia implica que los ciudadanos de la circunscripción X tienen mayor libertad en su elección, pues solo se requiere un pequeño porcentaje de apoyo para que su opción preferida logre un escaño, aumentando así la probabilidad de representación. En cambio, en la circunscripción Y, la necesidad de superar el 50% de los votos tiende a concentrar las preferencias en solo dos candidatos con mayores posibilidades, reduciendo la variedad de opciones viables[155].

Una vez considerados estos dos elementos en el ámbito referente a la igualdad de voto, es pertinente avanzar hacia una justificación más completa del principio de igualdad de voto. Al iniciar esta argumentación, es importante destacar que la noción del principio de participación igualitaria implica, de manera lógica, un grado significativo de objetividad. Esto es

---

154 Obsérvese que el número de habitantes por representante (1 a 80.000) es igual en cada circunscripción.

155 Como puede verse, en este ejemplo no se han considerado los resultados habituales de las elecciones ni la intención de voto en cada circunscripción, elementos que, sin duda, influirán en la decisión de los votantes. Sin embargo, aun tomando en cuenta estos factores, es probable que la influencia de la vulnerabilidad del voto continúe siendo bastante significativa.

así porque, como bien afirma Chueca Rodríguez, el procedimiento mayoritario que concede a cada votante el mismo poder de decisión contiene, en sí mismo, un *plus* de legitimidad nacido de la nota de la igualdad política entre los ciudadanos[156]. Es decir, que, independientemente del baremo de justicia que se utilice para comprobar la corrección material del resultado democrático, existe ya, al menos si presuponemos que los ciudadanos de un país son políticamente iguales, un criterio de justicia formal con base en el valor de la igualdad. Por ello, no parece aventurado sostener que un procedimiento mayoritario que toma como base la igualdad del valor del voto de los electores se encuentra racionalizado desde un punto de vista formal[157].

No debería sorprendernos que autores tan representativos de la idea de justicia como Rawls hayan defendido el principio de igual participación. Para Rawls, el principio de igual participación establece que todos los ciudadanos deben tener igual derecho a intervenir sobre las leyes a las que ellos mismos han de someterse[158]. Este autor fundamenta su idea definiendo los requisitos que conciernen una libertad justa basada en el principio de igual participación, afirmando que es necesario que en unas elecciones legislativas cada voto debe contener aproximadamente el mismo valor, y que los miembros del poder legislativo deben representar el mismo número de electores[159], fortaleciendo en este extremo, aunque no explícitamente, la noción de igualdad política expuesta por Urdánoz Ganuza a la que hacíamos referencia unas líneas más arriba.

---

156 Chueca Rodríguez, R. L., *La regla y el principio de la mayoría*, Centro de Estudios Constitucionales, Madrid, 1993, p. 154.

157 *Ibid.*, p. 153.

158 Rawls, J., *Teoría de la justicia, cit.*, p. 210.

159 *Ibid.*, p. 211-212.

En este sentido, las teorías que, como la de Brennan, prescriben que no todos los ciudadanos deben tener el mismo poder político o de voto, enfrentan serias dificultades tanto en su implementación práctica como en su justificación teórica. Respecto a su aplicación, es poco probable que estas ideas sean aceptadas por la mayoría de la población, ya que implican una exclusión directa de gran parte del electorado. Esta exclusión generaría un rechazo masivo, poniendo en duda su viabilidad. Más importante aún, estas teorías fallan al intentar demostrar cómo pueden maximizar la libertad individual, que es, como hemos visto, el principal objetivo de la democracia. Si entendemos la democracia como un medio para garantizar y ampliar la libertad de los individuos, restringir el derecho a participar en el gobierno socava directamente ese propósito. Por ello, reducir la libertad de participación política implica, de facto, una limitación en el ejercicio de la libertad general. Asimismo, históricamente, se ha demostrado que ningún sistema político maximiza la libertad de los individuos mejor que la democracia. Por el contrario, los regímenes autocráticos o dictatoriales, que concentran el poder en unas pocas manos o restringen la participación política, tienden a coartar, no solo la libertad política, sino también otras formas de libertad. Las teorías epistocráticas, al limitar el poder de decisión a un grupo selecto de ciudadanos, corren el riesgo de generar una deriva hacia sistemas más autoritarios, en los cuales la libertad se ve progresivamente erosionada.

Finalmente, todo parece indicar que el elemento de la universalidad, tantas veces atribuido a Kant, constituye, a nuestro juicio, uno de los argumentos de mayor peso para justificar la igualdad de voto. La noción de universalidad encuentra, no solo en Kant, sino también en otros autores como Alexy, un desarrollo sólido y racional[160]. Esto es así porque resulta absolutamente

---

160 Esta idea fue adelantada, de forma indirecta, con las palabras de Chueca Rodríguez, y más directamente con la regla del discurso

lógico que, si se aplica un determinado predicado (F) a un objeto (*a*), se debe estar dispuesto a aplicar dicho predicado (F) a otro objeto diferente cuyas características relevantes sean iguales a *a* (*a*'). En otras palabras: si consideramos que una persona merece un determinado valor de voto en función de su pertenencia a una comunidad, debemos aplicar este mismo criterio a todos los ciudadanos que compartan esa misma condición. Ciertamente, esta perspectiva se refuerza al reconocer que todo ser humano (representado con el símbolo *a*), por el hecho de ser un ser racional, debe poseer una serie de derechos fundamentales (predicado F), entre los cuales se incluyen los derechos fundamentales democráticos. Si todos los seres humanos (*a*) comparten los mismos atributos relevantes, como la inteligencia, los sentimientos o la consciencia[161], no parece racional tratar de manera arbitraria a ciertas personas (*a*') con base en una o varias características que no resultan relevantes para que tales personas dejen de ser consideradas como seres humanos, y, por ende, sujetos de derechos fundamentales. En este sentido, discriminar negativamente a algunos ciudadanos sin aducir razones suficientes para ello, esto es, sin justificar correctamente tal práctica, sería actuar de forma irracional desde un prisma lógico-formal.

(1.3) de Alexy, la cual, recordemos, dice así: «Todo hablante que aplique un predicado F a un objeto *a* debe estar dispuesto a aplicar F también a cualquier otro objeto igual a *a* en todos los aspectos relevantes» (Alexy, R., *Teoría de la argumentación jurídica, cit.*, p. 283).

161 Estas son las características que Alexy utiliza para definir el concepto de persona. Como aclaración, ha de mencionarse que para el autor alemán la capacidad de autojuzgarse moralmente (*relfelxividad normativa*), junto con la *reflexividad cognitiva* y la *reflexividad volitiva* son los elementos que constituyen la consciencia de un ser racional (Alexy, R. / García Figueroa, A., *Star Trek y los derechos humanos*, Tirant Lo Blanch, Valencia, 2007, pp. 94-99).

Capítulo II

Teorías de la representación política

1. RECAPITULACIÓN DEL CAPÍTULO I

I. No hay un consenso que permita alcanzar una definición única y universalmente aceptada de democracia, lo que evidencia la fragmentación conceptual y la ambigüedad que rodean este término en el ámbito político y académico. Sin embargo, sí parece ser ciertamente compartida en la doctrina la opinión de que una democracia es aquel sistema en el que las decisiones colectivas se toman a través de la regla de la mayoría. Con todo, el avance que supone una definición de estas características no es, desde luego, demasiado alentador de cara al análisis científico de la materia en cuestión. Por esta razón, con la ayuda de las tesis de Kelsen, Dahl y Sartori, en el anterior Capítulo se ha tratado de depurar el significado que encierra el concepto de democracia, identificando ciertos rasgos que lo caracterizan. Así, con base en lo expuesto por estos autores, se ha optado por articular una serie de rasgos ideales que debe mostrar un sistema para ser considerado como altamente democrático. Por ello, las peculiaridades que se señalarán a continuación no responden a un modelo completamente objetivo, y deben ser entendidas en términos de grado, es decir, que el no cumplimiento total o parcial de uno o varios de estos elementos por parte de un determinado sistema no convierte al mismo en uno no democrático. Lo que se quiere expresar a través de ellos es que, cuanto más cumpla un sistema político con estos criterios, éste gozará de un mayor grado de democracia.

En nuestra opinión, y a modo de síntesis, estas características ideales pueden concentrarse en las siguientes: 1) igualdad política de todos los ciudadanos del Estado, exceptuando los menores de edad y determinados individuos afectados por alteraciones graves en sus facultades cognitivas; 2) igualdad jurídica de todos los ciudadanos capaces; 3) constitucionalización de, como mínimo, los derechos humanos que recoge la Declaración Universal de Derechos Humanos, y creación de órganos de control de poder que garanticen su efectivo cumplimiento; 4) existencia de representantes políticos plurales elegidos por la ciudadanía; 5) protección de la minoría y la mayoría parlamentarias y su reconocimiento como legítimas, siempre que éstas respeten los contenidos iusfundamentales proclamados en 3); 6) uso de la transacción, el consenso o el acuerdo para conseguir las mayorías parlamentarias necesarias en el caso de que no se logre una mayoría absoluta inicial, y por ende, prohibición de la fuerza, coacción, amenaza o métodos similares para imponer las decisiones, pensamientos o valores de un determinado grupo social; 7) participación efectiva, entendida como oportunidades iguales y efectivas para que los ciudadanos puedan expresar sus puntos de vista; 8) elecciones libres, imparciales y celebradas con una periodicidad razonable; 9) legislación general, pública, escrita y previsible; y 10) comprensión ilustrada, referido a la igualdad y efectividad de oportunidades para el ciudadano, con el fin de ser instruido en las alternativas políticas más relevantes y sus consecuencias.

II. Todo parece indicar que la noción de libertad es el elemento principal que, no solo justifica la adopción de un régimen democrático, sino que conforma, a partir de la derivación de su contenido, algunas de las características esenciales que constituyen una democracia. La idea de libertad como autodeterminación individual fundamenta un determinado tipo de contrato social. Esto es así porque el individuo decide unirse en sociedad para conservar la libertad que le es inherente como sujeto racional y que puede serle arrebatada, por la fuerza, en el estado de naturaleza. En este sentido, la democracia facilita que las personas conserven su libertad al permitirles seguir los dictados de las leyes que ellas mismas se han dado. Siguiendo este razonamiento, podría parecer coherente sostener que, en lo que respecta a la toma de decisiones democráticas, existirá más libertad cuanto mayor sea el número de voluntades armonizadas con la decisión a tomar. En todo caso, ha de tenerse presente que la democracia, entendida como aproximación a la libertad, puede apoyarse sobre elementos ficticios. Cuando se entiende la libertad desde una perspectiva individual, afirmar que la democracia es un sistema que nos acerca a la libertad puede resultar un argumento parcialmente engañoso. No obstante, es innegable que, una vez garantizados de manera efectiva los derechos fundamentales de todos los miembros de la sociedad, un sistema democrático tiende a promover la libertad en mayor medida que uno autoritario. Esto se debe a que las decisiones políticas que respetan los derechos fundamentales no perjudican desproporcionadamente a la minoría (ni, por supuesto, a la mayoría), al mismo tiempo que fomentan la libertad de la mayoría. Por lo que, mientras tengamos en consideración todo lo anterior, cabe sostener que un sistema democrático que garantice el efectivo cumplimiento de los derechos fundamentales se aproximará a la idea de libertad absoluta o libertad en el estado de naturaleza más que cualquier otro tipo de régimen.

Por otra parte, la noción de igualdad se erige como uno de los principales pilares sobre el que debe apoyarse cualquier democracia. La razón de ello es la consideración de todos los ciudadanos como políticamente iguales. Si tenemos en cuenta que ningún individuo, de forma natural, posee un poder político especial sobre otro, y que no existe un criterio más racional que el de considerar a cada persona como políticamente igual a las demás, la igualdad política resulta, a todas luces, un elemento esencial en un sistema democrático. De hecho, sería incluso posible llegar a sostener que un sistema democrático, presupone, de alguna forma, la igualdad política, ya que el principal elemento que caracteriza una democracia se basa en la presunción de que el pueblo es soberano, esto es, el órgano encargado de tomar las decisiones políticas. De esta manera, en los sistemas democráticos, parece existir ya una premisa implícita consistente en otorgar a cada ciudadano una cuota de poder político. Evidentemente, de ello no podemos derivar que a todos los ciudadanos les corresponda la misma cuota de poder, pero sí podemos afirmar que, si a algunos de ellos se les otorga un poder político extremadamente ínfimo y a otros un poder extraordinariamente mayor que al de sus compatriotas, el poder político de los ciudadanos con poco poder sería tan bajo que fácticamente su situación sería equivalente a una en la que éstos no participasen políticamente, por lo que un sistema democrático, presupone ya, al menos, una cuota de poder político medianamente similar para cada ciudadano. Este argumento, sumado a la idea de que cualquier teoría que proponga restringir el poder político necesariamente conlleva una reducción significativa de la libertad y la participación política de los ciudadanos, convierte la noción del valor de voto desigual en una idea incompatible con los principios democráticos. Los valores que sustentan la democracia están intrínsecamente orientados hacia la maximización de la libertad. En este sentido, cualquier distribución desigual del poder político representa una amenaza seria para este principio fundamental, ya que puede llevar a la opresión y al debilitamiento de las libertades individuales. Por lo tanto, podemos concluir que la verdadera justificación de la democracia radica en su capacidad para promover y proteger la libertad de todos los individuos que conforman la sociedad[162].

---

[162] Este es el motivo por el cual parecen acertados los argumentos que ofrece Dahl respecto a las razones por las cuales la democracia es el mejor sistema conocido. Estas razones, recordemos, eran las siguientes: 1) evita las tiranías y las dictaduras; 2) garantiza a los

III. La filosofía moral del constructivismo ético parece tener un claro origen en Kant, cuya influencia en la actual concepción de la democracia es innegable. Y es que, gracias al autor prusiano, se ha podido poner de manifiesto la importancia y racionalidad de la universalidad de los actos. Como hemos podido comprobar con ayuda de las reglas del discurso de Alexy, si se aplica un determinado predicado (F) a un objeto (*a*), se debe estar dispuesto a aplicar tal predicado (F) a otro objeto diferente cuyas características relevantes sean iguales (*a*'). De ello podemos inferir que, puesto que cualquier práctica (incluida la política o jurídica) se encuentra sometida al razonamiento ético, únicamente mediante razones últimas, de índole moral, podrá justificarse el hecho de que un Estado trate de manera diferente a los ciudadanos que se encuentran sometidos a éste. Así, con base en los argumentos ya expuestos anteriormente sobre la igualdad política, todos los ciudadanos deben ser políticamente iguales. Por otro lado, dentro de la filosofía constructivista contemporánea, la situación original que plantea John Rawls introduce un elemento crucial de imparcialidad en su teoría moral. Lo que Rawls busca con el experimento mental de la posición original es desarrollar, de manera absolutamente imparcial, los principios fundamentales que deberían guiar una sociedad justa. En esta situación original, los individuos se encuentran bajo un velo de ignorancia, que

---

ciudadanos una serie de derechos fundamentales; 3) asegura un ámbito de libertad personal mayor que el de cualquier otro sistema; 4) ayuda a las personas a proteger sus propios intereses; 5) ofrece oportunidades para que los individuos puedan autodeterminarse, esto es, vivir bajo las leyes que ellos mismos se han dado; 6) facilita la ocasión ideal para ejercitar la responsabilidad moral; 7) promueve el desarrollo humano de manera más plena que cualquier alternativa factible; 8) proporciona un grado relativamente alto de igualdad política; 9) tiende a la búsqueda de la paz y no a la guerra y; 10) los países democráticos suelen ser más prósperos que aquellos que no lo son.

les impide conocer su posición social, habilidades o circunstancias personales. Esto garantiza que los principios que escojan no estarán influenciados por intereses particulares, sino que serán justos y universales, aplicables a todos de manera equitativa. De esta forma, Rawls pretende asegurar que los principios seleccionados sean los más justos posibles, al eliminar cualquier sesgo o parcialidad en el proceso de deliberación.

Desde nuestra perspectiva, la teoría del discurso de Habermas, junto con los aportes de la teoría de los actos de habla de Austin y las reglas del discurso racional de Alexy, constituye una de las contribuciones más significativas al constructivismo ético y, por extensión, a la justificación y funcionamiento de la democracia. Habermas sitúa el fundamento de la moralidad en la práctica comunicativa, introduciendo un elemento dialéctico esencial en la práctica democrática. A diferencia de Rawls, quien propone un constructivismo ético más individualista, Habermas sostiene que las verdades morales emergen de la interacción comunicativa entre individuos en un contexto social. Este enfoque dialógico de Habermas busca objetivar la práctica comunicativa, para así evitar la arbitrariedad discursiva y aumentar la racionalidad del proceso. Aquí es donde la teoría de los actos de habla de Austin cobra relevancia, al mostrarnos que los actos de habla relacionados con el mundo práctico, y por ende con la ética, deben cumplir con una pretensión de corrección.

Por otro lado, las reglas del discurso racional de Alexy refuerzan la idea de racionalidad en el proceso comunicativo, al establecer normas que aseguren la coherencia y justificación de los enunciados. De este modo, se garantiza que los actos de habla, cuando se presentan con una pretensión de universalidad, puedan ser sometidos a una verificación discursiva. Finalmente, es importante señalar la contribución de Nino, quien introduce un matiz intermedio entre las posturas de Rawls y Habermas, al proponer lo que él mismo denomina como constructivismo epistemológico. Nino sugiere que el procedimiento discursivo no es el medio definitivo para alcanzar la verdad moral, sino más bien una herramienta para conocerla, con el entendimiento de que el resultado de la discusión siempre debe estar sujeto a una revisión material. En resumen, la doctrina del constructivismo ético se presenta como una concepción de la moral que no solo es compatible, sino que es fundamental para el adecuado funcionamiento de los sistemas democráticos. La teoría procedimental que la caracteriza sitúa al discurso racional como el motor principal en la formulación de principios morales. Por lo tanto, el sistema de poder ideal para desarrollar esta filosofía es aquel que fomente y facilite la toma de decisiones políticas basadas en el diálogo racional, así como en la comprensión y la escucha crítica, objetiva e imparcial.

IV. La institución de la representación política encuentra su justificación principal en la imposibilidad de implementar la democracia directa, que se presenta como el método más efectivo para la toma de decisiones colectivas, ya que maximiza la libertad de los individuos. Sin embargo, en sociedades tan numerosas y complejas como las actuales, la aplicación de la democracia directa resulta impracticable. En este contexto, la democracia representativa se convierte en la alternativa más cercana a este ideal. Además de la dificultad de llevar a cabo la democracia directa, existen otras razones que hacen conveniente que el pueblo se gobierne a través de mecanismos de representación política. Estas razones adicionales parecen condensarse en tres. La primera radica básicamente en la falta de conocimientos del ciudadano para tratar los asuntos políticos. En el contexto actual de una política dominada por los partidos, nadie puede negar que, en la mayoría de las ocasiones, cualquier partido político contará con más y mejores herramientas que el ciudadano medio para tomar decisiones. La segunda de estas razones auxiliares consiste en la falta de tiempo del ciudadano medio para dedicarse a los asuntos políticos. Es patente que la inmensa mayoría de los ciudadanos de un país ni pueden ni quieren dedicar un considerable determinado periodo de tiempo diario a estudiar, analizar y votar acerca de diversas cuestiones y propuestas de índole política y parlamentaria, por lo que resulta muy útil que esta labor la realicen los representantes de los ciudadanos. El último motivo, cuyo razonamiento ha sido elegantemente expuesto por Laporta, consiste en la derivación lógica, a partir de una serie de premisas, de que la representación política es un mecanismo que logra articular, aplicar y modificar reglas sociales cumpliendo con el principio de la división del trabajo.

2. ORIGEN Y DESARROLLO DE LA REPRESENTACIÓN POLÍTICA

2.1. Origen de la representación política

Delimitar con precisión el origen de la institución de la representación política es, sin duda, una tarea compleja. Para abordar este análisis de manera adecuada, convendrá distinguir dos enfoques complementarios. Mientras que el primero se centrará en examinar el surgimiento del término "representar", es decir, en determinar cuándo comienza a utilizarse el término (y con qué significado), el segundo enfoque buscará definir cuándo y cómo se institucionaliza la práctica misma de representar, entendida como la acción de «hacer presente algo ausente a través de la presencia de una entidad sensible distinta de aquella que se representa»[163].

---

[163] Arruego Rodríguez, G., *Representación política y derecho fundamental*, Fundación Manuel Giménez Abad de Estudios Parlamentarios y del Estado Autonómico / Centro de Estudios Políticos y Constitucionales, Madrid, 2005, p. 36.

Desde la primera perspectiva, es decir, aquella referida al origen del uso del término "representar", resulta altamente provechoso acudir a una de las mejores obras sobre representación política que se han escrito hasta la fecha: *El concepto de representación*[164], de Hanna Fenichel Pitkin. Para esta autora, el término "representación" goza de un significado identificable, pues a pesar de haber sido utilizado de formas muy diversas a lo largo de las diferentes etapas de la Historia, en función del pensador o el contexto, su connotación no ha variado mucho desde el siglo XVII[165]. Su origen procede de la palabra latina *repraesentare*, que quiere decir «presentar de nuevo», utilizada en el latín clásico básicamente para referirse a objetos inanimados. Aunque la expansión del vocablo se inició en los siglos XIII y XIV con el fin de aludir a las personas que representaban a Cristo y a los apóstoles, es en los siglos XVI y XVII cuando comienza a adquirir un significado muy parecido al actual. De hecho, en 1641 los Comunes ingleses comienzan a denominarse a sí mismos como el «Cuerpo Representativo de todo el Reino», pues hasta entonces se entendía que la capacidad de representar solo la tenía el poder legislativo, como un todo. No obstante, es en 1651 cuando Isaac Pennintong describe a los miembros del parlamento individualmente como representantes[166], y es en ese mismo año cuando Hobbes publica *Leviatán*, desarrollando su concepto de representación con base en la autoridad conferida, como se verá más adelante[167].

---

164 Fenichel Pitkin, H., *El concepto de representación*, trad. de Ricardo Montoro, Centro de estudios políticos y constitucionales, Madrid, 2014.

165 *Ibid.*, p. 22.

166 La información sobre el origen etimológico del término ha sido extraída del libro recientemente mencionado de Pitkin, concretamente de las páginas 303 a la 318.

167 *Vid. infra*, 4.1.

Situados ahora en la segunda perspectiva a la que nos referíamos un poco más arriba, esto es, la concerniente al origen de la acción de representar, todo parece indicar que es en la época medieval cuando empieza a ponerse en práctica la representación, en concreto con la aparición del Consejo del Monarca. Al comienzo, estos consejos se encontraban conformados exclusivamente por los altos eclesiásticos y por miembros procedentes de la nobleza[168]. Más tarde, como contraprestación a los impuestos reclamados a los burgos o condados del territorio en el que reinaba el monarca, el Consejo incorpora a representantes de tales lugares, formándose así las primeras asambleas estamentales, origen directo de los actuales parlamentos[169]. Estas asambleas pueden situarse en Inglaterra en 1265 (parlamento convocado por Simón de Monfort) o en el modélico parlamento de 1295 (convocado por Eduardo I). Por otro lado, en Francia parece que esta práctica comienza a suceder a principios del siglo XIV[170].

Dado que la función principal de los representantes de los burgos era reducir las cargas monetarias impuestas por el monarca, su mandato correspondía al de una representación típica del Derecho privado. Como en las asambleas estamentales no existía espacio para la deliberación, sino que solo se procedía a votar, los representantes portaban de sus burgos instrucciones precisas (conocidas como cuaderno de instrucciones) sobre las medidas impositivas que su condado entendía que se debían adoptar. Debido a la naturaleza del mandato de representación

---

168 Solozábal Echevarría, J. J., "Representación política y pluralismo territorial", *Revista de Estudios Políticos,* nº50, 1986, pp. 69-99, p. 77.

169 García Guerrero, J. L., "Teorías de la representación política, democracia directa y partidos políticos", en: López Garrido, D., Massó Garrote, M. F. y Pegoraro, L., (Directores), *Derecho Constitucional Comparado,* Tirant Lo Blanch, Valencia, 2017, p. 488.

170 Solozábal Echevarría, J. J., "Representación política y pluralismo territorial", *cit.*, p. 77.

privado, los habitantes de los burgos tenían el poder de revocar el cargo del representante si éste no cumplía con lo acordado. Sin embargo, cada vez que surgía una cuestión no prevista en el cuaderno de instrucciones, la reunión debía suspenderse hasta que se le proporcionaran nuevas directrices al representante. Esto generaba una considerable dificultad para la toma ágil de decisiones, pues los retrasos derivados de la necesidad de consultar nuevamente con los burgos ralentizaban el proceso legislativo y limitaban la capacidad de respuesta ante situaciones imprevistas.

2.2. La concepción liberal de la representación política: un vistazo a la teoría francesa de la representación en el periodo de la Revolución

La experiencia en las asambleas estamentales, caracterizada por la necesidad de instrucciones claras y precisas, evidenció las limitaciones y complicaciones en el proceso de toma de decisiones. Estas dificultades condujeron a la creación de una concepción de la representación de corte liberal, que buscaba hacer más eficiente y ágil la relación entre los representantes y la voluntad popular. Este contexto sentó las bases para el desarrollo de una idea de representación política que inspiraría los debates teóricos de la Revolución Francesa y la posterior formación de las democracias modernas. Así, la concepción liberal de la representación política se engendró, de manera teórica, en el proceso constituyente de los Estados Unidos y en los debates y reuniones previos a la redacción de la Constitución francesa de 1791, y, de forma consuetudinaria, en el Reino Unido[171]. Fueron los pensadores y estudiosos de la representación y de la democracia, en su mayoría miembros de la Asamblea Nacional Constituyente

---

171 García Guerrero, J. L., "Teorías de la representación política, democracia directa y partidos políticos", *cit.*, p. 489.

Francesa[172], los artífices de la concepción liberal de la representación que tanto ha influido en nuestra actual concepción representativa. Sin desmerecer la admirable conquista del poder por parte del pueblo estadounidense en 1776, que terminó por constituir la que es considerada por muchos como la primera democracia moderna del mundo, y, sin tampoco restar mérito a la indiscutible forma en la que el parlamento inglés ha influido en el modelo parlamentario europeo, se ha optado en este epígrafe por explorar en profundidad los escritos de los autores franceses. Esto se debe a la inconmensurable riqueza argumental que estos pensadores aportaron[173] y al notable impacto que han

172 No debemos olvidar que los miembros de la Asamblea Nacional Constituyente Francesa conocían los trabajos previos de los autores norteamericanos, lo que sin duda influyó en su posterior concepción de la representación. Según Gargarella, en los debates constituyentes del lado oeste del Atlántico aparecieron conceptos que dieron pie a la concepción liberal de la representación, tales como la idea de mayorías y minorías o la de frenos y contrapesos. Para Gargarella, a raíz de ello y de los intensos conflictos institucionales acaecidos a finales del siglo XVIII, la clase dirigente norteamericana comenzó a concebir la participación de las mayorías como un mecanismo político negativo, lo que desembocó en una concepción de la representación contramayoritaria. Esta concepción de la representación fue empleada para moderar los impulsos pasionales de la mayoría, que a menudo carecía de la preparación necesaria para abordar los asuntos políticos. De este modo, se buscaba salvaguardar los intereses de la minoría, es decir, la clase que poseía la mayor parte de la riqueza del país y que veía amenazada su posición económica privilegiada. La conclusión final de Gargarella es que el actual sistema representativo se encuentra sustentado sobre elementos elitistas que no encuentran hoy un respaldo argumentativo que lo justifique (Gargarella, R., *Crisis de la representación política*, Fontamara, México, 1997).

173 Para Caamaño Domínguez, fue en la Asamblea Nacional Constituyente Francesa donde la interacción entre representación y soberanía se manifestó en toda su riqueza argumental (Caamaño Domínguez, F., *El mandato parlamentario*, Publicaciones del Congreso de los Diputados, Madrid, 1991, p. 30).

ejercido en nuestras democracias representativas. No obstante, existen algunos precedentes sobre la concepción liberal de la representación previos a la Revolución Francesa.

Así, ya en *El Federalista,* Madison concibe la representación como un filtro que destila las opiniones pasionales de los votantes, pues el parlamento actúa como un foro en el que las propuestas más irracionales se paralizan y se equilibran. Así, Madison considera que «[l]a sabiduría de estos individuos [los representantes] hará que disciernan mejor los verdaderos intereses de su país [...] Bajo tal sistema es muy posible que la voz pública, en boca de los representantes del pueblo, tenga mayor resonancia con el bien común que si la pronunciara el pueblo mismo estando congregado con tal fin»[174]. Es relevante señalar que, según Madison, la mayoría puede representar una amenaza para la minoría si el mecanismo de frenos y contrapesos del sistema no opera adecuadamente. En este sentido, un gran grupo de ciudadanos, impulsado por un interés o pasión compartidos, podría actuar en detrimento de los derechos de la minoría e incluso contradecir el interés general[175].

Por otra parte, Burke llegó a sostener que, a pesar de que para un representante los deseos de sus electores han de tener un gran peso, el primero traicionaría a los segundos si sacrificase su juicio en favor de la opinión de la ciudadanía. Para Burke, el gobierno y la legislación son asuntos propios de la razón, y no de las pasiones o inclinaciones personales. Por ello, en el parlamento, la determinación de las voluntades no debe preceder a la discusión, sino todo lo contrario, pues

---

174 Hamilton, A., Madison, J., Jay, J., *El federalista, cit.*, nº10, pp. 141-142. Algo que ya expresó Maquiavelo cuando afirmó que el parlamento suponía un freno entre el pueblo y la nobleza (Maquiavelo, N, *El príncipe (Comentado por Napoleón Bonaparte),* Espasa, Madrid, 1988, 19ª ed., p. 93).

175 Gargarella, R., *Crisis de la representación política, cit.*, p. 27.

las decisiones han de ser tomadas después de ser sometidas a un procedimiento discusivo racional, para poder escuchar y atender todos los argumentos relevantes y así deliberar correctamente[176]. En una línea argumental similar, Montesquieu defendió que el pueblo no estaba preparado para discutir sobre los asuntos políticos, lo que constituía uno de los grandes inconvenientes de la democracia. Por el contrario, los representantes sí poseían esta capacidad[177].

Asimismo, algunos pensadores anteriores a la Revolución Francesa rechazaron la posibilidad de que el pueblo pudiera ser representado, y, en consecuencia, se opusieron a los sistemas de representación democrática. El autor emblema de este pensamiento fue Rousseau, quien sostuvo la idea de que donde hay representado, no existe representante[178]. Según él, esto es así porque la voluntad general no puede ser representada, resultando que «[t]oda ley no ratificada en persona por el pueblo es nula; no es una ley»[179]. Como ya se ha visto en el anterior Capítulo[180], la imposibilidad de la representación, según Rousseau, surge de su convicción de que la unanimidad en la toma de decisiones es la única forma legítima de "imponer" (si es que puede usarse aquí este término) una voluntad determinada al pueblo. Según sugieren Penchaszadeh y Spagnolo, a los ojos de Rousseau la representación «es despreciable porque ciertamente deja entrever el fraccionamiento e incompletud constitutivos del tejido social; [...] la representación [...] se muestra como un espacio simbólico que no puede ser colmado con la plena presencia del sujeto soberano; de ahí entonces

---

176 Burke, E., "Discurso a los electores de Bristol (Fragmento)", *cit.*, p. 312.

177 Montesquieu, *Del espíritu de las leyes, cit.*, p. 109.

178 Rousseau, J-J., *El contrato social, cit.*, p. 110.

179 *Ibid.*, pp.112-113.

180 *Vid. supra*, Capítulo I, 2.

que [...] la intervención representativa, a la vez que disloca la unidad consigo de la comunidad, instituye una forma de ser específica de los representados»[181].

Con todo, y volviendo al asunto de la concepción liberal de la representación engendrada en la Asamblea Nacional Constituyente Francesa, es importante subrayar que, como bien indica Garrorena Morales[182], la mentalidad burguesa apoyó su preferencia por la idea de la representación política en tres argumentos emanados de la teoría francesa de la representación, los cuales tendremos ocasión de analizar en las siguientes líneas. Los argumentos a los que se refiere Garrorena Morales son los siguientes: a) el argumento de los constituyentes de 1791 o el argumento de la representación como condición de existencia de la soberanía nacional; b) el argumento de Constant o de la adecuación de la representación a la libertad de los modernos; y c) el argumento de Sieyès o de la representación como forma de la división especializada del trabajo[183].

En lo que respecta al primer argumento, es crucial considerar que su fundamento se apoya en la noción de soberanía nacional. Esta idea se sostiene en el principio de que la legitimidad política emana del pueblo, pero, dado que la nación carece de un cuerpo físico concreto y no puede manifestarse en el ámbito político por sí misma, solo a través de los representantes puede adquirir una forma de vida política. En este contexto, la institución de la representación política no solo

---

181 Penchaszadeh, A. P., Spagnolo, M., "Voluntades (des)encontradas: las máscaras de la representación en la teoría política de Jean-Jacques Rousseau", *Daimon. Revista Internacional de Filosofía*, nº47, 2009, pp. 49-64; p. 57.

182 Garrorena Morales, A., *Representación política y Constitución democrática (Hacía una revisión crítica de la teoría de la representación)*, Civitas, Madrid, 1991, p. 24.

183 *Ibid.*, pp. 24-37.

se presenta como un mecanismo necesario, sino que también se erige como un pilar fundamental para el desarrollo político del país. Al permitir que los intereses y voces de los ciudadanos sean canalizados a través de representantes elegidos, se garantiza que la voluntad del pueblo se materialice en decisiones y políticas que reflejen sus aspiraciones. De este modo, la representación política se convierte en la vía mediante la cual la nación puede operar de manera efectiva y coherente en el ámbito de la gobernanza, asegurando que la soberanía nacional no sea solo un concepto abstracto, sino una realidad tangible en el ejercicio del poder. La enorme dificultad que logró salvar la teoría francesa de la representación con este argumento fue la de convertir a la nación en sujeto, pues consiguió transformarla en una persona jurídica con capacidad de actuar como unidad[184]. En consecuencia, se comprendió que el representante representaba, no a un distrito concreto o a una cierta ideología, sino a toda la nación[185].

En segundo lugar, debe indicarse que el argumento de la adecuación de la representación a la libertad de los modernos resulta clave para comprender la concepción de la representación política liberal. Como señala Garrorena Morales, la tesis central de este argumento, expuesto perspicazmente por Constant en uno de sus discursos más notables[186], radica en

---

184 *Ibid.*, pp. 24-26.

185 Sieyès, E., *Escritos y discursos de la Revolución, cit.*, pp. 275-276. Algo que ya anticipó Burke (*Vid.* Burke, E., "Discurso a los electores de Bristol (Fragmento)", *cit.*, p. 313).

186 Concretamente en su "Discurso sobre la libertad de los antiguos comparada con la de los modernos", expuesto en una prominente conferencia dictada por Constant en el Ateneo Real de París en 1819. El texto, que fue inmediatamente publicado, puede consultarse en español en: Constant, B., "Discurso sobre la libertad de los antiguos comparada con la de los modernos", Selección de textos políticos de Benjamin Constant, trad. de Oscar Godoy Arcaya, *Revista*

defender la existencia de la representación política basándose en la razón de que ésta resulta el mejor modo de satisfacer o realizar adecuadamente la libertad de los modernos[187]. Según advierte Constant, el estadio social de los antiguos no permitía introducir una institución como la representación política, puesto que lo pueblos antiguos «no podrían ni sentir su necesidad ni apreciar sus ventajas»[188].

Y es que la astucia e inteligencia con la que el pensador francés examinaba los textos antiguos le condujo a descubrir que la libertad que deseaban aquellos pueblos para sí mismos era muy diferente a la que deseamos hoy para nosotros. Los antiguos pueblos gustaban de reunirse en la plaza pública para debatir sobre las leyes, controlar a los magistrados, pronunciar sentencias, deliberar sobre la guerra, la paz e incluso sobre las alianzas con naciones extranjeras. Es decir, aspectos muy relacionados con la soberanía y la política[189]. De esta forma entendían los antiguos la libertad: como la sujeción del individuo al cuerpo social. Por otro lado, Constant comprende que los modernos conciben la libertad de manera muy diferente. Para ellos, la esfera de autonomía individual de los ciudadanos (libertad ideológica, religiosa, de residencia, circulación, derecho a la vida, a la intimidad, derechos de participación pública… etc.) es la forma correcta de entender la libertad.

---

de Estudios Públicos, nº59, 1995, pp. 51-68. Este asunto también es tratado (desde otros puntos de vista) por Constant en otros escritos, como por ejemplo en el Capítulo VIII de la Segunda Parte de su *Curso de política constitucional* (Constant, B., *Curso de política constitucional,* trad. de Francisco Lucas de Yturbe, Taurus, Madrid, 1968, pp. 241).

187 Garrorena Morales, A., *Representación política y Constitución democrática… cit.*, p. 29.

188 Constant, B., "Discurso sobre la libertad de los antiguos comparada con la de los modernos", *cit.*, p. 52.

189 *Ibid.*, p. 53.

Por ende, si «la libertad individual es la verdadera libertad moderna, la libertad política es por consecuencia indispensable. Pero pedir a los pueblos actuales sacrificar, como los de antaño, la totalidad de su libertad individual a su libertad política, es el medio seguro de separarles de una de ellas; y cuando eso se haya conseguido, no se tardará en arrebatarles la otra»[190].

En este sentido, un moderno nunca cedería esta esfera de derechos y libertades individuales a cambio de un mayor protagonismo en las cuestiones públicas, pues la libertad del ser humano moderno reside en sus asuntos meramente particulares[191]. Así, expresa Constant: «ya no podemos disfrutar de la libertad de los antiguos, que consistía en la participación activa y constante en el poder colectivo. Nuestra propia libertad debe consistir en el goce apacible de la independencia privada»[192]. Es este el motivo por el cual el pensador francés considera que debe implantarse un sistema representativo. Son muy clarificadoras al respecto las palabras del propio Constant:

> «De ahí, señores, la necesidad del sistema representativo. El sistema representativo no es otra cosa que una organización con cuya ayuda una nación descarga en algunos individuos lo que ella no puede o no quiere hacer por sí misma. Los individuos pobres realizan ellos mismos sus asuntos; los hombres ricos contratan a administradores. Es la historia de las antiguas naciones y de las modernas. El sistema representativo es una procuración dada a un cierto número de hombres por la masa del pueblo que quiere que sus intereses sean defendidos y que no obstante no tiene tiempo de defenderlos él mismo. Pero, a menos que sean insensatos, los hombres ricos que tienen administradores examinan con atención y severidad siesos administradores cumplen su deber, si no son descuidados,

190 *Ibid.*, p. 64.

191 Garrorena Morales, A., *Representación política y Constitución democrática... cit.*, pp. 30-32.

192 Constant, B., "Discurso sobre la libertad de los antiguos comparada con la de los modernos", *cit.*, pp. 57-58.

ni corruptos, ni incapaces, y para juzgar la gestión de esos mandatarios, los comisionados que tienen prudencia se aplican muy bien a los asuntos en los que se les confía la administración. Del mismo modo, los pueblos, que con el fin de gozar de la libertad que les conviene, recurren al sistema representativo, deben ejercer una vigilancia activa y constante sobre sus representantes, y reservarse, en épocas que no estén separadas por intervalos demasiado largos, el derecho de apartarles si han equivocado sus votos, y de revocarlos poderes de los que ya han abusado»[193].

El tercer y último de los argumentos en los que, según Garrorena Morales, la mentalidad burguesa apoyó su preferencia por la idea de la representación política, es el argumento de Sieyès o el de la división especializada del trabajo. Este argumento se le suele atribuir a Sieyés en virtud del detallado estudio que el abate realizó sobre la teoría de la división del trabajo de Adam Smith[194], y su consiguiente traslación a sus ideas políticas[195]. No obstante, este pensamiento tiene un origen que, aunque desarrollado con algo menos de sutileza, puede considerarse como anterior a los trabajos de Sieyés, como hemos observado *supra* con las opiniones de Madison, Burke o Montesquieu. En este sentido, Sieyès argumentaba que debía elevarse la teoría de la división del trabajo al ámbito político, entendiendo que el representante debía ser un especialista o experto al que trasladar toda la actividad relacionada con la política[196]. La defensa de esta teoría por parte del autor francés encontraba su razón de ser en la falta de tiempo, instrucción

193 *Ibid.*, p. 66.

194 Sobre la teoría de la división del trabajo de Smith, *Vid.* Smith, A., *La riqueza de las naciones*, trad. de Carlos Rodríguez Braun, Biblioteca Nueva, Madrid, 2019.

195 Garrorena Morales, A., *Representación política y Constitución democrática... cit.*, p. 35.

196 *Ibid.*, p. 36.

y disponibilidad de los ciudadanos para elaborar directamente las leyes por las que debía regirse Francia[197]. En consecuencia, Sieyès sostenía que, al delegar esta responsabilidad en representantes capacitados, se aseguraría una gestión más eficiente y competente de los asuntos públicos, favoreciendo así un sistema político que pudiera responder adecuadamente a las necesidades de la nación en un contexto cada vez más complejo.

De esta forma, los defensores de la división del trabajo consiguieron trasponer un argumento más a favor de la concepción liberal de la representación, la cual, según señala Garrorena Morales[198], se construyó sobre la base de, principalmente, cinco elementos: 1) el dogma de la soberanía nacional, haciendo que la nación tome cuerpo y gobierne a través de los representantes en el parlamento, por tanto; 2) el diputado debe representar siempre a la nación como totalidad; 3) el mandato debe ser general, abierto y flexible, no sujeto al encargo de unas determinadas cuestiones, de esta forma; 4) el mandato, para ser coherente con esta idea, debe ser libre y no sujeto a instrucciones y a los deseos de los ciudadanos, y además; 5) el mandato debe ser no responsable, no pudiendo los habitantes de la nación controlar su gestión ni sancionarle por no actuar como los electores pretenden que actúe.

A la luz de estos datos todo parece indicar que la independencia del diputado en la concepción de la representación política liberal fue producto, principalmente, del pensamiento de los teóricos (en su mayoría franceses) de finales del siglo XVIII y principios del XIX. Como ha señalado acertadamente Arruego Rodríguez[199], los representantes no solo eran responsables de

---

197 Sieyès, E., *Escritos y discursos de la Revolución, cit.*, p. 275.

198 Garrorena Morales, A., *Representación política y Constitución democrática... cit.*, pp. 37-40.

199 Arruego Rodríguez, G., *Representación política y derecho fundamental, cit*, pp. 104-105.

elaborar leyes, sino que, en un sentido más epistemológico, debían también juridificar la voluntad general de la nación que se manifestaba en la Cámara. Así, la concepción parlamentaria liberal, al ser fundamentalmente deliberativa, exigía la libertad de los diputados, permitiendo que la voluntad de la nación se pudiera articular a través de un proceso discursivo libre y depurado, en el cual se consideraran las diversas ideas y opiniones de los miembros del parlamento. Este enfoque se fundamentaba en el principio liberal de que la razón debía prevalecer siempre sobre la voluntad, y no al revés[200].

2.3. El concepto de representación política en el sistema español: el Estado de partidos

El concepto de representación política imperante en el sistema español es similar al concepto de representación política que predomina en la mayoría de los países occidentales. En lo tocante al sistema español, tal concepto se encuentra articulado con arreglo a varios preceptos constitucionales, enhebrados y cohesionados de forma constitucionalmente coherente por el Tribunal Constitucional. Como advertencia, es importante señalar que el concepto de representación que analizaremos a continuación no debe limitarse exclusivamente al ámbito estatal. Dada la insistente jurisprudencia del Tribunal Constitucional en este sentido, dicho concepto debe entenderse también en los niveles autonómico, provincial y municipal[201]. Esto implica que el concepto de representación política típico del Estado de partidos se manifiesta, no solo a través de las instituciones centrales del Estado, sino también

---

200 Sieyès, E., *Escritos y discursos de la Revolución, cit.*, pp. 163-164.

201 Arruego Rodríguez, G., *Representación política y derecho fundamental, cit.*, p. 139 y la jurisprudencia allí citada.

a través de los gobiernos y parlamentos de las Comunidades Autónomas, así como en las entidades locales.

Como bien ha señalado Arruego Rodríguez, el artículo de la Constitución Española que verdaderamente condensa el concepto de representación política en el contexto español es el artículo 66.1, que expresa que: «[l]as Cortes Generales representan al pueblo español y están formadas por el Congreso de los Diputados y el Senado». Sin embargo, señala el autor recién mencionado, no es este el único precepto que debe tenerse en consideración para comprender el significado del concepto de representación política vigente en el sistema español, sino que debe atenderse también a otros elementos. Y es que tal enunciado constitucional se encuentra complementado por cuatro artículos diferentes del mismo texto: por un lado, el artículo 1.1, que define a España como «un Estado social y democrático de Derecho, que propugna como valores superiores de su ordenamiento jurídico la libertad, la justicia, la igualdad y el pluralismo político»; por otro, el artículo 1.2, que indica que: «[l]a soberanía nacional reside en el pueblo español, del que emanan los poderes del Estado»; también el artículo 2, que enuncia que: «[l]a Constitución se fundamenta en la indisoluble unidad de la Nación española, patria común e indivisible de todos los españoles, y reconoce y garantiza el derecho a la autonomía de las nacionalidades y regiones que la integran y la solidaridad entre todas ellas»; y, finalmente, el artículo 67.2, el cual prescribe que: «[l]os miembros de las Cortes Generales no estarán ligados por mandato imperativo».

No parece aventurado afirmar que, a partir de la conjunción de estos preceptos constitucionales, pueden inferirse consideraciones relevantes para los intereses de esta investigación. En primer lugar, si atendemos a lo expuesto en la Constitución Española, podemos concluir que las Cortes Generales representan al pueblo español en su totalidad (artículo 66.1), y que el sistema político por el cual van a regirse los españoles será uno representativo (artículo 66.1), social, democrático, libre, justo y plural (artículo 1.1). Por otro lado, es evidente que la Constitución dispone que la soberanía recae sobre el pueblo español, del cual emanan los poderes del Estado (artículo 1.2). Además, se reconoce el derecho a la autonomía de las regiones que integran la nación, es decir, fundamentalmente las Comunidades Autónomas y, en cierta medida, las provincias y municipios que componen el Estado (artículo 2). También puede observarse que los miembros de las Cortes Generales no van a estar ligados por mandato imperativo (artículo 67.2), y que los titulares del derecho fundamental democrático proclamado en el artículo 23.1 de la Constitución, esto es, los ciudadanos, ejercerán su derecho a participar en los asuntos públicos por medio de representantes designados para desempeñar las labores correspondientes al poder legislativo (artículo 66.2), originándose así, como bien se desprende de la primera jurisprudencia del Tribunal Constitucional[202], una suerte de derecho fundamental reflejo[203]. Por último, debe destacarse que las elecciones a representantes del pueblo español deberán ser periódicas y articuladas a través del sufragio universal (artículo 23.1).

En este sentido, advierte Arruego Rodríguez, resulta patente que, para el Tribunal Constitucional, en virtud del artículo 66.1, la relación representativa expuesta en la Constitución se articula entre las Cortes Generales (órgano representativo) y el titular de la soberanía, esto es, el pueblo español (soberano representado). Esta es la razón por la cual, desde un punto de vista constitucional, exclusivamente son las Cortes Generales el único órgano que ostenta de la condición de representativo, así como las decisiones que regladamente emanen de ellas, situación que no sucede con los miembros o grupos que

---

202 *Vid.* STC 10/1983 (TOL100.391).

203 Caamaño Domínguez, F., *El mandato parlamentario, cit.*, p. 71.

las componen[204]. Por este motivo, el Tribunal Constitucional ha sido claro al reconocer que la esencia de la relación representativa radica en la unidad de la voluntad del sujeto representado y, por ende, en la imputación, al pueblo soberano, de una voluntad política única que se reputa general[205]. Esta voluntad general responde, como es evidente, a uno de los componentes vertebradores de la concepción liberal de la representación, esto es, la ficción de que el parlamento representa a toda la nación en su conjunto[206]. Desde este punto de vista, resulta manifiesto que son los ciudadanos, como soberanos de la nación (artículo 1.2), los que, a través de las Cortes Generales (artículo 66.1) ejercitan su derecho fundamental democrático a participar en los asuntos públicos (artículo 23.1), principalmente en el poder legislativo (artículo 66.2). Por ende, esta conexión articular consigue que los sujetos a las leyes sean, a través del mecanismo de la representación, actores y autores del ordenamiento jurídico, haciendo de esta forma realidad el principio sobre el que se sustenta toda democracia representativa[207].

Teniendo esto en cuenta, se puede identificar, a primera vista, un problema central entre los artículos constitucionales que definen y caracterizan la representación política actual (en su mayoría de orientación claramente liberal) y la realidad política en la que se aplican. Como ha señalado la doctrina en numerosas ocasiones, los principios fundamentales que sustentan la concepción liberal de la representación parecen haber quedado, de alguna manera, desfasados. A pesar de que dicha

---

204 Arruego Rodríguez, G., *Representación política y derecho fundamental, cit.*, pp. 130-131.

205 *Ibid.*, pp. 135-136.

206 Sieyès, E., *Escritos y discursos de la Revolución, cit.*, pp. 275-276.

207 Arruego Rodríguez, G., *Representación política y derecho fundamental, cit.*, p. 138.

concepción no difiere mucho de la que proyectan teóricamente los actuales parlamentos, la práctica del proceso representativo presente ha quebrado los ideales sobre los que se cimentó el pensamiento liberal de la representación[208], dando lugar a lo que se conoce como el "Estado de partidos"[209], el sistema político por el cual se rigen en la actualidad la mayoría de los países democráticos, herederos de los ideales franceses de la Revolución, entre los que se encuentra España. En esta línea argumental, algunos autores se han atrevido a afirmar que el Estado de partidos ha alcanzado una teoría de la representación propia, independiente de la ya obsoleta concepción liberal de la representación[210].

Tal obsolescencia se refleja en la desconexión existente entre los principales argumentos sobre los que se erigió la concepción liberal de la representación[211] y la práctica representativa actual[212]. Así, apunta García Guerrero[213], el primer argumento sobre el que se construyó la concepción liberal de la representación, consistente en la creencia de que el parlamento representa a toda la nación en su totalidad, debe ser

---

208 *Ibid.*, p. 108.

209 Esta es una expresión que comienza a utilizarse en la época de la Constitución de Weimar como consecuencia de la constitucionalización de los partidos políticos (Caamaño Domínguez, F., *El mandato parlamentario, cit.*, p. 50).

210 García Guerrero, J. L., *Democracia representativa de partidos y grupos parlamentarios,* Publicaciones del Congreso de los Diputados, Madrid, 1996, p. 126.

211 *Vid. supra*, 1.2.

212 Disonancia advertida ya por Triepel en: Triepel, H., "Derecho constitucional y realidad constitucional", en: Lenk, K. / Neumann, F., *Teoría y sociología críticas de los partidos políticos,* trad. de Ignacio de Otto, Anagrama, Barcelona, 1980, p. 190.

213 García Guerrero, J. L., "Teorías de la representación política, democracia directa y partidos políticos", *cit.*, pp. 495-496.

considerado falso. Y es que, como bien expresa de Otto: «[i] dentificar la voluntad de la mayoría con la voluntad del pueblo es manifiestamente una ficción sobre la que no puede construirse un sistema calificable como democrático, y ello porque lo característico del principio mayoritario es que el titular de la decisión, la mayoría, no es idéntico al sujeto llamado a soportar sus consecuencias —todos— identidad que sólo se daría en un sistema basado en el principio de unanimidad»[214].

En el Estado de partidos, los diputados no actúan como representantes individuales del electorado, sino que representan a sus respectivos partidos en la Cámara. Éstos, a su vez, se encargan de defender los intereses de sus grupos parlamentarios y de actuar en beneficio de sus propias agendas políticas. Así las cosas, parece evidente que la ficción de la unidad de la voluntad ya no debe mantenerse, pues la voluntad del parlamento no solo es en la práctica manifiestamente plural, sino que además no siempre atiende al bienestar de los ciudadanos. No obstante, la ficción de que el parlamento ostenta una única voluntad responde a una determinada utilidad: dotar al Estado de cohesión y proporcionarle así una dirección clara. Dado que la voluntad final del parlamento debe ser única, existe, en nuestro procedimiento electoral, un proceso de síntesis de la

---

214 de Otto, I., *Defensa de la Constitución y partidos políticos*, Centro de Estudios Políticos y Constitucionales, Madrid, 1985, p. 30. Sobre la heterogeneidad de la nación y su impacto en la representación política, resultan especialmente relevantes las siguientes palabras de Palacios Romeo: «los representantes no miran por el interés de la nación porque la nación como ente de intereses unánimes y colectivos no ha llegado a existir salvo en contadas y mínimas ocasiones» Palacios Romeo, F., "Democracia, representación y sistema electoral, una histórica difícil empatía bajo lógica del control hegemónico", en: Palacios Romeo, F. / Cebrián Zazurca, E. (Coords.), *Elegir cómo elegir. Retos y urgencias del régimen electoral en España*, Fundación Manuel Giménez Abad, Zaragoza, 2018, p. 21.

voluntad nacional. Este proceso comienza con un primer filtro en el que se considera que existen tantas voluntades como partidos se conforman. Tras ello, un segundo filtro determina que las voluntades populares relevantes para el ordenamiento son únicamente aquellas pertenecientes a los partidos que han obtenido representación parlamentaria. Por último, este proceso se consuma con la síntesis final, es decir, cuando el parlamento toma una decisión concreta[215].

Por otro lado, sugiere García Guerrero[216], el argumento de Constant también merece ser reconsiderado, pues en opinión de este autor existe un amplio sector de ciudadanos que sí desean implicarse en la vida política. Desde este punto de vista, el Estado de partidos articula una doble dimensión de la participación política. La primera, limitada a la elección de representantes, está orientada a quienes prefieren no participar activamente en asuntos políticos de forma continua. La segunda, destinada a aquellos que desean dedicar más tiempo a estos asuntos, encuentra su máxima expresión en los partidos políticos. En cambio, para García Guerrero[217], el argumento de Sieyès o de la división del trabajo sí mantiene su total vigencia, siempre y cuando se entienda que en los estados de partidos los representantes del pueblo no son los diputados individuales, sino los partidos. Sin embargo, todo indica que, al no ser un requisito legal que los parlamentarios

---

215 García Guerrero, J. L., "Teorías de la representación política, democracia directa y partidos políticos", *cit.*, pp. 495-496.

216 García Guerrero, J. L., *Democracia representativa de partidos y grupos parlamentarios, cit.*, p. 135. También en: García Guerrero, J. L., "Teorías de la representación política, democracia directa y partidos políticos", *cit.*, p. 496.

217 García Guerrero, J. L., *Democracia representativa de partidos y grupos parlamentarios, cit.*, pp. 135 y 141. Y en: García Guerrero, J. L., "Teorías de la representación política, democracia directa y partidos políticos", *cit.*, pp. 496-497.

del partido posean un alto grado de conocimiento en la materia sobre la cual van a legislar, este argumento se ve, en cierta medida, relativizado.

Siguiendo nuevamente el enfoque de García Guerrero, es de gran relevancia para esta investigación destacar que, en los sistemas donde los partidos representan a los ciudadanos, emerge un doble mandato[218]: por un lado, el mandato del partido respecto a sus electores, de carácter típicamente liberal, que se distingue por ser no imperativo e irresponsable. En este sentido, el Estado de partidos se ha encargado de incorporar la novedad de expulsar el clásico elemento nacional de la concepción liberal de la representación, pues el partido no va a representar ya a la nación, sino a sus votantes y militantes. Por otro lado, el mandato del diputado respecto a su partido. El parlamentario habrá de rendir cuentas ante el partido sobre su gestión, y deberá seguir sus instrucciones en todo caso. Desde un punto de vista prescriptivo, García Guerrero sugiere aquí que la teoría de la representación política del Estado de partidos debe moderar y templar el grado de imperatividad que se da entre el partido y el diputado, para que se dé una relación entre el elector y el diputado y mitigar así la desvinculación producida entre ambos[219]. A pesar de ello, considera que es aconsejable un cierto grado de imperatividad en el mandato de los diputados respecto de los partidos. En su opinión, si esta imperatividad se predicase de los electores, se daría la absoluta ingobernabilidad[220].

---

218 Un doble mandato del que ya dio cuenta Garrorena Morales (*Vid.* Garrorena Morales, A., *Representación política y Constitución democrática... cit.*, p. 66).

219 García Guerrero, J. L., *Democracia representativa de partidos y grupos parlamentarios, cit.*, p. 143.

220 García Guerrero, J. L., "Teorías de la representación política, democracia directa y partidos políticos", *cit.*, p. 497.

Entonces, ¿cómo afecta este doble mandato al estatuto del representante? No deja de resultar sorprendente que, a pesar de que la constitucionalización de los partidos se formalizase con base en la concepción liberal de la representación[221], parece evidente que el hecho de mantener ciertos elementos liberales en los sistemas representativos de los estados constitucionales ha producido una fractura que no puede salvarse fácilmente[222]. Esta quiebra ha dado lugar, como ha podido ya entreverse a lo largo de las anteriores páginas, a un profundo cambio en el estatuto del representante individual[223]. El doble mandato característico del Estado de partidos, sobre todo el que se da entre el partido y el parlamentario, ha puesto de relieve que el representado se encuentra ahora fuera de la relación representativa, por más que el Derecho continue ignorándolo[224]. Y es que, esta desvirtuada relación representativa ha cambiado por completo el concepto de la representación misma, pues en los estados de partidos el diputado individual no va a tener en consideración la opinión de los electores, ni va a actuar por los intereses de éstos, a quienes no debe su puesto en la Cámara, sino que actuará por las aspiraciones del partido, que es el órgano del que depende su mandato parlamentario.

---

221 Caamaño Domínguez, F., *El mandato parlamentario, cit.*, p. 55.

222 A juicio de de Vega, los rasgos liberales del mandato representativo se mantienen en nuestra Constitución reflejándose en los artículos 1.2, 66.1 y 67.2, mientras que el carácter novedoso que imprime el Estado de partidos a nuestro sistema electoral encuentra su respaldo en el artículo 6 (de Vega, P., "Significado constitucional de la representación política", *Revista de Estudios Políticos (Nueva Época)*, pp. 25-45; p. 36).

223 Arruego Rodríguez, G., *Representación política y derecho fundamental, cit.*, pp. 108-109.

224 Garrorena Morales, A., *Representación política y Constitución democrática… cit.*, p. 67. Este apunte fue destacado en su día ya por Triepel (*Vid.* Triepel, H., "Derecho constitucional y realidad constitucional", *cit.*, p. 188).

Dada esta concepción de la representación, resulta muy difícil imaginar cómo los diputados van a poder hacer presente al pueblo en el parlamento.

Si bien es cierto que algunos autores han defendido la existencia del Estado de partidos como elemento indispensable y necesario para la democracia[225], también resulta verídico que, como bien señala Garrorena Morales, «la oferta electoral ha dejado de tener nombres [...] y ha pasado a tener sencillamente siglas»[226], lo que ha significado que la relación representativa se agote en el instante exacto en el que el elector deposita su voto, provocando así que tal "relación" se encuentre vacía de contenido[227]. Esta falta de contenido ha ocasionado, además, que la prohibición de mandato imperativo proclamada en el artículo 67.2 de nuestra Constitución, de evidente corte liberal, no haya sido eliminada, sino reformulada. Como consecuencia, el antiguo sujeto activo de la relación imperativa (el ciudadano) ha sido sustituido por el partido político, mientras que el sujeto pasivo (el diputado) observa como su voluntad parlamentaria se encuentra, esta vez, presa de la organización política a la que pertenece, en vez de inclinada hacia el beneficio de los

---

225 Puede aquí destacarse a Kelsen (Kelsen, H., *Esencia y valor de la democracia, cit.*, p. 28).

226 Garrorena Morales, A., *Representación política y Constitución democrática... cit.*, pp. 65-66.

227 *Ibid.*, p. 77. En otro escrito Garrorena alude a este tipo de relación como una relación vacía de relación (Garrorena Morales, A., *Escritos sobre la democracia. La democracia y la crisis de la democracia representativa*, Centro de Estudios Políticos y Constitucionales, Madrid, 2015, p. 166). En este sentido, son relevantes las siguientes palabras de Santaolalla López sobre la práctica parlamentaria en España: «[n]i hay verdadera elección, ni ésta recae sobre los candidatos como quiere la Constitución y reconoce el Tribunal Constitucional» (Santaolalla López, F., "Problemas jurídico-políticos del voto bloqueado", *Revista de Estudios Políticos*, nº53, 1986, pp. 29-43; p. 32).

ciudadanos, a quienes debería representar[228]. En este sentido, podría afirmarse que, en los actuales estados de partidos, no existe una relación jurídica entre el individuo y su representante, sino que lo que podemos encontrar, como máximo, es tan solo una relación de legitimidad entre éstos[229].

Así pues, resulta evidente que en la democracia representativa de partidos el elector vota a un partido, y no a los candidatos que éstos incluyen en sus listas electorales. Esto ocurre, en gran medida, porque estas listas suelen ser cerradas y bloqueadas, lo que implica que el ciudadano no tiene poder de decisión sobre los diputados específicos que integrarán el grupo parlamentario, limitándose a expresar su preferencia por una lista[230]. Esta realidad nos lleva directamente a cuestionar el problema de la titularidad del escaño. Para García Guerrero, la interpretación sistemática de los artículos constitucionales favorables al Estado de partidos desemboca necesariamente en dos reglas representativas: 1) el diputado se encuentra obligado a pertenecer al grupo correspondiente al partido por el que fue elegido; y 2) existe la disciplina de partido, y, por tanto, la posibilidad de garantizarla mediante sanciones, las cuales, llevadas a sus últimas consecuencias, permitirían al partido (al menos desde un punto de vista teórico) privar del acta de parlamentario a los diputados que considere y sustituirlos por el siguiente en la

---

228 Lo que ha provocado que algunos autores hayan catalogado a la prohibición de mandato imperativo que se da en los estados de partidos como un «auténtico fósil constitucional». Esta es una expresión que Caamaño Domínguez atribuye a Morstein Marx (Caamaño Domínguez, F., *El mandato parlamentario, cit.*, p. 56).

229 *Ibid.*, p. 42.

230 Santaolalla López, F., “Partido político, grupo parlamentario y diputado”, en: González Encinar, J., J. (Coord.), *Derecho de partidos,* Espasa, Madrid, 1992, p. 109.

lista[231]. Como puede desprenderse de todo lo anterior, la obsolescencia de los argumentos que sostenían la concepción liberal de la representación ha dado lugar a un conflicto entre la disciplina de partido, propia de la teoría del Estado de partidos, y la prohibición del mandato imperativo del artículo 67.2.

Esta prohibición, como bien ha dado cuenta García Guerrero[232], también ha perdido su razón de ser porque no responde a los clásicos argumentos sobre los que se sustentó, propios de la teoría liberal. La prohibición del mandato imperativo tiene su origen en que esta institución dificultaba que la voluntad de la Corona se impusiera en el parlamento, por lo que desde la monarquía se incidió en la prohibición de tal práctica. Sin embargo, en los parlamentos actuales, las razones sobre las que se apoyan la teoría liberal de la representación y la prohibición del mandato imperativo se han tornado irracionales en el contexto constitucional del Estado de partidos. Esto se debe a que se ha puesto de manifiesto la ficción de la unidad de la voluntad nacional, existen ciudadanos interesados en participar en los asuntos políticos, y la doctrina de la división del trabajo ha quedado relativizada, ya que los miembros de los partidos políticos encargados de tomar las decisiones del partido no siempre van a ser expertos en las materias que deben gestionar.

Por otro lado, también existen motivos por los que es provechosa la existencia del mandato imperativo en el Estado de partidos. Como hemos visto, algunas voces en la doctrina han manifestado que si el mandato imperativo, en su versión más absoluta, se predicase de los electores a los diputados, la gobernabilidad del Estado se volvería una tarea considerablemente difícil de llevar a cabo. Por el contrario, la gobernabilidad del país contaría con más garantías si esta clase de mandato se diese

---

231 García Guerrero, J. L., *Democracia representativa de partidos y grupos parlamentarios, cit.*, p. 204.

232 *Ibid.*, p. 212.

entre el partido y el parlamentario (tal y como se da actualmente). Por lo tanto, y volviendo al asunto de la titularidad del escaño, parece lógico adoptar el punto de vista de Kelsen consistente en que, en el contexto del Estado de partidos, la titularidad del escaño no debe recaer sobre el parlamentario individual, sino sobre el partido, que es el órgano que ostenta la legitimidad democrática[233].

Así las cosas, el fundamento de la gobernabilidad parece ser un argumento clave en cuanto a la justificación de la disciplina de partido. En nuestro ordenamiento jurídico, no han sido pocos los autores ni escasa la jurisprudencia en este sentido. Y es que, el argumento que apoya la existencia de mandato imperativo entre el partido y el diputado, y, por lo tanto, que defiende que la titularidad del escaño reside en el partido, es el que surge a raíz del *principio de estabilidad institucional*. Según García Guerrero[234], este principio, no recogido expresamente en nuestra Constitución, encuentra su respaldo constitucional principalmente en los artículos 99.3[235] y 112[236], referentes a la

---

233 Kelsen, H., *Esencia y valor de la democracia, cit.*, p. 53. Esto es así porque el elector dirige habitualmente su voto a los partidos políticos, y no a los diputados que aparecen en la lista (Santaolalla López, F., "Problemas jurídico-políticos del voto bloqueado", p. 33).

234 García Guerrero, J. L., *Democracia representativa de partidos y grupos parlamentarios, cit.*, pp. 221-222.

235 Que versa así: «Si el Congreso de los Diputados, por el voto de la mayoría absoluta de sus miembros, otorgare su confianza a dicho candidato, el Rey le nombrará Presidente. De no alcanzarse dicha mayoría, se someterá la misma propuesta a nueva votación cuarenta y ocho horas después de la anterior, y la confianza se entenderá otorgada si obtuviere la mayoría simple».

236 «El Presidente del gobierno, previa deliberación del Consejo de Ministros, puede plantear ante el Congreso de los Diputados la cuestión de confianza sobre su programa o sobre una declaración de política general. La confianza se entenderá otorgada cuando vote a favor de la misma la mayoría simple de los Diputados».

reducción del número de votos que ha de obtener el gobierno para lograr la confianza de las Cortes (pasando de mayoría absoluta a mayoría simple), y a la cuestión de confianza al gobierno, que se entiende otorgada con la mayoría simple de los miembros del Congreso. Además, se ha sugerido que el principio de estabilidad institucional también parece sustentarse en el artículo 113.1[237], que exige la mayoría absoluta de la Cámara para adoptar una moción de censura al gobierno.

Este principio, originado en la teoría económica alemana y más tarde en el derecho constitucional, fue trasladado a España por el Tribunal Constitucional en la STC 16/1984[238], y expuesto con mayor claridad en la STC 75/1985[239], sentencia esta última que fundamenta la no contradicción entre el artículo 23 de nuestra Constitución y el artículo 20.4 b) del Real Decreto-ley número 20/1977, que establecía cláusulas limitativas del 3% de los votos emitidos para obtener representación parlamentaria. A pesar de las críticas recibidas[240], la constitucionalidad de las cláusulas limitativas que confirma la sentencia recibió el apoyo de un importante sector de la doctrina[241], por lo que el reconocimiento del principio de

---

237 «El Congreso de los Diputados puede exigir la responsabilidad política del gobierno mediante la adopción por mayoría absoluta de la moción de censura».

238 STC 16/1984 (TOL79.306).

239 STC 75/1985 (TOL79.490). Los argumentos contenidos en esta sentencia fueron reiterados también en la STC 72/1989 (TOL79.490).

240 La más representativa es la de Bastida Freijedo (Bastida Freijedo, F. J., "Derecho de participación a través de representantes y función constitucional de los partidos políticos", *Revista Española de Derecho Constitucional*, nº21, 1987, pp. 199-228; pp. 221 y ss.).

241 Constitucionalidad en ocasiones fundamentada en el ya mencionado principio de estabilidad (García Guerrero, J. L., *Democracia representativa de partidos y grupos parlamentarios, cit.*, pp. 221-224) o en que

estabilidad ha cobrado fuerza en lo referente a la argumentación de la existencia de la disciplina de partido, garantizando así la formación y mantenimiento del gobierno[242].

No obstante, ha de tenerse en cuenta que, como bien apunta Schmitt[243], debido a su naturaleza y composición, cuando este tipo de barreras electorales son demasiado bajas y dan lugar a un gran número de grupos parlamentarios, los partidos férreamente organizados encuentran enormes obstáculos para formar un gobierno estable. Esto es así porque, en lugar de una voluntad estatal decidida, lo que se produce en el parlamento de una democracia de partidos[244] es una inestable adición de intereses particulares momentáneos. Por ello, en ocasiones, la voluntad del Estado se apoya sobre mayorías parlamentarias lábiles que cambian su composición constantemente y que se encuentran conformadas por numerosos partidos de ideología heterogénea. En este contexto, los gobiernos son incapaces de

---

tal limitación debe entenderse como un legítimo fin del legislador (Jiménez Campo, J., "Los partidos políticos en la jurisprudencia constitucional", en: González Encinar, J., J. (Coord.), *Derecho de partidos, cit.*, p. 224).

242 Guerrero, J. L., *Democracia representativa de partidos y grupos parlamentarios, cit.*, pp. 223-224. Sobre la jurisprudencia del Tribunal Constitucional español en lo referente a las barreras electorales, *Vid.* Gavara de Cava, J. C., "Los regímenes electorales autonómicos como sistemas proporcionales", *Cuadernos de Derecho Público*, nº22-23, 2004, pp. 205-237; pp. 232 y ss.

243 Schmitt, C., "El defensor de la Constitución", en: Schimtt, C. / Kelsen, H., *La polémica Schmitt / Kelsen sobre la justicia constitucional: ... cit.*, pp. 166-168.

244 Aquí Schmitt se refiere a la situación parlamentaria alemana de finales de los años 20 y principios de los 30 del pasado siglo. No creemos aventurado afirmar que el parlamentarismo español actual se encuentra en un momento de su historia que, aunque no pueda ser catalogado como idéntico al de los últimos años de la Republica de Weirmar, presenta semejanzas con el mismo.

gobernar, y las frágiles coaliciones que forman la mayoría no pueden ser calculadas ni previstas, acrecentando así, no solo la irresponsabilidad política, sino también la inseguridad jurídica. Si, de lo contrario, existe un partido capaz de gobernar a pesar de la persistencia de este fenómeno, cada uno de los partidos presentes en la volátil mayoría que sustenta el gobierno se cobrará su correspondiente colaboración a costa del interés general en forma de reparto de cargos públicos, aumento de financiación, o cualquier tipo de interés particular.

Si bien es cierto que la disciplina de partido aumenta el grado de gobernabilidad del parlamento, por contrapartida, el mandato imperativo del partido hacia el diputado genera una notable contradicción teórica. El diputado individual, quien según la teoría liberal de la representación debería actuar como representante directo de los ciudadanos, ve limitada su libertad de acción al tener que obedecer las directrices del verdadero agente representativo en la práctica: el partido político[245]. Actualmente, ni si quiera resulta ya cierta aquella pesimista opinión de Torres del Moral en la que sostenía que los programas de los partidos habían venido a ocupar el lugar de los antiguos cuadernos de instrucciones[246], sino que, dada

---

245 Como bien describe Manuel Ramírez: «[c]uriosamente, el diputado sigue siendo representante teórico de la totalidad, de la nación, representada en la imagen, ya lejana, de sus electores. Seguirá existiendo también la prohibición constitucional de ligar su actuación al mandato imperativo. Pero, entre ambos supuestos, incidirá en la estructura de partidos que componen la Cámara y que condiciona esa teórica libertad del parlamentario. El diputado debe su elección y, sin duda, la nueva oportunidad de ser elegido, a un partido político concreto en cuyo grupo parlamentario está inserto» (Ramírez, M., "Grupos parlamentarios y sistema de partidos", en: V. V. A. A., *I Jornadas de Derecho Parlamentario. Volumen I,* Congreso de los Diputados, Madrid, 1985, p. 122).

246 Torres del Moral, A., "Crisis del mandato representativo en el Estado de partidos", *Revista de Derecho Político,* n°14, 1982, pp. 7-30; p. 17.

la amplísima libertad de la que goza el partido, el incumplimiento del programa no supondrá para éste sanción alguna[247]. Por este motivo, no puede afirmarse que son los programas los elementos que han venido a sustituir los antiguos cuadernos de instrucciones (si así hubiera sido, la gravedad del problema sería mucho menor), sino que ha sido la arbitraria voluntad del líder del partido, o el reducido órgano de dirección del mismo, la pieza que ha terminado por ocupar el lugar de los cuadernos de instrucciones. De esta forma, resulta entonces coherente que, en el Estado de partidos, los representantes políticos sean, como sostiene Caamaño Domínguez, principalmente, «hombres de partido y como tales, portadores de un determinado programa y agentes sometidos a sus normas estatutarias y de disciplina interna»[248].

Ya Schmitt advirtió que la integración estatal de los partidos haría que los parlamentarios no respondiesen ante el pueblo, sino ante el partido propio, augurando que este tipo de sistema «haría del diputado un funcionario del partido [...] y del partido [...] una estructura oficial, es decir, una autoridad, lo que esencialmente no es»[249]. Del mismo modo, Triepel señaló que el diputado no es ya un representante del pueblo, sino que lo es de su partido, y como tal se siente y actúa[250]. Y es que, el mandato imperativo que se da entre el partido y los parlamentarios ha supuesto que estos últimos (mayoría) deban aceptar la voluntad de uno o unos pocos líderes de un determinado

---

247 Así, algunos autores han sugerido que se le debe reclamar a los partidos un mayor grado de cumplimiento de los programas electorales (García Guerrero, J. L., "Teorías de la representación política, democracia directa y partidos políticos", *cit.*, p. 497).

248 Caamaño Domínguez, F., *El mandato parlamentario, cit.*, p. 55.

249 Schmitt, C., *Teoría de la Constitución*, trad. de Francisco Ayala, Alianza Editorial, Madrid, 2019, p. 319.

250 Triepel, H., "Derecho constitucional y realidad constitucional", *cit.*, p. 188.

partido (minoría)[251]. Esto ha dado lugar a situaciones en las que un diputado tiene que sostener en el voto una postura que contraviene sus propias convicciones ideológicas, lo que desemboca en un escenario en el que los parlamentarios deben traicionar sus principios éticos, consumando una especie de "sacrificio moral e intelectual"[252]. En este sentido, parece igual de ficticio el hecho de que la voluntad de la minoría del grupo parlamentario se transforme en la de la voluntad de la mayoría de los miembros de ese mismo partido (y de sus votantes), que el hecho de que la voluntad del parlamento se repute como nacional, pues al igual que en el primer caso, en el segundo se produce una transmisión de voluntad de unos pocos a varias decenas, miles o millones de personas. Se trata, por lo tanto, de una "transferencia espontánea"[253] de voluntad.

Por otro lado, la irresponsabilidad del diputado ante los electores, de corte liberal, ha desencadenado que los ciudadanos carezcan casi por completo de cualquier tipo de control efectivo sobre sus representantes políticos[254]. A este respecto, Michels ha defendido que la no rendición de cuentas de los diputados hacia los ciudadanos que los han elegido está alejada de unos principios ciertamente democráticos[255]. Por su parte, Dworkin, en su famosa obra *Los derechos en serio*, señala que un verdadero demócrata debe aceptar que los legisladores que son elegidos por el pueblo son responsables ante el mismo, y

---

[251] Obsérvese la curiosa paradoja que produce esta situación parlamentaria en los estados democráticos.

[252] Michels, R., *Los partidos políticos: Un estudio sociológico de las tendencias oligárquicas de la democracia moderna*, trad. de Enrique Molina de Vedia, Amorrortu Editores, Buenos Aires, 2017, p. 419.

[253] *Ibid.*, p. 253.

[254] Baldi, B. / Márquez Albert, J. J., "Crisis de la representatividad democrática y populismos. Una mirada sobre Italia y España", *Revista Ámbitos*, nº37, 2017, pp. 95-109; p. 96.

[255] Michels, R., *Los partidos políticos: ..., cit.*, p. 217.

que, si el sistema democrático carece de esta responsabilidad política, es evidente que hace falta más democracia[256]. Sobre este asunto, Vecina Cifuentes se atreve a llegar un tanto más lejos al hablar de un "círculo de inmunidad" que los poderes estatales dibujan para sí mismos, sirviéndose de él para escapar a cualquier tipo de fiscalización por parte de los ciudadanos. Este autor argumenta que el poder legislativo, en virtud del poder político en el que se sustenta, puede tender en ocasiones a dictar leyes autoaplicativas, o incluso leyes de un único caso para beneficio propio[257]. Especial consideración, de la que no podemos ocuparnos aquí, merece también el hecho de que la falta de responsabilidad de los partidos puede llegar, en ocasiones, a lesionar la imparcialidad y neutralidad de los litigios constitucionales, y no solo porque en el sistema español el Tribunal Constitucional se encuentra conformado por magistrados designados por los partidos, sino porque, como bien dio cuenta Schmitt, los partidos tratan este tipo de asuntos como algo susceptible a su arbitrio, y por lo tanto, como algo que puede pactarse o convenirse[258].

Asimismo, todo apunta a que la relación representativa existente en el Estado de partidos erosiona uno de los principales componentes sobre los que debería sustentarse un parlamento democrático: el elemento dialéctico. Como ya observamos en el Capítulo I[259], la doctrina del constructivismo ético presupone

---

256 Dworkin, R., *Los derechos en serio,* trad. de Marta Gustavino, Planeta-Agostini, Barcelona, 1993, p. 222.

257 Vecina Cifuentes, J., "Contra las inmunidades del poder: El caso español", en: José María Asencio Mellado / Alba Rosell Corbelle (Coord.), *Derecho probatorio y otros estudios procesales,* Ediciones Jurídicas Castillo de Luna, España, 2020, p. 9.

258 Schmitt, C., "El defensor de la Constitución", en: Schimtt, C. / Kelsen, H., *La polémica Schmitt / Kelsen sobre la justicia constitucional: ... cit.,* pp. 123-124.

259 *Vid. supra,* Capítulo I, 1.1.

un espacio de escucha crítica y racional de los argumentos de las partes implicadas en el proceso de diálogo. Sin este principio básico, a través del cual la voluntad de descubrir verdades morales a través del diálogo adquiere una importancia fundamental, no sería posible construir guías de conducta racionales basadas en los intereses de los individuos. La irrealidad de este tipo de parlamento en el que los representantes del pueblo se convencen mutuamente mediante argumentos[260] es manifiesta, pues el parlamento apenas puede ser ya descrito como un verdadero espacio dialéctico[261], sino que éste se constituye hoy como aquello que la concepción liberal de la representación trató de evitar: un lugar en el que las posturas ideológicas vienen ya determinadas y están cerradas a la negociación racional[262].

---

260 Irrealidad de la que ya dio cuenta Kriele (Kriele, M., *Introducción a la Teoría del Estado: Fundamentos históricos de la legitimidad del Estado constitucional democrático,* trad. de Eugenio Bulygin, Depalma, Buenos Aires, 1980, p. 456).

261 Garrorena Morales, A., *Representación política y Constitución democrática... cit.*, p. 73.

262 En palabras de Óscar Alzaga, quien acertadamente resume con claridad esta situación: «[s]i en los orígenes del parlamentarismo la deliberación buscaba persuadir con las propias razones la mente y la voluntad de los Asambleístas del propio o de los restantes bancos, la disciplina imperante actualmente en los grupos parlamentarios ha logrado que ni el mejor discurso pueda aspirar a mover uno solo de los votos que han de emitirse tras un debate, ya que estos están firmemente comprometidos con la posición adoptada por su partido desde antes de abrirse la deliberación. El debate parlamentario ha derivado así hacia algo de naturaleza formal. Los discursos de Diputados y Senadores parecen estar dirigidos a los oídos de los demás miembros de sus cámaras, pero en realidad estos configuran un panorama de lo que en castellano denominamos *oídos sordos*» (Alzaga Villaamil, Ó., "Las Cortes Generales", en: Alzaga Villaamil, Ó. / Gutiérrez Gutiérrez, I. / Rodríguez Zapata, J., *Derecho Político Español según la Constitución de 1978 II. Derechos fundamentales y órganos del Estado (1),* Centro de Estudios Ramón Areces, Madrid, 1998, 2ª ed., p. 334).

Aunque en ocasiones esta última afirmación pueda encontrarse sujeta a matizaciones, pues los partidos sí negocian con sus semejantes, tales consensos se producen a espaldas de los ciudadanos, ocultando, bajo un opaco velo revestido de secretismo, los acuerdos que definirán el futuro del país. Dispuestas, así las cosas, en los estados de partidos actuales la racionalidad dialéctica propia de la corriente constructivista brilla por su ausencia. Las negociaciones partidistas llegarán a buen puerto solo si éstas benefician a los partidos que forman parte del proceso de negociación, ignorando en este aspecto los intereses de la ciudadanía y los mejores argumentos a favor de una determinada medida. Además, en este tipo de pactos, los partidos pueden, sin inconveniente alguno, retorcer o incumplir sus programas políticos, e incluso hacer exactamente lo contrario a lo que prometieron en campaña. En este sentido, no es de extrañar que algunos autores hayan calificado la figura del transfuguismo político (es decir, cuando un diputado abandona el grupo parlamentario en el que se alistó y por el que salió elegido en sus listas) como un elemento que no conlleva necesariamente una traición a la ciudadanía, sino que, en ocasiones, constituye incluso una muestra de lealtad hacia ésta[263], aunque probablemente su puesta en práctica produzca una sensación de fraude en el electorado[264].

3. LAS FORMAS DE REPRESENTAR

Una vez estudiado el origen y desarrollo práctico de la representación política en el sistema español, conviene, con el objeto de analizar adecuadamente la teoría de la representación

---

263 Rubio Llorente, F., "Prólogo" a: Caamaño Domínguez, F., *El mandato parlamentario, cit.*, p. 16

264 Caamaño Domínguez, F., *El mandato parlamentario, cit.*, p. 57.

política, explorar algunas de las formas[265] en las que puede comprenderse o presentarse la representación, y que comúnmente son llamadas a escena cuando se debate acerca de este asunto. En este epígrafe, comenzaremos analizando la representación descriptiva, para luego abordar la representación simbólica y, finalmente, concluir con la forma de representar más relevante para esta investigación: la representación entendida como defensa de intereses.

3.1. La representación descriptiva

Como bien ha dado cuenta Arruego Rodríguez, la perspectiva descriptiva de la representación «se basa en la comunidad de características entre representante y representado»[266]. Esta visión de la representación ha sido defendida por algunos autores a lo largo de la historia de la democracia. Por ejemplo, John Adams sostuvo que un legislativo representativo debe ser un reflejo exacto, a pequeña escala, de toda la nación[267]. Por su parte, Burke llegó a afirmar que la esencia, virtud y espíritu de una Cámara legislativa «consiste en ser la imagen expresa de los sentimientos de la nación»[268]. Por lo tanto, según esta concepción de la representación, para que se logre representar correctamente, los representantes han de poseer una relación de correspondencia, semejanza o reflejo con el pueblo. Así,

---

265 En este trabajo, el término "forma", cuando se refiera a la representación, se utilizará de manera intercambiable con palabras como "perspectiva", "visión" y "prisma". Aunque estos términos no expresan exactamente el mismo significado de forma aislada, en el contexto de este epígrafe pueden ser considerados sinónimos.

266 Arruego Rodríguez, G., *Representación política y derecho fundamental, cit*, p. 41.

267 Adams, J., "Carta a John Penn, 27 de marzo de 1776", *cit.*

268 Burke, E., "Pensamientos sobre las causas del actual descontento", en: Burke, E., *Textos Políticos, cit.*, p. 274.

según la perspectiva descriptiva, representar consiste en ser de un determinado modo, y no en actuar de una manera concreta. En consecuencia, esta concepción de la representación se logra poner en práctica cuando el representante cumple con ciertas características y sustituye al pueblo[269]. Esta forma de representar recuerda a la manera en la que un mapa representa un territorio. Un mapa transmite una información real sobre un determinado territorio, al igual que un espejo refleja una cantidad de imágenes que se corresponden con la realidad. No obstante, a pesar de que cuando alguien se mira al espejo no piensa que éste "represente" su imagen, sino que la "muestra" o "presenta"[270], sí que parece cierto que la copia o el sustituto (pensemos ahora en un mapa o un espejo) está presentando aquello que está ausente por medio de imágenes, copiándolo o sustituyéndolo con un determinado fin.

Así las cosas, los rasgos negativos de la forma descriptiva de la representación comienzan a entreverse cuando deseamos trasladar esta perspectiva al ámbito de la representación política, donde el parlamento debe ser un reflejo exacto de todo el pueblo representado. En este sentido, advierte Pitkin, algunos pensadores han llegado a considerar que el parlamento debe constituirse por miembros elegidos al azar de entre toda la población, para que resulte una muestra promedio de ciudadanos comunes[271]. Ahora bien, resulta difícil imaginar cómo podría llevarse a cabo un sistema de estas características sin erosionar gravemente la libertad de los ciudadanos y la racionalidad sistémica que comprende la representación. Sin ir más

---

[269] Fenichel Pitkin, H., *El concepto de representación, cit.*, p. 85. También en: Arruego Rodríguez, G., *Representación política y derecho fundamental, cit.*, p. 41.

[270] Fenichel Pitkin, H., *El concepto de representación, cit.*, p. 98.

[271] Pitkin cita aquí una obra de Laski llamada *Democracy in crisis* (*Ibid.*, p. 99).

lejos, este procedimiento representativo podría llegar a transformar la sociedad en una auténtica distopía[272].

Como bien indica Sartori[273], si la relación de representación se define únicamente como un estado de correspondencia, no es necesario que se celebren elecciones para elegir a los representantes, pues cualquier método de elección resultaría válido. Por ello, si tomamos exclusivamente la perspectiva descriptiva como la única visión de la representación política, lo que resultará relevante para representar adecuadamente no será el comportamiento o la opinión del representante y su relación con los representados, sino la existencia de coincidencias entre los sujetos de la relación representativa. Así, añade Sartori, podría ser totalmente plausible la idea de un parlamento espejo cuyos miembros fuesen representativos respecto del pueblo, es decir, que poseyesen el mayor número de semejanzas posibles con los representados. Sin embargo, no podría asegurarse que esta clase de parlamento tuviese en cuenta las demandas de los ciudadanos. En este contexto, representación y democracia serían conceptos totalmente independientes, por lo que un Estado que aplicase esta perspectiva en su sistema de representación, y, verdaderamente, se tomase en serio su puesta en práctica, no podría ser considerado a la vez como democrático y representativo al mismo tiempo, sino simplemente representativo.

Respecto al aspecto positivo de esta perspectiva, ha de afirmarse que lo que sí consigue esta forma de representar es la mejor inclusión sistémica de uno de los rasgos que justifican

---

272 A este respecto, Pitkin narra una breve historia de ciencia ficción que el profesor Ernst Hass le relató a la politóloga. En ella, los ordenadores, mediante unas técnicas de muestreo, escogían a un cierto número de americanos considerados como típicos para que votasen por el resto de la población. Por supuesto, los resultados eran catastróficos (*Ibid.*, nota 61, p. 102).

273 Sartori, G., *Elementos de teoría política, cit.*, pp. 231 y 234.

la representación política: la imposibilidad de realizar la democracia directa. Según Pitkin[274], aquellos que en la Revolución Americana sostenían que el legislativo debía ser un reflejo exacto a pequeña escala de toda la nación, lo hacían porque era la manera más natural de sustituir la democracia directa. Es decir, estos autores concebían la visión descriptiva de la representación como el mecanismo que más adecuadamente reemplaza a la democracia directa, la cual se considera el método de decisión colectiva que mejor preserva la libertad individual de los participantes en el proceso de toma de decisiones colectivas.

No obstante, a pesar de este rasgo positivo, la perspectiva descriptiva no consigue elaborar un buen concepto de representación, puesto que fracasa parcialmente en el momento en el que confunde representación con representatividad. En otras palabras: confunde el hecho de hacer presente lo ausente con el hecho de poseer unas características típicas. A nuestro parecer, surgen aquí dos problemas respecto a la perspectiva descriptiva. El primero, como han puesto de relieve ciertos pensadores, es que el término "representatividad" es problemático porque resulta ambiguo e impreciso[275]. Todo parece indicar que se torna realmente difícil la tarea de reproducir a escala toda una nación, pues ésta posee infinitos matices imposibles de replicar en 300, 500 o incluso 1000 representantes. El segundo problema respecto a la perspectiva descriptiva es que no existe un criterio racional claro para determinar si un representante es un buen representante, pues tal criterio no puede basarse en su actuación, sino en sus características. Es decir, para evaluar si un representante es adecuado, no se aplican criterios éticos o prácticos, sino criterios derivados de

---

274 *Ibid.*, p. 116.

275 Arruego Rodríguez, G., *Representación política y derecho fundamental, cit*, p. 42.

la naturaleza. Esto puede llevar a que los intentos de justificar esta forma de representación incurran en una falacia naturalista. La representación descriptiva puede caer en este tipo de falacia cuando se asume que un representante es un buen representante solo porque comparte ciertas características con el grupo representado, sin justificar normativamente por qué esas características son relevantes para el rol de representación. Este enfoque implica inferir un juicio valorativo (que alguien es un buen representante) a partir de un hecho natural (la similitud de características).

3.2. La representación simbólica

Continuando con este examen sobre las formas de representar, corresponde ahora analizar la perspectiva simbólica de la representación. Esta concepción entiende que un representante político ha de ser comprendido como un símbolo, es decir, como un estandarte o emblema que representa a la nación[276]. Mientras que la representación descriptiva hace presente lo ausente mediante una relación de semejanza, la representación simbólica lo hace a través de un símbolo que provoca u origina, por convención, una idea o imagen de lo que representa, sin que sea necesario que tal símbolo guarde alguna relación de parecido con aquello que hace presente[277]. Por lo tanto, no son las características visibles o perceptibles que el símbolo comparte con el objeto representado las que le otorgan su capacidad representativa, sino otro tipo de conexión.

Esta clase de conexión puede darse en símbolos que carecen de contenido emocional y a los que se les ha atribuido un determinado significado, como los signos x, y o el número π.

---

276 Fenichel Pitkin, H., *El concepto de representación, cit.*, p. 123.

277 Arruego Rodríguez, G., *Representación política y derecho fundamental, cit*, p. 44.

Incluso el lenguaje escrito podría enmarcarse dentro de la representación simbólica, pues los símbolos son «los vehículos para llegar a la concepción de los objetos, los mediadores intelectuales entre el ser humano y su entorno»[278]. Por otro lado, la conexión entre un símbolo y aquello que representa puede presentar un carácter emocional. Para Pitkin, este es el caso de la representación simbólica en el ámbito político. Pitkin concibe los símbolos como objetos que evocan sentimientos, por lo que, en su opinión, no existe una justificación racional para la conexión representativa entre los representados y el símbolo. En lugar de surgir de un proceso racional, la elección del símbolo por parte del pueblo se fundamenta en las reacciones emotivas que provoca[279].

Sin embargo, cuando pensamos, por ejemplo, en una bandera española dentro de un congreso de la ONU, la misma no aparenta representar a España, sino que sustituye o suple a España de una forma concreta, dada la imposibilidad de presentar a todo el país en la sede neoyorkina. En este sentido, todo apunta a que la bandera no representa a la nación, sino que simplemente nace como expresión de la misma[280]. En todo caso, la bandera sí parece estar, de alguna manera, haciendo presente a España. Lo que sucede aquí es que se establece una relación proporcional entre el número de representantes y el número de representados. De este modo, cuanto menor sea el número de representantes y mayor la cantidad de personas o cosas que deben ser representadas, dado el vasto conjunto de percepciones, sentimientos, acciones, intereses o formas que deben ser abarcados, más abstractos y ambiguos tendrán que ser los atributos que definan al representante, con el fin de capturar en su figura toda la riqueza y diversidad que se busca representar.

---

[278] *Ibid.*, p. 45.

[279] Fenichel Pitkin, H., *El concepto de representación, cit.*, pp. 132-134.

[280] *Ibid.*, p. 136.

Al contrario de lo que ocurre en un parlamento compuesto por cientos de representantes, cuando representamos simbólicamente en materia política, habitualmente nos servimos de uno o muy pocos símbolos para representar algo, lo que provoca que tal símbolo tenga unas características imprecisas y genéricas, mientras que en la Cámara legislativa cada miembro puede representar a grupos concretos de personas que poseen una serie de rasgos y particularidades bien marcados. No obstante, como bien indica Arruego Rodríguez, el símbolo no agota su función en la transmisión de comunicaciones intrascendentes o abstractas, sino que opera con una utilidad concreta al realizar una función integradora. En los símbolos políticos el pueblo, o al menos una parte de él, se reconoce, generándose así un sentimiento de unidad y cohesión, por lo que los ciudadanos, al visualizar, imaginar o simplemente concebir el símbolo, se sienten parte integrante de un proyecto común, haciendo realmente trascendente y práctica la realidad que transmite la ambigüedad e imprecisión de aquello que subjetivamente evoca el símbolo[281].

3.3. La representación de intereses

La representación de intereses se diferencia de las dos anteriores formas de representar en que ésta no se encuentra, como las formas descriptiva y simbólica, situada dentro de las denominadas perspectivas formalistas de la representación[282]. Mientras que las formas descriptiva y simbólica conciben a un buen representante como uno que guarda una relación de semejanza o correspondencia con sus electores, o como uno que despierta ciertos sentimientos y que transmite un significado al

---

281 Arruego Rodríguez, G., *Representación política y derecho fundamental, cit*, p. 47.

282 Fenichel Pitkin, H., *El concepto de representación, cit.*, p. 146.

pueblo, en la representación de intereses el representante es un ente que se mueve en el mundo de lo práctico, y que, por consiguiente, toma acciones. Desde el prisma de la representación no formal, el representante será juzgado como buen o mal representante en función de *cómo* actúa, por *quién* actúa o *qué* acciones toma. Concretamente, desde la perspectiva de la representación de intereses, el juicio sobre el representante se fundamentará en su capacidad para representar de manera efectiva los intereses específicos de un determinado grupo[283].

Para Pitkin, la representación de intereses puede entenderse de dos formas: como representación de intereses desvinculados, y como representación de intereses personales. La segunda concepción, que está vinculada al liberalismo, ya ha sido abordada en secciones anteriores de esta obra[284]; por lo tanto, en este epígrafe nos centraremos en analizar la primera forma de representación de intereses. Sea como fuere, parece que la única diferencia entre ambas formas de entender la representación de intereses es que la concepción liberal tiene en cuenta, de cierta manera, la opinión y el juicio de los individuos, mientras que la concepción de intereses desvinculados, en principio, no.

---

283 Esta es una forma de representación que recuerda mucho a la representación entendida como "actuar por". Desde la perspectiva de esta forma de representar carece de importancia si el representante ha sido elegido democráticamente, si tiene autoridad, o quién le ha seleccionado, pues únicamente interesa por qué o por quién guía favorablemente sus acciones, ya que es a esas personas o instituciones a quienes representa. De hecho, explica Pitkin, hubo un tiempo en el que los liberales de California apodaron a uno de sus senadores como "el Senador de Formosa", ya que éste parecía más preocupado por el bienestar del gobierno del *Kuomintang* que por el de sus votantes (*Ibid.*, p. 150). En este epígrafe se ha optado por encuadrar la representación entendida como actuar por alguien o algo dentro de la representación de intereses, dado su notable parecido.

284 *Vid. supra*, 1.2.

Como máximo exponente de la representación de intereses "desvinculados"[285] ha de destacarse a Burke[286]. Según Burke, la representación de intereses posee una realidad impersonal y objetiva, pues la política se presenta como una cuestión de conocimiento, no de opinión. Para Burke, todos los votantes, incluso aquellos que no votan, se encuentran representados si están gobernados por la élite, pues ésta puede alcanzar cuotas de sabiduría mayores que las masas[287]. Esto le conduce a concebir, por ejemplo, que, si los diputados del territorio costero X defienden el comercio marítimo, y el territorio costero Y no tiene ningún representante en el parlamento, el territorio costero Y estará representado si sus intereses en materia marítima coindicen con los del territorio costero X.

Por esta razón, Burke, en el discurso que pronuncia al ser elegido como uno de los representantes de Bristol, subraya que los electores de ese distrito no lo han elegido para representarlos exclusivamente a ellos, sino para representar a toda la ciudad y al país entero. Su elección se basa en la confianza que los ciudadanos depositan en el juicio maduro del representante, cuyas acciones no deben estar guiadas por los deseos

---

285 Así denomina Pitkin esta clase de representación de intereses, que da título al Capítulo 8 de su obra recientemente mencionada. Precisamente la desvinculación del representante respecto a las opiniones de sus representados caracteriza esta denominación.

286 Si bien es cierto que para Burke un buen representante ha de tener conexión con los intereses, sentimientos y opiniones del pueblo (Burke, E., "Pensamientos sobre las causas del actual descontento", *cit.*, p. 271), Burke concibe la representación como una institución donde la opinión de la mayoría no tiene tanta relevancia como la virtud o la sabiduría. En los escritos de autores como Madison, en lo relativo a la toma de decisiones, se da a entender que la opinión de la mayoría posee un peso comparable al conocimiento y juicio del representante.

287 Fenichel Pitkin, H., *El concepto de representación*, *cit.*, pp. 213-219.

de la mayoría, sino que deben alinearse con lo que le dicte su conciencia ilustrada[288]. Puesto que para Burke los intereses de los habitantes de un país pueden ser hallados, de forma objetiva, por uno o unos pocos individuos mediante la razón (al más puro estilo rawlsiano), los representantes del pueblo, que son elegidos precisamente para encontrar cuáles son, objetivamente, los intereses de los ciudadanos, habrán de contravenir en ocasiones la voluntad de sus electores para hacer realidad aquello que verdaderamente interesa al pueblo[289]. En este sentido, Burke observa el interés como un hecho científico objetivo, independiente de los deseos de los electores, pues para este pensador «las cuestiones políticas tienen soluciones correctas que pueden hallarse»[290].

Aunque el argumento de Burke puede ser considerado, sin duda, como antidemocrático, se le debe reconocer al autor de origen irlandés el mérito de haber señalado que la representación de intereses no es lo mismo que la representación de voluntades. Es decir, que, aunque en ocasiones la mayoría del pueblo desee lo mismo que lo que le conviene, pueden darse situaciones en las que lo que se desea es contrario a lo que realmente beneficia, es decir, aquello que le va a producir felicidad a largo plazo. Por otro lado, nuestros ordenamientos constitucionales cuentan con órganos, como el Tribunal Constitucional, que ejercen la representación de intereses de manera probablemente más efectiva que un parlamento. A simple vista, puede parecer extraño el hecho de que un órgano estatal que no goza de legitimidad democrática directa, como el Tribunal Constitucional, sea aquí denominado como representativo, pero éste, de alguna forma, lo es. Esta

---

288 Burke, E., "Discurso a los electores de Bristol (Fragmento)", *cit.*, pp. 311-312.

289 Fenichel Pitkin, H., *El concepto de representación, cit.*, pp. 223-224.

290 *Ibid.*, p. 239.

idea se asemeja a lo que Alexy expresa cuando sostiene que la representación ejercida por el Tribunal Constitucional es "puramente argumentativa"[291]. Según Alexy, que el órgano de control de constitucionalidad declare nula una ley no es, en absoluto, un acto contrario a la democracia. Para este autor, un buen número de personas, a largo plazo, debería aceptar los argumentos del Tribunal como correctos, ya que se habría llevado a cabo un proceso discursivo entre seres racionales, durante un tiempo suficiente, para que dicho proceso revele verdades morales[292].

En este sentido, como bien subraya Greppi[293], Alexy asume que la superioridad epistémica de la argumentación del Tribunal Constitucional terminará siendo reconocida por la mayoría de la sociedad, lo cual podría o no ser el caso. No obstante, si reconocemos que la democracia es el sistema político más eficaz para maximizar la libertad individual y aceptamos que los principios de la doctrina constructivista son los más adecuados para fomentar el desarrollo óptimo de una democracia, resulta inevitable concluir que la razón y la argumentación juegan un papel esencial en la configuración de las democracias contemporáneas. Estos elementos (razón y argumentación) deben estar también representados de alguna forma; no porque constituyan un bien en sí mismos, sino porque su presencia y defensa son esenciales para el funcionamiento adecuado de la democracia y, en última instancia, para la mejora de la vida humana.

El Tribunal Constitucional juega un papel esencial en la representación de los intereses de la ciudadanía al asegurar que

---

291 Alexy, R., "Balancing, constitutional review, and representation", *International Journal of Constitutional Law*, nº3, 2005, p. 579.

292 Alexy, R., "Constitutional Rights, Democracy, and Representation", *cit.*, pp. 208-209.

293 Greppi, A., *Teoría constitucional y representación política: La doctrina estándar y su obsolescencia*, Marcial Pons, Madrid, 2022, p. 50.

las leyes se ajusten a la Constitución, que encarna un proyecto común generalmente beneficioso para todos. Esta función se manifiesta claramente cuando el Tribunal declara inconstitucional una ley que vulnera desproporcionalmente uno o varios derechos fundamentales, protegiendo así a los individuos de leyes que amenazan su libertad. No obstante, la situación se complica cuando una ley afecta de manera desproporcionada únicamente a un grupo minoritario. Aunque a primera vista puede no parecer que haya un conflicto directo entre los deseos de la mayoría y sus intereses, la omisión del Tribunal al no declarar inconstitucional una ley que perjudica injustamente a una minoría tiene implicaciones más profundas. Permitir que el parlamento apruebe una ley que no cumple con los principios de justicia y racionalidad podría resultar en una legislación que, aunque aceptada por la mayoría, no se alinea con los valores fundamentales de justicia y razón. Además, es crucial tener en cuenta que la inseguridad jurídica provocada por este tipo de decisiones podría perjudicar a largo plazo los derechos fundamentales de la actual mayoría. En el futuro, esta mayoría podría fragmentarse en diversas minorías, que entonces se encontrarían en una situación de profunda inseguridad si sus derechos fundamentales no estuvieran adecuadamente garantizados. Por lo tanto, la protección de los derechos fundamentales no solo es esencial para los grupos minoritarios actuales, sino también para preservar la estabilidad del sistema democrático en su conjunto.

4. TEORÍAS DE LA REPRESENTACIÓN POLÍTICA

Después de haber explorado el origen de la representación política y su desarrollo, desde sus raíces hasta la concepción liberal en el contexto de la Revolución Francesa, así como su manifestación en el sistema español con el Estado de partidos y las principales formas que puede adoptar la representación, es esencial profundizar en las diversas teorías que han surgido sobre la representación política. Estas teorías, desarrolladas por distintos autores a lo largo del tiempo, ofrecen enfoques variados y, en ocasiones, contrapuestos sobre cómo debe entenderse y aplicarse la representación política en una democracia. En el siguiente epígrafe nos adentraremos en estas perspectivas teóricas, analizando sus principales argumentos y contribuciones, para comprender mejor las distintas maneras en que se puede concebir la relación entre los representantes y los representados en un sistema político moderno.

4.1. La autorización como condición de la representación: Thomas Hobbes

Siguiendo una línea temporal en la evolución del concepto de representación política, resulta lógico comenzar con la concepción de la representación en Hobbes, quien ofrece una visión fundamental sobre este tema. Hobbes introduce una distinción crucial entre personas naturales y personas artificiales. Según su enfoque, una persona natural es aquella que actúa en su propio nombre, mientras que una persona artificial es aquella que actúa en nombre de otro, representando sus palabras y acciones[294]. En este sentido, Hobbes concibe a los representantes como personas artificiales, ya que las acciones que realizan no les son atribuibles a ellos directamente, sino a aquellos a quienes representan[295]. Así, esta distinción resultará clave en su teoría política, ya que desde esta perspectiva le será posible fundamentar la legitimidad de la autoridad y la relación entre representantes y representados.

---

294 Piccinini, M., "Poder común y representación en Thomas Hobbes", en: Duso, G., (Coord.), *El poder: Para una historia de la filosofía política moderna,* trad. de Silvio Mattoni, Siglo XXI, México, 2005, pp. 106-107.

295 Hobbes, T., *Leviatán, cit.*, p. 255.

Con esta distinción en mente, el elemento crucial para comprender el pensamiento de Hobbes sobre la representación es la facultad de la autoridad, ya que, en su opinión, es el autor de una acción el que concede autoridad al actor, es decir, al representante[296]. Para el pensador inglés, las acciones o palabras son propiedad del representado, por lo que cualquier acto que realice el actor que goza de una autoridad concedida por el autor le será atribuido a este último. En palabras de Hobbes: «[c]uando el actor realiza algo contra la ley de naturaleza por orden del autor [...] no es él, sino el autor, el que viola la ley de naturaleza»[297]. Como puede observarse, en la concepción representativa de Hobbes la libertad del representante es prácticamente nula, pues si éste realiza un acto que no estaba autorizado a hacer, no está representando en absoluto, sino que ha sobrepasado los límites de su autorización[298]. Por este motivo, Hobbes piensa que para que se dé una correcta representación, es decir, para que los actos del actor puedan imputársele al autor, debe contarse con una especie de "unanimidad autoritativa", dado que, según este pensador, únicamente «(u)na multitud de hombres se hace una persona cuando son representados por un hombre [...] siempre que se haya hecho con el consentimiento de cada uno en particular»[299]. Para Hobbes, el soberano representa a sus súbditos, resultando que, si alguien se quejara de la acción del soberano, se estaría en realidad quejando de sí mismo, lo cual, según el autor de *Leviatán*, resulta imposible[300]. Así las cosas, parece entonces

---

296 *Ibid.*, p. 256.

297 *Ibidem.*

298 Fenichel Pitkin, H., *El concepto de representación, cit.*, p. 48.

299 Hobbes, T., *Leviatán, cit.*, p. 258.

300 Fenichel Pitkin, H., *El concepto de representación, cit.*, p. 48.

natural que para Hobbes las leyes sean «"palabras y acciones" de los súbditos mediadas por el soberano»[301].

Como bien ha señalado Costa[302], en la concepción hobbesiana de la representación, el soberano representa a sus súbditos porque su poder se origina en la decisión de los propios súbditos de autorizarlo a actuar en su nombre. Es esta autorización inicial la que legitima la autoridad del soberano, quien actúa, no por voluntad propia, sino en representación de quienes le han conferido ese poder. En este sentido, el pueblo es, antes del nacimiento del Estado, una mera suma de personas individuales y desorganizadas que no constituyen una unidad política concreta, por lo que su existencia como ente colectivo no puede reputarse como anterior a la creación del soberano. Por lo tanto, la concepción de la representación en Hobbes no se basa en una relación dualista entre el pueblo y el soberano. En cambio, ambos surgen simultáneamente: el pueblo da vida al soberano, permitiéndole actuar como un ente colectivo y unificado. En consecuencia, la suma de individuos aislados forma una unidad, que coincide con la soberanía.

Con todo, según indica Pitkin, parece que Hobbes nos ofrece aquí una definición parcial del concepto de representación, pues parece evidente que no podemos basar la representación solamente en la autoridad conferida a una persona, especialmente cuando nos enmarcamos en el pensamiento hobbesiano que concibe al soberano como un representante con un poder absoluto y perpetuo que está autorizado para realizar cualquier acto. Aun eliminando de la ecuación esta

---

301 Piccinini, M., "Poder común y representación en Thomas Hobbes", *cit.*, p. 109.

302 Costa, P., "El problema de la representación política: Una perspectiva histórica", *Anuario de la Facultad de Derecho de la Universidad Autónoma de Madrid*, trad. de Alejandro Agüero y María Julia Solla, nº8, 2004, pp. 15-61; pp. 21-22.

concepción del soberano como figura de poder absoluto, la perspectiva de la autorización resulta incompleta. Por ejemplo, si una persona le concede a otra autoridad para cazar en su propiedad, no pensamos que el cazador se encuentre representando al propietario. Al igual que si alguien otorga a otro el derecho de acceder a su caja fuerte, no diremos que el segundo represente al primero[303], pues ninguno de ellos (actores) está haciendo presente al supuesto representado (autor): simplemente actúan autorizados por él. No obstante, el concepto de autorización parece ser un elemento clave en la conformación de la institución de la representación política, pues dota de legitimidad democrática al representante.

4.2. Georg Jellinek y la teoría del órgano

La teoría de la representación de Jellinek se inscribe dentro de la denominada teoría del órgano. Según este autor, toda asociación organizada, como el Estado, está constituida por órganos. Dado que el Estado moderno requiere una pluralidad de órganos, Jellinek clasifica estos órganos en diferentes categorías. Para lo que interesa en esta investigación, resulta ciertamente relevante la distinción que realiza este autor entre órganos primarios y órganos secundarios. Los órganos secundarios, señala Jellinek, son aquellos que representan a un órgano primario mediante una relación orgánica inmediata, lo que ocasiona que el órgano primario representado únicamente pueda exteriorizar su voluntad a través de un órgano secundario, cuya voluntad debe apreciarse como la voluntad inmediata del órgano primario. En este sentido, el parlamento es un órgano secundario que expresa la voluntad del pueblo,

---

303 Los ejemplos se toman de: Fenichel Pitkin, H., *El concepto de representación, cit.*, p. 74.

que es un órgano primario[304]. En este contexto, según Jellinek, la representación puede definirse como «la relación de una persona con otra o varias, en virtud de la cual la voluntad de la primera se considera como expresión inmediata de la voluntad de la última, de suerte que jurídicamente aparecen como una sola persona»[305]. De esta forma, y puesto que los órganos secundarios son los únicos que ostentan la cualidad de ser representativos, el pueblo (órgano primario) expresa su voluntad a través del parlamento (órgano secundario).

Como bien indica Solozábal Echevarría[306], la teoría de la representación política formulada por Jellinek no pretende constituirse como una alternativa a la representación, ni alejar la representación del ámbito jurídico, sino que más bien compatibiliza el parlamentarismo con la representación política al calificar al parlamento como un órgano representativo. En este sentido, la voluntad del parlamento (órgano secundario) ha de ser considerada jurídicamente como la voluntad del pueblo (órgano primario). Así, el parlamento y el pueblo constituyen una unidad jurídica, al ser el primero la organización jurídica del segundo. En virtud de esto último, desde el prisma del Derecho positivo, resulta posible articular las relaciones entre el pueblo y el parlamento, dado que ambos son órganos, es decir, «verdaderas unidades de acción y decisión, sujetos dotados de unidad y coherencia mínimas que permiten atribuirles una voluntad propia y a cuya actuación se confieren efectos jurídicos, que se imputan al Estado por mandato constitucional»[307].

---

304 Jellinek, G., *Teoría General del Estado,* trad. de Fernando de los Ríos, Albatros, Buenos Aires, 1981, p. 414.

305 *Ibid.*, p. 429.

306 Solozábal Echevarría, J. J., "Representación política y pluralismo territorial", *cit.*, pp. 89-90.

307 *Ibid.*, p. 90.

No son pocos los autores que consideran que la teoría de Jellinek es la que mejor explica y legitima la realidad de la representación política, incluso por encima de la de Kelsen[308]. La teoría de Jellinek, arguye García Guerrero, permite introducir la representación en la teoría orgánica al concebir al pueblo como órgano primario y al parlamento como órgano secundario. Esta estructura establece una relación entre ambos que no se limita al ámbito político, sino que también incorpora un vínculo jurídico en el contenido de la representación. Sin embargo, a pesar de reconocer el valor del estudio desarrollado por Jellinek, el jurista español recientemente mencionado matiza en dos aspectos la teoría del autor alemán: el primer matiz señala que, si bien el parlamento representa al pueblo en su conjunto, dentro de la Cámara los parlamentarios representan a sus respectivos partidos. Por otro lado, el segundo matiz que García Guerrero aporta a la teoría de Jellinek radica en que no solo es importante reconocer, como lo hace Jellinek, la diversidad ideológica del pueblo reflejada en el parlamento, sino también admitir que, cuando la Cámara toma una decisión, ésta reduce a unidad el diverso espectro de sensibilidades políticas presentes en el parlamento, y, por ende, la pluralidad ideológica del pueblo.

4.3. La representación como ficción: la perspectiva de Hans Kelsen

Tras rechazar parcialmente la teoría de la representación política de Jellinek, resistiéndose a aceptar que el parlamento

---

308 García Guerrero, J. L., *Democracia representativa de partidos y grupos parlamentarios, cit.*, pp. 127-130; Alzaga Villaamil, Ó., "Las Cortes Generales", *cit.*, p. 332. Como veremos más adelante (*infra*, 4.3), la opinión del autor austriaco se basa en que la relación orgánica que se da entre el parlamento y el Estado es contradictoria con la relación de representación, siendo imposible que un mismo colegio sea órgano del Estado y a la vez representante del pueblo.

es un órgano secundario del pueblo[309], Kelsen sugiere que el parlamentarismo debe entenderse como una institución que equilibra la exigencia democrática de libertad con el principio de la división del trabajo, un principio imprescindible para cualquier empresa relacionada con la técnica social. En este sentido, desde la perspectiva kelseniana, la representación política sirve para que el pueblo pueda expresar su voluntad únicamente dentro de y por el parlamento[310]. Por esta razón, para Kelsen, la institución de la representación política alude exclusivamente a la situación que otorga un determinado poder al ciudadano para que se desplieguen en él ciertas facultades jurídicas referidas a la elección de los representantes que deberán ejercer el poder legislativo en el parlamento[311]. Así las cosas, fuera de esta posición jurídica[312] y de los derechos y deberes que se derivan

---

309 Así, Solozábal Echevarría da cuenta de que «[t]ampoco es admisible para el jurista austríaco la idea de que el parlamento sea un órgano secundario respecto del pueblo (órgano primario), pues el pueblo salvo en los casos de democracia directa carece de voluntad propia, no es una verdadera unidad» (Solozábal Echevarría, J. J., "Representación política y pluralismo territorial", *cit.*, p. 88).

310 Kelsen, H., *Esencia y valor de la democracia, cit.*, p. 38.

311 Greppi, A., *Teoría constitucional y representación política…, cit.*, p. 66.

312 Una posición jurídica es una relación jurídica formada por una estructura triádica, constituida por un sujeto activo, un sujeto pasivo y un objeto (Alexy, R., *Teoría de los derechos fundamentales, cit.*, p. 166). De esta manera, el objeto que forma parte de esta relación jurídica debe comprenderse como una conducta de acción u omisión que el sujeto pasivo debe satisfacer a favor del sujeto activo, el cual posee un derecho capaz de ser ejercido sobre el sujeto pasivo (Bernal Pulido, C., *El principio de proporcionalidad y los derechos fundamentales… cit.*, pp. 105-106). Sobre los tipos de relaciones jurídicas entre el ciudadano y el Estado es también muy recomendable la obra: Atienza, M. / Ruiz Manero, J., *Las piezas del Derecho. Teoría de los enunciados jurídicos*, Ariel, Barcelona, 2ª ed.

de las normas que regulan este tipo de procedimientos, la representación no es nada, es tan solo una ficción[313].

Es sabido que el término "ficción" admite múltiples interpretaciones, dependiendo del contexto en el que se utilice. Así, Hernández Marín señala que la expresión "ficción jurídica" puede aludir, al menos, a dos significados diferentes: al de ficción legal y al de entidad jurídica fingida o ficticia. Aquí interesará únicamente la primera acepción del término. Hernández Marín explica que la expresión "ficción legal" hace referencia a disposiciones jurídicas que poseen la forma: «los F se considerarán como G (o como no G)»[314]. Las ficciones legales operan en Derecho como disposiciones cualificatorias, que son oraciones que cualifican o atribuyen una determinada propiedad a las entidades que pertenecen a una determinada clase[315]. Sin embargo, a pesar de que ninguna de las dos clases de enunciados jurídicos puede ser considerado como verdadero o falso, existe una sutil diferencia entre las disposiciones cualificatorias y las ficciones legales. Esta diferencia reside en que, si considerásemos a las ficciones legales como auténticas aserciones (que no lo son, puesto que no pueden ser consideradas como verdaderas o falsas) éstas resultarían evidentemente falsas, e incluso, en ocasiones, contradictorias[316]. Por ello, un enunciado jurídico como: «las inteligencias artificiales avanzadas se considerarán, a efectos jurídicos, como seres humanos» es una ficción legal, dado que en su forma asertiva (las inteligencias artificiales avanzadas son seres humanos) el enunciado resulta completamente falso.

---

313 Greppi, A., *Teoría constitucional y representación política…, cit.,* p. 66.

314 Hernández Marín, R., "Ficciones jurídicas", *Doxa. Cuadernos de Filosofía del Derecho,* nº3, 1986, pp. 141-147; p. 141.

315 Hernández Marín, R., *El Derecho como dogma,* Tecnos, Madrid, 1984, pp. 30-31.

316 Hernández Marín, R., "Ficciones jurídicas", *cit.,* p. 142.

Siguiendo una línea similar a la propuesta por Hernández Marín, para Greppi el término "ficción" en Derecho se utiliza «para designar la situación en que ciertas normas adquieren una función constitutiva con respecto a algún hecho o algún acto, de tal forma que los efectos que establecen no pueden ser desmentidos»[317]. Así las cosas, ficticia parece la relación de imputación a través de la cual, dadas ciertas condiciones jurídicamente determinadas, las acciones de un grupo de personas son atribuidas al órgano al que corresponde ejercer el poder legislativo. Por ello resulta también ficticia la representación política, pues es una práctica consistente en imputar los efectos jurídicos de las decisiones del parlamento al pueblo mismo[318]. De esta manera, y retomando lo expuesto por Kelsen, el autor austriaco opinará que la teoría de la representación política debería abandonar la idea de recurrir a ficciones innecesarias para definir o articular la representación política, debiéndose limitar a estudiar la representación política como una simple práctica, cuya función, legitimada democráticamente por el ejercicio de sufragio de los ciudadanos, es imputar a ciertos sujetos determinados actos[319]. Por este motivo, Kelsen defenderá que la esencia del parlamentarismo puede ser entendida sin necesidad de apelar a la ficción de la representación. Según él, su valor se justifica como un mecanismo técnico-social específico para la construcción y el mantenimiento del orden estatal[320].

Para Kelsen, en la concepción liberal de la representación no existe relación representativa ni representación, pues siguiendo el dogma liberal de que el único representante de la voluntad de la nación es el parlamento, que expresa la voluntad

---

317 Greppi, A., *Teoría constitucional y representación política…, cit.*, p. 67.

318 *Ibid.*, p. 67.

319 *Ibid.*, p. 68.

320 Kelsen, H., "El problema del parlamentarismo", *cit.*, p. 89.

del pueblo, carece de sentido sostener que el pueblo tiene una voluntad previa a la expresada por el parlamento si aquella no existe hasta su expresión parlamentaria[321]. Esta noción de la representación política se apoya en la definición kelseniana de voluntad general, la cual, según el propio Kelsen, es «una figura del discurso y no una realidad»[322]. Tal concepción de la representación política y de la voluntad general conducirá a Kelsen a afirmar que, dado que los diputados no están sujetos a un mandato imperativo de los electores, el parlamento se encuentra en una situación jurídicamente independiente del pueblo[323]. No obstante, aunque Kelsen piensa que no debe restablecerse el mandato imperativo en su forma antigua, el autor austriaco opina que quizá podría compatibilizarse esta tendencia a dar más protagonismo a los deseos de los electores con los mecanismos políticos modernos. En todo caso, a juicio de Kelsen, la prohibición de mandato imperativo había sido ya quebrantada por muchas de las constituciones de principios del siglo XX, pues el diputado podía perder su mandato al ser expulsado del partido por el cual fue designado como parlamentario. En el contexto del Estado de partidos, a Kelsen le resulta lógico que los partidos políticos presenten solicitudes de caducidad del acta de diputado si consideran que el mismo está actuando en contra de los intereses del propio partido. Por este motivo, no habría inconveniente en que los partidos políticos fuesen titulares de un derecho de revocación del mandato de los parlamentarios que han obtenido su acta de diputado a través de las listas del partido en cuestión[324].

---

321 Garrorena Morales, A., *Representación política y Constitución democrática... cit.*, pp. 44-45.

322 Kelsen, H., "Los fundamentos de la democracia", *cit.*, p. 209.

323 Kelsen, H., *Esencia y valor de la democracia, cit.*, p. 39.

324 *Ibid.*, pp. 50-54.

Coherente con el principio de división del trabajo, Kelsen aduce que podría plantearse incluso la idea de que los partidos políticos tuviesen la libertad de enviar al parlamento el número de diputados que deseasen, los cuales podrían ser cambiados por otros según la actividad o el momento parlamentario concreto, siempre y cuando influyesen en la votación final en función de los votos que le corresponden al partido. Así, los partidos podrían contar con expertos en diferentes materias, dependiendo de la ley que se encuentre en ese momento en tramitación, para deliberar y argumentar sobre los asuntos en los que destacan por su conocimiento. La idea final de Kelsen consiste en reemplazar los ineficientes y obsoletos parlamentos, incapaces de realizar las actividades específicas que requiere la compleja tarea de legislar racional y precisamente, por parlamentos especializados en los diferentes ámbitos de la legislación[325].

Verdaderamente, esta idea recuerda a cómo operan en la práctica las comisiones legislativas. Como bien es sabido, en España la fase del procedimiento legislativo correspondiente a la Comisión se divide en dos fases: la fase de la ponencia y la fase de la Comisión en Pleno. Tras la admisión a trámite del proyecto de ley o la toma en consideración de la proposición, la Mesa de la Cámara designa la Comisión competente según la materia legislativa. Una vez seleccionada la Comisión que debe conocer sobre el proyecto o proposición de ley en cuestión, la Mesa de la Comisión nombra a la ponencia[326]. En palabras de

---

325 *Ibid.*, pp. 54-55.

326 Según la definición de García-Escudero, la ponencia es «un órgano colegiado, constituido *ad hoc* en el seno de las comisiones, cuya función en el procedimiento legislativo es preparar el trabajo de la comisión mediante la elaboración de un informe sobre el texto del proyecto o proposición de ley y las enmiendas presentadas, proponiendo su aceptación o rechazo, que servirá de base para la deliberación en la Comisión correspondiente» (García-Escudero Márquez, P., *El procedimiento legislativo en las Cortes Generales,* Centro de Estudios Políticos y Constitucionales, Madrid, 2006, pp. 329-330).

Santaolalla López, las Comisiones son «reuniones restringidas de cierto número de Diputados o Senadores, a fin de conocer en profundidad las distintas leyes y asuntos que requieren la aprobación de las Cámaras, presentando a éstas una propuesta o dictamen sobre cada uno de ellos»[327]. Después de que la ponencia elabore el informe, se da traslado del mismo a la Comisión, que emite un dictamen que eleva al Pleno de la Cámara, para su posterior debate. Dada la tecnificación de este tipo de órganos, y las consecuencias positivas que de la elaboración de sus informes o dictámenes se extraen, no es de extrañar que algunos autores hayan propuesto potenciar la actuación técnica de las ponencias y de las comisiones[328].

4.4. La crítica de Heinrich Triepel al Estado de partidos

En evidente oposición a Kelsen encontramos la teoría de Triepel. Resulta interesante comenzar este análisis advirtiendo que, según Triepel, los partidos políticos han atravesado, en líneas generales, por cuatro fases diferentes a lo largo de su historia: 1) la oposición del Estado frente a la eclosión de los partidos; 2) la indiferencia del Estado hacia éstos; 3) su legalización y reconocimiento; y 4) su constitucionalización[329]. Como bien explica Fernández Segado[330], para Triepel los partidos políticos no deben formar parte del Estado, pues el Estado y los partidos

---

[327] Santaolalla López, F., *Derecho Parlamentario Español*, Editora Nacional, Madrid, 1984, p. 137.

[328] En este sentido, *Vid.*: Santaolalla López, F., *Por un nuevo procedimiento legislativo*, Dykinson, Madrid, 2015, pp. 91 y ss.

[329] Hernández Bravo de Laguna, J., "La constitucionalización de los partidos en España", *Anales de la Facultad de Derecho*, nº23, 2006, pp. 119-138; p. 120.

[330] Fernández Segado, F., "Partidos políticos: representación parlamentaria e interdicción del mandato imperativo", *Pensamiento constitucional*, nº2, 1995, pp. 29-57; p. 35.

son órganos contrapuestos. Puesto que los partidos pertenecen a la esfera social y no a la estatal, sostener que el Estado se estructura sobre los partidos es una aserción jurídicamente insostenible. Esta idea de Triepel no se funda exclusivamente en su repulsión hacia las organizaciones partidistas, egoístas por naturaleza, sino que también se encuentra fundamentada en un argumento difícil de rebatir, que se basa en que los principios de la representación liberal, plasmados en las constituciones contemporáneas, son absolutamente contradictorios con el Estado de partidos, tal y como vimos anteriormente con la exposición al respecto de García Guerrero[331].

Según Triepel[332], el parlamentarismo actual se encuentra muy lejos de sus puntos de partida fundamentales, engendrados en el periodo de la Revolución Francesa, lo que ha conducido a una situación en la que, aquellos elementos que precisamente caracterizaban al parlamentarismo, esto es, que las decisiones fuesen adoptadas previa deliberación y debate o la independencia de los diputados, hayan sido destruidos. Esto es así, reflexiona Triepel, porque las opiniones de los grupos parlamentarios son preparadas en el seno del partido, antes de la deliberación parlamentaria, por lo que la posterior discusión en el Pleno, o incluso en las Comisiones, carece por completo de sentido, resultando la decisión final del parlamento en, o bien la opinión de una pequeña fracción del partido que posee la mayoría parlamentaria, o bien un compromiso entre partidos.

---

331 Aunque, recordemos, este autor sí reconoce la compatibilidad de los artículos constitucionales de corte liberal con la integración de los partidos en el Estado, y, en general, con el funcionamiento del Estado de partidos.

332 Triepel, H., "Derecho constitucional y realidad constitucional", *cit.*, pp. 187-193.

Todo esto hace que, como ya se indicó más arriba, el diputado represente a su partido, y no al pueblo. Y no porque el representante decida, por voluntad propia y tras una reflexión suficiente, que la opinión del partido prevalece en todo caso frente a la suya propia, sino porque la férrea disciplina a la que se encuentra sometido no le permite disentir frente a lo dispuesto por el partido, pues de lo contrario será sancionado. Asimismo, y como han puesto de manifiesto ya un amplio número de voces en la doctrina que se han sumado a la opinión de Triepel, el autor alemán piensa (aunque, eso sí, desde un punto de vista sumamente crítico con el Estado de partidos) que el Estado no podrá encontrarse correctamente legitimado o articulado desde un punto de vista jurídico mientras continúen vigentes los preceptos constitucionales representativos de corte liberal, entre los que destaca la prohibición de mandato imperativo.

4.5. La democracia plebiscitaria: Gerhard Leibholz

Gerhard Leibholz fue un brillante y reconocido jurista alemán que vivió durante las primeras 8 décadas del siglo XX. Entre sus numerosos logros puede destacarse su exitosa magistratura en el Tribunal Constitucional Alemán y el desarrollo de una teoría de la representación política propia. Leibholz, además de ser experto en diversos ámbitos en materia política y constitucional, era un gran conocedor de la inclusión estatal de los partidos políticos, dada la época y el contexto en el que le tocó vivir. Por ello, Leibholz no dudará en reconocer a los partidos como elementos necesarios para que el pueblo pueda ejercer correctamente sus funciones políticas. Además, tampoco encontrará ningún inconveniente en admitir que los estados occidentales han adoptado como forma política la democracia de partidos, que no es otra cosa que «una democracia construida sobre los partidos como unidades de acción y para la cual estos partidos son partes inexcusables del proceso de integración política»[333].

Para Leibholz, la democracia de partidos dista mucho de la antigua democracia liberal, no solo en simples detalles técnicos, sino en su estructura básica. Para justificar esta aserción, Leibholz sostiene que, a diferencia de lo que ocurría con el Estado liberal, el Estado de partidos se constituye como una manifestación racionalizada de la democracia plebiscitaria, esto es, como un sustituto de la democracia directa. Como bien indica Rubio Llorente, la democracia plebiscitaria significa que la voluntad dominante en el parlamento es simplemente la voluntad de la mayoría, que no puede ser imputada al pueblo como unidad, pues tal voluntad no ha sido construida por todos los representantes del pueblo[334]. Según Leibholz, el principio que conduce a la formación de la voluntad general en la democracia de partidos es el de la voluntad de la mayoría, no el de la representación. En una democracia plebiscitaria, la voluntad de la mayoría se traduce como la voluntad general (como se recordará, a través de una ficción jurídica). Esto es similar a lo que ocurre en la democracia de partidos, donde la voluntad general es tan solo la voluntad de una mayoría. Por este motivo, en la democracia de partidos la voluntad del pueblo no se forma mediante elementos representativos, sino que nace con base en el principio de identidad[335].

---

333 Leibholz, G., "Representación e identidad", en: Lenk, K. / Neumann, F., *Teoría y sociología críticas de los partidos políticos, cit.*, p. 206.

334 Rubio Llorente, F., "El parlamento y la representación política", en: V. V. A. A., *I Jornadas de Derecho Parlamentario. Volumen I,* Publicaciones del Congreso de los Diputados, Madrid, 1985, p. 158.

335 «Que opera como si la realidad "B" fuera la realidad "A"; no que la realidad "B" represente a la realidad "A", sino que sea pura y simplemente la realidad "A", que haya una especie de unión hipostática entre ellas» (*Ibid.*, p. 160).

Eliminado ya su originario carácter representativo, advierte Leibholz, el parlamento en el Estado de partidos es un lugar en el que se reúnen los parlamentarios de los partidos políticos para dar cuenta de decisiones que han sido tomadas en otro entorno, como el de las comisiones o el del interior del partido. Así, la discusión dentro del parlamento pierde también su sentido, ya que el carácter argumentativo y persuasivo a través del cual se sirven los parlamentarios para tratar de convencer al resto de que su pensamiento es el correcto, se diluye al haber decidido los diputados la dirección de su voto con anterioridad a la discusión. Por lo tanto, en los actuales parlamentos la única función de la discusión parlamentaria va a ser la sugestión al electorado, función que la televisión y la radio (y aquí podría añadirse, actualizando el discurso de Leibholz, las redes sociales) cumplen incluso de mejor manera[336].

Para Leibholz, las elecciones parlamentarias en los estados de partidos se han alterado tanto que ya no pueden ser catalogadas como auténticas elecciones. En todo caso, este tipo de elecciones habrían de ser consideradas como actos plebiscitarios[337] en los cuales los ciudadanos manifiestan su preferencia por los candidatos que han sido designados por el partido en cuestión, así como por el programa de partido que tales candidatos defienden. De esta forma, sostiene nuestro autor, en la democracia de partidos no existe la necesidad de incluir instituciones plebiscitarias que complementen las elecciones, como la iniciativa popular, debido a que las elecciones se han convertido en una especie de plebiscito en el contexto del Estado de partidos. Conforme a esta forma plebiscitaria del acto electoral, el diputado es elegido para formar parte del parlamento, no por sus conocimientos o cualidades especiales,

---

336 Leibholz, G., "Representación e identidad", *cit.*, pp. 210-211.

337 Una opinión que también comparte Schmitt (Schmitt, C., "El defensor de la Constitución", *cit.*, pp. 164-165).

ni si quiera por su carisma o carácter distintivo, sino por su pertenencia a un determinado partido[338].

Sin embargo, a pesar de su notoriedad, la teoría plebiscitaria de Leibholz también ha sido objeto de crítica por parte de un considerable sector de la doctrina. Así, Rubio Llorente[339] opina que la tesis del autor alemán presenta algunos inconvenientes, concretamente cuatro. En primer lugar, la teoría de la democracia plebiscitaria de Leibholz ha sido construida con una concreta concepción de la representación política liberal propia de mediados del siglo XIX. En segundo lugar, la manera rousseauniana en la que Leibholz comprende la noción de mayoría y minoría, consistente en considerar al pueblo como una unidad homogénea, hace que la idea de mayoría y minoría se presente como una contraposición de dos voluntades bien estructuradas, definibles y, sobre todo, diferentes. Sin embargo, la realidad es que el pueblo es un órgano plural y heterogéneo, cualidades que, por cierto, también presentan los bloques de la mayoría y minoría. En tercer lugar, afirmar que la democracia de partidos se estructura únicamente conforme al principio de identidad, parece un error teórico grave. Y, en cuarto y último lugar, una vez negado el carácter representativo al parlamento, no resulta sencillo averiguar cuál puede ser la utilidad del mismo. Es decir, si la voluntad de la mayoría es la voluntad del pueblo, la cual no necesita negociar con la voluntad de la minoría, el parlamento no parece tener sentido y la minoría no puede más que esperar a que le toque ser mayoría en el futuro.

---

338 Leibholz, G., "Representación e identidad", *cit.*, pp. 220-224.

339 Rubio Llorente, F., "El parlamento y la representación política", *cit.*, pp. 159-161.

4.6. La representación política según Francisco Rubio Llorente: una perspectiva crítica y adaptada a la realidad contemporánea

La teoría sobre la representación política elaborada por Rubio Llorente parte de una concepción crítica de la teoría kelseniana de la representación política. A pesar del reconocimiento que el jurista español otorga a la sólida construcción formulada por Kelsen, Rubio Llorente opina que sigue manteniendo validez la teoría de Jellinek que, aunque anterior en el tiempo, consigue conjugar la naturaleza orgánica con la naturaleza representativa, permitiendo considerar al parlamento a la vez como órgano y como representación del pueblo, a través de, como ya vimos, la consideración del pueblo como órgano primario y del parlamento como órgano secundario[340].

Para Rubio Llorente, resulta evidente que existe una discordancia entre la teoría representativa liberal y la práctica actual parlamentaria. Esto es así, en primer lugar, porque los parlamentarios individuales reciben instrucciones, es decir, se encuentran sometidos a un mandato imperativo, pero no respecto de sus electores, sino del partido que les ha incluido en su lista electoral. Por este motivo, los parlamentarios están sujetos a una férrea disciplina de partido y no gozan de total libertad. Por otro lado, como bien indica el exmagistrado del Tribunal Constitucional, la discusión en el parlamento no tiene ya como fin la persuasión recíproca entre diputados o partidos. Actualmente, el debate parlamentario no busca convencer con buenos argumentos a quienes tienen ideas diferentes sobre la implementación de una determinada medida, ni cambiar la intención de voto del adversario político, que suele estar predeterminada antes de que comience la discusión. Lo que sucede en la actualidad es todo lo contrario,

---

340 *Ibid.*, p. 153.

ya que la meta de dichas discusiones se ha alejado considerablemente de estos propósitos[341].

A juicio de Rubio Llorente, una de las maneras de salvar la discordancia entre la realidad y la práctica de la representación es volviendo a los tiempos del Estado liberal, donde los parlamentarios eran libres y no se encontraban sometidos a la disciplina de partido. Sin embargo, en opinión del autor recientemente mencionado, retornar a esta senda sería dar un paso atrás, puesto que este tipo de comportamientos parlamentarios resultarían impracticables en las democracias actuales dado el enorme peso que ostentan a día de hoy los partidos políticos, los cuales, recordemos, son la consecuencia natural del pluralismo político que ha ido arraigándose en unas sociedades que se muestran cada vez más líquidas y heterogéneas, y que precisan de mecanismos políticos diferentes a los que ofrecía el Estado liberal[342]. Por lo tanto, después de reconocer la contrariedad que muestra la teoría de la representación con la práctica parlamentaria, rechazar la idea liberal de la representación, objetar las tesis de Kelsen y Leibholz, y abrazar parcialmente la teoría del órgano elaborada por Jellinek, ¿cuál es la propuesta que nos ofrece Rubio Llorente sobre la representación política?

Pues bien, para el autor español no hay problema alguno, o, al menos, no parecen existir objeciones teóricas significativas, para reconocer a los grupos parlamentarios como los verdaderos representantes políticos del pueblo, pues son éstos y no los diputados individuales los que actúan libremente. Además, los electores votan por una determinada lista de un partido esperando que los futuros miembros del parlamento que sean designados a través de tal lista se comprometan a actuar de forma disciplinada en relación con los mandatos del partido

341 *Ibid.*, p. 154.
342 *Ibid.*, p. 155.

en cuestión, por lo que no parecería tener sentido que los parlamentarios, nombrados a través de una lista cerrada e impuesta por el partido, fuesen libres de independizarse de la opinión del mismo. Para Rubio Llorente, que los diputados actúen disciplinadamente es la única forma de garantizar que el gobierno sea estable, eficaz y operativo, ya que de esta manera el gobierno se encontrará generalmente apoyado en una mayoría parlamentaria estable y cohesionada, resultado que solo puede conseguirse si los diputados actúan siguiendo la disciplina del partido.

No obstante, matiza el jurista aquí reseñado, de todo lo anterior no se sigue necesariamente que el parlamentario se encuentre absolutamente sometido a la disciplina de partido en contra de su voluntad, ni que el grupo parlamentario sea un mero portador de una mayoría determinada y no un representante del pueblo. Tampoco se puede concluir que la voluntad del partido pueda imponerse jurídicamente a los parlamentarios por él designados. Esto último se comprende mejor, explica Rubio Llorente, si se entiende que los partidos políticos no operan de acuerdo con una serie de dogmas, sino que, dado que los partidos se conforman gracias y en función de la libertad de asociación de los ciudadanos, su disciplina nunca debe encontrarse respaldada por una coacción ejercida por el Estado. Tal comprensión es la correcta, sostiene Rubio Llorente, porque los partidos proponen al pueblo un determinado programa electoral, una determinada ideología y unas bases programáticas, de ahí que la interpretación que realicen individualmente los parlamentarios de dicho partido resulte, de cierta manera, libre[343].

---

343 *Ibid.*, pp. 162-164. Reforzando su postura, en otro lugar podemos observar cómo Rubio Llorente opina que la figura del transfuguismo político puede, en ocasiones, presentarse como una muestra de lealtad al electorado (Rubio Llorente, F., "Prólogo" a: Caamaño Domínguez, F., *El mandato parlamentario, cit.*, p. 16)

4.7. La reformulación teórica de Ángel Garrorena Morales

Garrorena Morales ofrece una novedosa reformulación teórica sobre la teoría de la representación. Para comprender esta perspectiva, es necesario señalar que, según este autor, las insuficiencias que padece la concepción actual de la representación tienen su origen en la desconfianza que la mentalidad burguesa y liberal mostró hacia la capacidad pública del ciudadano[344], lo que generó una tendencia al desentendimiento en lo que respecta a la relación entre el elector y el elegido. Para Garrorena Morales, este defecto debió ser oportunamente corregido en su momento, pero lamentablemente nunca fue revisado seriamente. Por ello, a ojos de Garrorena Morales, la tarea de la teoría de la representación actual no debe consistir en abandonar o parchear el antiguo modelo liberal, sino en terminar de recorrer un camino iniciado hace ya más de 200 años. Esta actualización democrática es una labor pendiente de nuestros tiempos[345].

A juicio de Garrorena Morales, la construcción teórica con mayor valor acerca de la teoría de la representación política con la que podemos contar actualmente es la formulada por Kelsen, la cual se encontraría por encima de las elaboradas por Jellinek[346] o Leibholz. Como podrá recordarse, para Kelsen la

---

344 Como puede observarse, esta crítica es similar a la que realiza Gargarella acerca de los originarios presupuestos elitistas sobre los que se sustenta la concepción actual de la representación política.

345 Garrorena Morales, A., *Representación política y Constitución democrática... cit.*, pp. 88-89.

346 A pesar de que Garrorena Morales concede a la teoría del órgano el mérito de haber explicado la realidad representativa de la mejor forma posible, este autor piensa que dicha teoría se agota demasiado pronto en la explicación del fenómeno de la representación; por lo que corre el riesgo de legitimar tal realidad. Por ello, el error de la teoría del órgano consiste «en no haber advertido que la naturaleza

representación política es tan solo una ficción que consiste en que la voluntad del parlamento es tomada como la voluntad del pueblo en su conjunto, resultando que, en la representación demoliberal, no se da la representación. Para Garrorena Morales, la sutil teoría de Kelsen acierta en descubrir la ficción de la representación y en otorgar un alto valor a la funcionalidad de dicha práctica, sin embargo, aunque parece cierto el hecho de que en la representación actual no hay relación representativa, de ello no puede derivarse que no exista representación. Esto es así, defiende Garrorena Morales, porque cuando el elector deposita su voto se constituye en el elegido una situación jurídica, a la que corresponde una posición jurídica y un estatuto jurídico determinado que confiere al titular del derecho (el representante) el poder de ejercer por nosotros y con nuestro consentimiento determinadas facultades de Derecho público[347].

Así pues, la reformulación teórica que propone Garrorena Morales consiste en terminar de desplazar el análisis de nuestros actuales sistemas representativos al terreno de la

---

representativa de un órgano [...] no elimina en éste su condición de poder ni, por tanto, su inercia a comportarse como tal, con lo cual un esquema basado tan sólo en la comprensión de la representación como poder, sin dejar de ser legítimo, puede dejar de cubrir determinadas exigencias propias de un Estado a la vez democrático y representativo». Además, añade Garrorena Morales, «nuestra experiencia nos muestra que el poder está hecho de una materia que no entiende de tales distingos y que, consiguientemente, cualquiera que sea su origen (lo que está muy lejos de significar que éste no importa) tiende a comportarse como poder, esto es, a ampliar constantemente su influencia e intervención, al tiempo que intenta alcanzar la mayor soltura y autonomía para sus actos. En estas condiciones, ya no es tan seguro que ese poder, cuyo respaldo popular nadie discute, no esté, sin embargo, necesitado de la presencia de alguien que actúe ante él» (*Ibid.*, pp. 95-96).

[347] *Ibid.*, pp. 90-93.

representación-poder. La relevancia de este desplazamiento radica en que desde tal lugar será posible eliminar ciertas ficciones que persisten en nuestros sistemas de representación y que obstaculizan su entendimiento y desarrollo. Este primer paso, señala Garrorena Morales, resulta natural si atendemos a la historia del Derecho público, una historia construida con base en la superación de grandes ficciones. La idea del jurista español se basa en comprender la representación como representación-poder, con el fin de erradicar de nuestro ordenamiento jurídico las confusas normas que perpetuán la ficción de un mandato o de relaciones representativas vacías de realidad[348].

En esta línea argumental, una de las ficciones que según Garrorena Morales debe ser eliminada y que afecta en gran medida al Derecho público es la consistente en considerar al diputado y no al partido como el referente efectivo del acto electoral. En la actualidad, los ciudadanos son perfectamente conscientes de que es el partido, y no el diputado, el sujeto capaz de ejercer los contenidos de la representación-poder. La desaparición de esta ficción del Derecho público lograría despejar el camino de la representación de la permanente confusión causada por la ficción de considerar al diputado y no al partido como representante político. De esta forma, se conseguiría clarificar la titularidad del estatuto parlamentario, que correspondería al partido, zanjando así las numerosas discusiones teóricas y prácticas al respecto y, lo que es más importante, depurando de esta manera la teoría de la representación[349].

En suma, la propuesta de Garrorena Morales se basa en la eliminación de ciertas ficciones jurídicas originadas a partir del patente desprecio que la burguesía manifestó hacia a la capacidad pública de los ciudadanos. En este sentido, indica

348 *Ibid.*, pp. 96-98.

349 *Ibid.*, p. 99.

el autor español, resulta relevante aclarar que ello no puede perturbar la teoría representativa en el sentido de que ésta última permita un distanciamiento progresivo entre el poder y quienes lo controlan, pues si este distanciamiento termina por separar el poder de sus controladores, la representación no sería ya un instrumento a través del cual los representantes gobiernen en nuestro nombre, sino una simple técnica legitimada democráticamente que permitiría a los partidos competir por el poder[350].

Por ello, Garrorena Morales piensa que la teoría de la representación debería aceptar la distinción entre el ámbito de la representación-poder y el ámbito de la representación llamada a operar sobre el poder. En consecuencia, piensa este jurista, deberían generarse fórmulas que permitan acercar a los representantes y a los representados, sin llegar a concebir formas imperativas de los segundos a los primeros, pero que logren reconsiderar sus posiciones respecto a la relación representativa. Ejemplo de ello podría ser la posibilidad de especializar, dentro de los partidos, piezas específicamente concebidas para que exista una conexión fluida entre los representados y el partido. También, dentro de esta propuesta, habría de crearse un estatuto constitucional de la oposición. El fin de ello sería el de establecer un verdadero contrapoder representativo, para hacer realidad el tópico de que el gobierno con su mayoría-oposición se constituye actualmente como la auténtica división de poderes, siempre y cuando esta medida no afecte a la estabilidad del sistema. En definitiva, la propuesta de Garrorena Morales culminaría en una profunda revisión del estatuto de los partidos políticos, para lograr eliminar de nuestro ordenamiento todas las ficciones representativas que operan en el sistema político[351]. De esta forma, como bien da cuenta García

350 *Ibid.*, pp. 100-101.

351 *Ibid.*, pp. 102-104.

Guerrero, Garrorena Morales propone, no solo aumentar los contenidos dialécticos de la representación (representación ante el poder) sino también los elementos relacionales de la representación (entre representantes y representados)[352], con el fin de democratizar una teoría de la representación política desdibujada por la teoría liberal de la representación que no encuentra ya un contexto teórico y práctico que la justifique.

---

352 García Guerrero, J. L., *Democracia representativa de partidos y grupos parlamentarios, cit.*, nota 11, p. 125.

Capítulo III

El sistema electoral en Castilla-La Mancha

1. RECAPITULACIÓN DEL CAPÍTULO II

I. La representación política tiene su origen en las asambleas estamentales medievales, donde los representantes de los burgos defendían principalmente los intereses tributarios de los habitantes de sus territorios. Estos delegados estaban sujetos a las directrices establecidas en un cuaderno de instrucciones elaborado por los ciudadanos de cada burgo. Dado que el monarca solía presentar nuevas propuestas a los representantes en el transcurso de las asambleas, cuando surgía alguna cuestión no prevista en el cuaderno, los delegados debían regresar a sus localidades para recibir nuevas indicaciones. Este proceso generaba grandes dificultades en las negociaciones entre el monarca y los representantes de los burgos.

Observada la imposibilidad de que los representantes pudieran actuar bajo un mandato imperativo estricto de sus electores, desde el siglo XVII muchos autores defendieron la necesidad de que los representantes tuvieran cierta autonomía frente a los deseos de sus representados. Argumentaban que el pueblo, al carecer de la preparación y conocimiento necesarios, no estaba capacitado para asumir las funciones públicas propias de la política. Esta idea influyó notablemente en la Asamblea Constituyente Francesa, donde se consolidó la concepción liberal de la representación política, que se ha heredado hasta nuestros días. La concepción liberal de la representación se construyó con base en, principalmente, tres argumentos: a) el argumento de los constituyentes de 1791 o el argumento de la representación como condición de existencia de la soberanía nacional; b) el argumento de Constant o de la adecuación de la representación a la libertad de los modernos y; c) el argumento de Sieyès o de la representación como forma de la división especializada del trabajo.

El primer argumento fundamentaba la capacidad de la nación para actuar como una persona jurídica unificada, lo que implicaba que el representante ya no respondería únicamente a un distrito específico, sino que asumiría la representación de todo el país. Por su parte, el argumento de Constant aportó una razón adicional para eliminar el mandato imperativo, al señalar que la libertad, tal y como la entienden los modernos, implica que los ciudadanos prefieren delegar los asuntos políticos en sus representantes, quienes actúan con una mayor independencia respecto de sus electores. Finalmente, Sieyès, que trasladó la teoría de la división del trabajo al ámbito político, propuso que los representantes fuesen vistos como especialistas en materia política, sustentando su argumento en la falta de tiempo, instrucción y disponibilidad de los ciudadanos para elaborar directamente las leyes. En conclusión, la concepción liberal de la representación política se apoyó en la idea de la soberanía nacional y en la percepción de una carencia general de tiempo, conocimiento y capacidad política en los ciudadanos. Estos principios llevaron a que cada diputado representase a la nación en su conjunto, eliminando el mandato imperativo para que los representantes tuvieran la autonomía necesaria para negociar en el parlamento. Como consecuencia, los diputados se volvieron prácticamente irresponsables ante sus electores, quienes, al carecer de mecanismos de control directo, no podían revocar sus mandatos ni sancionarlos de ningún modo.

Sin embargo, los fundamentos que dieron origen a la concepción liberal de la representación resultan hoy en día algo desfasados. En primer lugar, el argumento que equipara la voluntad del parlamento (que, al fin y al cabo, es la voluntad de la mayoría parlamentaria) con la voluntad de la nación es, en realidad, una ficción jurídica, ya que dicha voluntad no necesariamente representa la de todo el pueblo. Respecto al argumento de Constant, los estados modernos cuentan actualmente con ciudadanos interesados en la política, quienes, a través de la militancia o actividad en partidos políticos, encuentran una vía de participación que responde a su deseo de implicación directa en los asuntos públicos. No obstante, este argumento conserva buena parte de su vigencia, ya que sigue existiendo un gran número de ciudadanos que carece de tiempo o interés para involucrarse en la política. Finalmente, el argumento de Sieyès, si bien es acertado en el sentido de que quienes detentan la potestad legislativa deberían contar con conocimientos especializados, se relativiza al observar que nuestro sistema jurídico no exige a los parlamentarios una formación específica en las áreas sobre las que legislan. Además, aunque los partidos tienen la capacidad de incorporar expertos imparciales en sus listas, no siempre hacen uso de esta opción. De hecho, es frecuente que muchos de los parlamentarios accedan a sus cargos no por su experiencia profesional o especialización en ciertas materias, sino como resultado de una "carrera política" interna dentro del propio partido[353].

Una vez expuesta la obsolescencia parcial de los argumentos que fundamentan la concepción liberal de la representación política, surge, al examinar las modernas constituciones europeas, un problema de notable envergadura. Si tomamos como ejemplo la Constitución Española, se observa que nuestra Carta Magna contiene algunos artículos que respaldan la visión liberal de la representación. Estos artículos afirman cosas tales

---

353 Sobre los factores sociológicos que impulsan a los ciudadanos de a pie a convertirse en políticos, resulta muy interesante el siguiente artículo de Edurne Uriarte: Uriarte, E., “La política como vocación y como profesión”, *Revista Española de Ciencia Política,* nº3, 2000, pp. 97-124.

como que las Cortes Generales representan a todo el pueblo español (artículo 66.1) o que los diputados no están sujetos a mandato imperativo (artículo 67.2). Sin embargo, estos principios liberales entran en conflicto directo con los fundamentos del Estado de partidos, respaldado constitucionalmente en el artículo 6 de la Constitución. Este artículo define a los partidos políticos como el principal (y prácticamente único) medio de participación política de los ciudadanos en el Estado, evidenciando así una tensión entre la concepción liberal clásica y la realidad política actual. Como se ha señalado a lo largo del anterior Capítulo, es erróneo afirmar que el parlamento representa a todo el pueblo español como una unidad, pues en la práctica los partidos políticos tienden a defender sus propios intereses. Los diputados, más que representantes del interés general, operan como funcionarios del partido, orientando su actuación en función de líneas partidistas que a menudo no coinciden con el bien común. Tampoco es cierto que los parlamentarios no se encuentren sometidos a un mandato imperativo, ya que se someten invariablemente a las directrices de sus formaciones políticas. Esta dinámica acaba generando precisamente lo que la concepción liberal de la representación buscaba evitar: decisiones predeterminadas, sin espacio para un debate libre y racional. La contradicción entre los artículos de corte liberal y los propios del Estado de partidos genera, así, una fisura jurídica compleja. En este modelo de democracia partidista, la relación representativa entre el diputado y el elector queda vacía de contenido, reducida a un vínculo que comienza y termina en el momento de la votación. A partir de ese punto, los partidos se emancipan completamente de las opiniones de sus electores, quienes carecen de mecanismos de sanción o revocación cuando los partidos o los diputados incumplen sus programas o promesas de campaña, compromisos que originalmente fundamentaron la confianza del votante y su apoyo en las urnas.

II. Analizado ya el origen y el desarrollo de la representación política, resulta interesante destacar que no existe una única forma de representar. Así, en el anterior Capítulo se han examinado las principales formas en las que puede hacerse presente algo o alguien. Estas formas son, principalmente, la descriptiva, la simbólica, y la representación de intereses. La perspectiva descriptiva toma como base la comunidad de características entre representante y representado, resultando que un buen representante es aquel que comparte las máximas semejanzas con sus representados. La idea de esta forma de representar consiste en que el parlamento sea un fiel reflejo de toda la población. No obstante, parece que esto, aunque quizá hiciera proporcionalmente presentes los diferentes intereses de los ciudadanos, no garantizaría que las leyes fuesen a ser más racionales. Además, implantar un sistema de estas características parece imposible sin con ello erosionar gravemente los valores democráticos y la libertad. A su vez, podrían surgir numerosas dificultades para replicar con precisión, en un parlamento, la heterogeneidad que caracteriza a todos los miembros de una sociedad.

Por otro lado, la perspectiva simbólica concibe al representante político como un símbolo que, por convención, evoca una idea o imagen de lo que representa. A diferencia de la representación descriptiva, en este caso no es necesario que el símbolo mantenga un parecido con lo que hace presente. En esta clase de representación el símbolo origina un sentimiento subjetivo que hace presente entidades abstractas y generales, como es el caso de una bandera que representa a un país. La utilidad de la perspectiva simbólica reside en que habitualmente el símbolo provoca un sentimiento de unidad en un determinado grupo social. Sin embargo, dada la subjetividad de las emociones que el símbolo suscita, unido a sus relativas ventajas, hacen que esta forma de representar caiga en muchas ocasiones en la irracionalidad. En todo caso, la visión que ofrece esta perspectiva no ha de desecharse por completo, dada la notable función de cohesión social, tanto interna como externa, que este enfoque ofrece a la teoría de la representación política.

Con todo, a nuestro juicio, de las tres formas de representar analizadas, la que brinda mayor utilidad al estudio de la representación política es la representación de intereses. Como bien es conocido, la representación de intereses puede entenderse de dos maneras diferentes: como representación de intereses desvinculados, y como representación de intereses personales, que resulta una concepción propia del liberalismo. La diferencia entre ambas, si bien de poca envergadura, consiste en que la segunda, a pesar de contener elementos contramayoritarios, tiene, en mayor o menor medida, en consideración las opiniones de los ciudadanos, mientras que la primera se desvincula de forma casi absoluta de las opiniones de los representados. Puesto que la concepción liberal ha sido ya estudiada anteriormente, hemos centrado aquí nuestra atención en la representación de intereses desvinculados.

La doctrina de la representación de intereses desvinculados, que fue desarrollada principalmente por Burke, contempla la política como una cuestión de conocimiento, no de opinión. Por ello, sus defensores consideran que las acciones del representante no han de estar guiadas por los deseos de la mayoría, sino por aquello que le dicte su conciencia ilustrada. En este sentido, los representantes del pueblo han de ser elegidos para identificar cuáles son, objetivamente, los intereses de los ciudadanos, debiendo, en ocasiones, contravenir la voluntad de sus electores para hacer realidad aquello que verdaderamente les interesa. Así, el proceso de descubrir el interés del pueblo se presenta como un hecho científico objetivo, independiente de los deseos o voluntades de los ciudadanos. De este modo, las aportaciones de la perspectiva de la representación de intereses desvinculados suponen un avance significativo para la teoría de la representación política, siempre que no se caiga en posturas antidemocráticas. Esta visión de la representación clarifica la teoría diferenciando la voluntad del interés, concluyendo con ello que pueden existir situaciones en las lo que el pueblo desea es contrario a lo que realmente le va a producir felicidad a largo plazo: en definitiva, lo que le interesa. En nuestra opinión, a pesar de que es conveniente que la representación intereses deba ser una función encargada a los representantes parlamentarios, el auténtico órgano de representación de intereses es, en el ordenamiento jurídico español, el Tribunal Constitucional, ya que, además de dotar de racionalidad al sistema político, se alza como el órgano que goza, en mayor grado, de legitimidad y representatividad argumentativas.

III. Para finalizar el Capítulo II, y con el objeto de completar el análisis sobre la representación política, se han estudiado algunas de las más distinguidas teorías de la representación política. Así las cosas, la tesis de Hobbes contribuye fundamentalmente a la teoría de la representación introduciendo la noción de autorización. De su teoría podemos extraer que resulta un requisito esencial en un representante que el mismo se encuentre, de alguna manera, autorizado por sus representados. Por ello, en un sistema democrático, es esencial que el representante cuente con legitimidad democrática, lo que le confiere la autoridad necesaria para actuar en su nombre. En este sentido, es necesario rechazar del pensamiento de Hobbes, entre otras ideas más evidentes, la noción de que los actos del representante parlamentario deben ser atribuidos al autor, ya que esta idea no es más que una mera ficción jurídica. Por otro lado, la teoría del órgano formulada por Jellinek, si bien consigue organizar estatalmente las relaciones entre el pueblo (órgano primario) y el parlamento (órgano secundario) unificando jurídicamente la voluntad de ambos, parece caer también en una ficción jurídica al identificar la voluntad del parlamento con la del pueblo.

Esta ficción jurídica es salvada por Kelsen, quien afirma que el pueblo carece de una voluntad homogénea, y que, por lo tanto, es preferible referirse a la representación política como una institución que sirve para que el pueblo pueda expresar su voluntad únicamente dentro de y por el parlamento. Así, Kelsen comprende la representación política como una práctica legitimada democráticamente, cuya función es imputar al pueblo determinados actos a través de una situación que otorga un determinado poder al ciudadano para que se desplieguen en él ciertas facultades jurídicas referidas a la elección de los representantes legislativos. Dada esta concepción de la representación como ficción, Kelsen piensa que en la representación liberal no existe relación representativa ni representación, pues no resulta racional sostener que el parlamento expresa la voluntad del pueblo si la voluntad de este último no existe hasta su expresión parlamentaria. Este es el motivo por el cual Kelsen huye del planteamiento liberal y entiende que el mejor sistema de representación es el ofrecido por el Estado de partidos. Por ello, coherente con su teoría, Kelsen no duda en llevar el modelo de representación del Estado de partidos hasta sus últimas consecuencias, viendo así, no en el diputado individual, sino en el partido político, al verdadero representante y, por lo tanto, al auténtico titular del escaño parlamentario. Todo ello hace que, desde la perspectiva del jurista austriaco, el partido deba tener poder, no solo para sustituir a los diputados de sus listas si éstos no acatan lo establecido por la dirección partidista, sino incluso para enviar al parlamento el número de diputados que desee, los cuales podrían ser cambiados por otros según la actividad o el momento parlamentario concreto, siempre y cuando influyan en la votación final en función de los votos proporcionales que le corresponden al partido. La propuesta de Kelsen finaliza sugiriendo el reemplazo de los parlamentos actuales por parlamentos especializados. Estos parlamentos se encontrarían compuestos por expertos en diferentes materias que serían designados proporcionalmente por los partidos políticos, dependiendo del poder que hubiesen obtenido en las elecciones.

Desde nuestro punto de vista, la racionalización parlamentaria propuesta por Kelsen resulta, sin duda alguna, bastante atractiva. Sin embargo, parece interesante matizar la teoría kelseniana de la representación con ayuda de la crítica formulada por Triepel al Estado de partidos. Para Triepel, los partidos políticos, pertenecientes a la esfera social, no deben formar parte del Estado, pues el Estado y los partidos son órganos contrapuestos. Por lo tanto, afirmar que el Estado se estructura sobre los partidos es una aserción jurídicamente insostenible. Triepel fundamenta su crítica aseverando que los principios que sentaron las bases de la representación liberal, y que fueron posteriormente plasmados en las constituciones contemporáneas, son absolutamente contradictorios con el Estado de partidos. Y es que no le falta razón al autor alemán cuando opina que la democracia de partidos destruye los principios liberales de la representación más esenciales, como la adopción de decisiones previa deliberación y debate o la independencia de los diputados. Estos últimos (los diputados), en el contexto del Estado de partidos, representan los intereses del partido al que pertenecen, no los de los ciudadanos. En el Estado de partidos los partidos toman las decisiones políticas fuera de la Cámara, resultando inútil la deliberación en el pleno o en las comisiones, pues el producto legislativo final terminará resultando una mera opinión de una pequeña fracción del partido que posee la mayoría parlamentaria, o, a lo sumo, un compromiso entre partidos con el objeto de mantenerse en el poder, quedando el interés general relegado a un segundo plano.

En una línea argumental similar a la de Triepel se inserta el pensamiento de Leibholz, quien piensa que el Estado de partidos se constituye como una manifestación racionalizada de la democracia plebiscitaria, esto es, como un sustituto de la democracia directa. Para Leibholz, en una democracia plebiscitaria la voluntad de la mayoría se interpreta como la voluntad general, es decir, como la voluntad del pueblo entendido como unidad. Esta ficción jurídica en la teoría de la representación hace que en el Estado de partidos los elementos representativos brillen por su ausencia, pues la ciudadanía celebra una especie de plebiscito para decidir, por simple mayoría, qué partido tendrá el poder de imputar al pueblo su voluntad. Además, como señala Leibholz, los elementos de debate que definen el parlamentarismo han sido socavados en el Estado de partidos. En lugar de ser una asamblea compuesta por representantes de la nación que busca, a través de la discusión racional, las medidas que realmente benefician al pueblo, el parlamento se ha convertido en un espacio donde los partidos imponen posturas ideológicas previamente establecidas, cerradas a la deliberación y solo susceptibles de modificación si ello beneficia al propio partido.

Continuando con este examen sobre la teoría de la representación, y a pesar de mostrarse crítico con las tesis de Leibholz y Kelsen, Rubio Llorente admite que el Estado de partidos ha producido una discordancia entre la teoría representativa liberal y la actual práctica parlamentaria. Esto se debe a que los diputados están sujetos al mandato imperativo del partido al que pertenecen, lo que limita su libertad, y a que el parlamentarismo ha perdido su carácter discursivo. En la democracia de partidos, el parlamento ya no tiene como objetivo la discusión racional entre los representantes, sino que se ha convertido en un espacio donde prevalecen otros intereses. Por ello, Rubio Llorente propone concebir, en vez de a los diputados individuales, a los partidos políticos como los verdaderos representantes del pueblo, principalmente por tres razones: 1) son los partidos y no los parlamentarios los órganos que actúan libremente en el parlamento; 2) los ciudadanos votan al partido y no a los candidatos a diputado que presenta el partido en sus listas, por lo que los electores esperan que los parlamentarios del partido al que votan actúen como unidad en las votaciones; y 3) la disciplina de partido, una vez formado el gobierno, dota de una necesaria estabilidad, operatividad y efectividad al mismo. En todo caso, señala Rubio Llorente, no deben existir mecanismos jurídicos que permitan al partido sancionar al diputado individual cuando éste incumpla la disciplina de partido, dado que la interpretación que estos últimos realicen acerca del programa del partido o de sus bases programáticas ha de ser ciertamente libre.

A nuestro modo de ver, la idea de Rubio Llorente consistente en considerar al partido y no al diputado individual como el auténtico titular del escaño parlamentario resulta, desde luego, lógica en el contexto de un Estado de partidos, por las razones que acabamos de exponer. Ahora bien, lo que desde luego no resulta demasiado coherente con el modelo del Estado de partidos es la no sujeción a la disciplina de partido por parte del diputado, ya que, en un sistema en el que el verdadero representante es el grupo parlamentario, carece de sentido sostener que el diputado individual, que, al contrario que el partido, no se encuentra directamente legitimado por el pueblo, pueda imponer su opinión sobre la del partido. De lo contrario, nos encontraríamos ante un sistema de representación en el que el juicio del representante (partido), fragmentado en unidades de acción a su servicio dispuestas por él mismo (diputados), puede ver doblegada su voluntad por la opinión de los miembros que componen el grupo parlamentario, que no son otra cosa que piezas de una enorme maquinaria utilizadas con el fin de optimizar el trabajo del representante (partido).

De manera similar a Rubio Llorente, Garrorena Morales propone una reformulación crítica de la teoría de la representación, eso sí, acercándose mucho más en sus ideas a la tesis de la representación como ficción elaborada por Kelsen. Garrorena Morales piensa que la actual teoría de la representación resulta confusa debido al elevado número de ficciones sobre las que se asienta. Dada esta confusión, sería adecuado que todas ellas fuesen eliminadas, ganando así claridad y capacidad de análisis para afrontar correctamente los problemas que plantea el complejo mundo político de nuestros tiempos. A juicio de Garrorena Morales, una de las mayores ficciones que existen en nuestro ordenamiento jurídico es la consideración del parlamentario individual, en vez del partido, como titular del escaño. Si se eliminase esta ficción se conseguiría clarificar la titularidad del estatuto parlamentario, que debe corresponder al partido. Por otro lado, según el autor español recién mencionado, resultaría también conveniente retomar la relación entre el representante y el representado, especializando, dentro de los partidos, piezas específicamente pensadas para para que exista una conexión fluida entre los representados y el partido. Por último, dentro de esta propuesta, Garrorena Morales especula que habría de crearse un estatuto constitucional de la oposición, con el objeto de establecer un verdadero contrapoder representativo.

En suma, no parece incorrecto afirmar que existen, en términos generales, dos modelos de representación política bien diferenciados: el *modelo liberal clásico* y el *modelo del Estado de partidos*. Ambos enfoques toman los elementos más básicos sobre los que se sustentan de la concepción liberal de la representación fraguada en la Asamblea Constituyente Francesa, si bien el modelo del Estado de partidos ha ido modificando tales presupuestos a lo largo del tiempo. Estos elementos, como se recordará, se encuentran constituidos por la condición de la soberanía nacional, la falta de tiempo y conocimientos de los ciudadanos para dedicarse a la política y el principio de división especializada del trabajo. La conjunción de estos presupuestos se traduce, al menos desde un prisma puramente teórico, en una concepción de la representación en la que el representante asume la función de representar a la nación en su conjunto, disfrutando de una libertad casi absoluta frente a sus votantes. Éstos, a su vez, depositan su confianza en los conocimientos y la capacidad de juicio del representante para que las decisiones políticas sean tomadas por él. Con todo, a pesar de que ambos modelos se fundamentan en los mismos principios, es posible identificar diferencias significativas entre el modelo liberal clásico y el del Estado de partidos, sobre todo en lo que se refiere a la titularidad del escaño y a las personas o intereses que son representados.

Respecto a la *titularidad del escaño*, el modelo liberal clásico no duda en concebir al representante como una persona individual elegida de manera directa por el electorado. En cambio, el modelo del Estado de partidos, para ser coherente con sus presupuestos partidistas, *debería* otorgar la titularidad del escaño al partido (con representación parlamentaria) y no a los diputados individuales que integran el partido, pues es el partido y no los diputados individuales quien goza de legitimidad democrática. No obstante, lo que verdaderamente resulta aquí interesante es que, una vez establecida esta diferencia en la titularidad del escaño parlamentario, en ambos modelos el representante (ya sea el diputado individual o el partido) reúne una idéntica cualidad característica: la absoluta libertad e independencia respecto de sus votantes, quienes confían (o deben confiar) en el juicio maduro de su representante para desenvolverse en el terreno de lo político.

Otra diferencia significativa entre ambos modelos radica en *aquello que cada representante representa*. Lo primero a tener en cuenta es que, en términos generales, el representante tiende a buscar maximizar su cuota de poder, lo que lo impulsa a realizar acciones orientadas a obtener el mayor número de votos posible. Pero ¿qué tipo de acciones favorecen la maximización de votos en cada modelo? En el modelo liberal clásico, donde suelen existir circunscripciones uninominales, el representante, elegido directamente por los electores, tenderá a enfocarse en atender los intereses y demandas de los habitantes de su distrito, esforzándose por satisfacer a los votantes de su circunscripción específica. En cambio, en el modelo del Estado de partidos, el peso de las circunscripciones es menor, ya que el partido, independientemente de los distritos en los que se postula como candidato, se presenta como una entidad unificada. Así, el partido intenta maximizar su base de apoyo no solo en un área electoral concreta, sino en todo el país. Esto podría llevar a pensar que el partido buscaría representar los intereses de la nación en su conjunto; sin embargo, en la práctica, esto no ocurre. La diversidad de demandas de toda la ciudadanía es tan amplia y a menudo tan conflictiva que resulta imposible abarcarlas todas. De esta forma, el partido acaba representando una ideología concreta o, en el mejor de los casos, un programa de acción determinado, en lugar de responder a las demandas específicas de cada región o grupo dentro del país.

Asimismo, si en vez de atender a lo que cada representante representa atendemos a *lo que cada diputado individual representa*, también existen algunas diferencias. En el modelo liberal clásico, el diputado busca representar en el parlamento las demandas e intereses de los ciudadanos que lo han elegido directamente, pues al final y al cabo es de quien depende su cargo o reelección. En contraste, en el modelo del Estado de partidos los diputados representan principalmente los intereses y demandas del partido, que es el verdadero titular del escaño y de quien depende su puesto en la Cámara. Esto significa que, en el modelo liberal clásico, el diputado se centra en los intereses de sus electores, quienes le confieren el poder de representación. En contraste, en el modelo del Estado de partidos, el diputado tiende a estar más alineado con los intereses del partido que con los de los ciudadanos, ya que en este contexto la legitimidad democrática recae sobre el partido, no sobre el diputado individual.

Aunque a primera vista podría parecer que el modelo liberal posee ciertas ventajas sobre el modelo del Estado de partidos, este último destaca en dos aspectos clave: la maximización del principio de división del trabajo y su capacidad para asegurar la estabilidad y funcionalidad del gobierno. En su forma más avanzada, este modelo debería permitir al partido, no solo decidir cuántos diputados enviará al parlamento, sino también sustituirlos y reorganizarlos según convenga, en función del contexto parlamentario. De esta manera el principio de división del trabajo podría optimizarse, integrando en el parlamento y en las comisiones especializadas a los mejores expertos en cada materia. Además, es innegable que, en términos generales, el modelo del Estado de partidos tiende a garantizar una mayor estabilidad y funcionalidad del gobierno. Esto se debe a que, a diferencia del modelo liberal clásico, en el cual cada diputado puede actuar sin una disciplina de partido estricta, el modelo del Estado de partidos consolida decisiones y facilita la cohesión en el parlamento. Así, evita la fragmentación que surgiría si cada representante votara de acuerdo con su criterio individual en lugar de seguir la línea partidaria, manteniendo la eficacia en la toma de decisiones. Sin embargo, en el contexto del Estado de partidos, este argumento pierde fuerza a medida que aumenta el número de partidos con representación parlamentaria. En estos casos, el modelo del Estado de partidos puede resultar menos eficaz e incluso contraproducente, ya que la estabilidad en este modelo está directamente relacionada con la cantidad de grupos parlamentarios presentes en la legislatura: a menor número de *representantes*, mayor es la estabilidad.

2. ORIGEN DEL SISTEMA ELECTORAL DE CASTILLA-LA MANCHA: LA APROBACIÓN DEL ESTATUTO DE AUTONOMÍA Y DE LA LEY ELECTORAL

2.1. Debate y aprobación del régimen electoral del Estatuto de Autonomía de Castilla-La Mancha de 1982

El 15 de noviembre de 1978 fue publicado el en el BOE el Real Decreto-Ley 32/1978 de 31 de octubre, sobre régimen preautonómico de la región castellano-manchega, instituyendo la Junta de Comunidades de la región, la cual se reuniría por primera vez el 11 de diciembre de ese mismo año en la ciudad de Almagro. Castilla-La Mancha se constituye entonces como Comunidad Autónoma en virtud del artículo 143 de la Constitución (vía lenta), lo que implicaba la obligación de elaborar un Estatuto de Autonomía conforme al procedimiento establecido en el artículo 146 de la Constitución. Según este artículo, el proyecto de Estatuto debía ser elaborado por una Asamblea compuesta por los miembros de las Diputaciones y los diputados y senadores elegidos en ellas, para luego ser elevado a las Cortes Generales y tramitado como Ley Orgánica. Así, las cinco Diputaciones Provinciales (Albacete, Ciudad Real, Cuenca, Guadalajara y Toledo) decidieron constituirse como Comunidad Autónoma el 24 de noviembre de 1980, con el respaldo del 84% de los municipios de Castilla-La Mancha[354].

Con el fin de elaborar el proyecto de Estatuto, el 21 de junio de 1981 se reunió en Manzanares una Asamblea formada por 160 representantes provenientes de las Diputaciones Provinciales de la región, así como por diputados y senadores elegidos en el territorio de Castilla-La Mancha. Basándose en los Acuerdos Autonómicos del 31 de julio de 1981, pactados entre la UCD (Unión de Centro Democrático) y el PSOE (Partido Socialista Obrero Español), que buscaban homogeneizar y generalizar el modelo autonómico en todas las regiones españolas[355], el proyecto de Estatuto fue finalmente aprobado en Alarcón el 3 de diciembre de 1981[356]. Por lo que aquí concierne, cabe destacar que, salvo lo dispuesto en el artículo 152.1 de la Constitución, que establecía que las Asambleas Legislativas de

---

354 Cumpliendo así con lo dispuesto en el artículo 143.2 de la Constitución, que señala que la iniciativa del proceso autonómico debe ser corroborada por dos terceras partes de los municipios cuya población represente, al menos, la mayoría del censo electoral de cada provincia.

355 Muñoz Machado, S., *Derecho Público de las Comunidades Autónomas I*, Iustel, Madrid, 2007, pp. 165 y ss.

356 Garrido Cuenca, N. M., "El Estatuto de Autonomía de Castilla-La Mancha", en: Alonso García, C. / Beltrán de Felipe, M. / Delgado Piqueras, F. / Moreno Molina, J. A. (Coords.), *Derecho Público de Castilla-La Mancha. Libro Homenaje al Profesor Luis Ortega*, Iustel, Madrid, 2016, p. 59.

las Comunidades Autónomas debían ser elegidas por sufragio universal mediante un sistema de representación proporcional que garantizara la representación de las distintas zonas del territorio, el legislador autonómico gozaba de un amplio margen de libertad para configurar el sistema electoral de su región, por lo que el resto de aspectos quedaban a su discreción[357].

Sobre esta base constitucional mínima definida por el artículo 152.1, el Estatuto de Castilla-La Mancha, al igual que los demás Estatutos del resto de territorios españoles, no introdujo prácticamente ninguna innovación en lo que respecta al sistema electoral[358]. No obstante, aunque el texto final sí adoleció de esta falta de originalidad, el proyecto inicial presentado a las Cortes Generales a principios de 1982 mostraba un enfoque relativamente diferente. Así, el proyecto de Estatuto presentado a las Cortes Generales estableció en su artículo noveno que

---

357 Fernández Esquer, C., *Sistemas electorales regionales en Estados multinivel: los casos de Alemania, Bélgica, Italia y España*, Centro de Estudios Políticos y Constitucionales, Madrid, 2022, p. 258. Debe señalarse que, si bien es cierto que lo dispuesto el artículo 152.1 de la Constitución hace referencia específicamente a los parlamentos autonómicos de las Comunidades conformadas a través del artículo 151 (vía rápida), la mayoría de la doctrina ha entendido que el contenido del artículo 152.1 también es de aplicación a las Comunidades Autónomas erguidas en virtud del artículo 143 (vía lenta). En cualquier caso, este debate teórico, claramente inclinado a favor de quienes sostienen la aplicabilidad del artículo 152.1 a las Comunidades constituidas por la vía lenta, ha perdido relevancia. Esto es así porque en la práctica todas las Comunidades Autónomas han terminado adoptando un modelo basado en la configuración electoral dispuesta por el artículo 152.1 (Oliver Araujo, J., *Los sistemas electorales autonómicos*, Generalitat de Catalunya. Departament de Governació i Relacions Institucionals. Institut d'Estudis Autonòmics, Barcelona, 2011, pp. 37 y ss.).

358 Para un análisis profundo del fenómeno de homogeneización de los regímenes electorales autonómicos y sus razones, *Vid.* Gavara de Cara, J. C., *La homogeneidad de los regímenes electorales autonómicos*, Centro de Estudios Políticos y Constitucionales, Madrid, 2007.

el parlamento castellanomanchego estaría compuesto por un número de diputados comprendido entre 25 y 50, rigiéndose por un sistema electoral proporcional que asegurase la representación de los territorios de la región. El proyecto señalaba la provincia como circunscripción electoral, y su Disposición Transitoria Primera estipulaba que, hasta la promulgación de una Ley Electoral por las Cortes de Castilla-La Mancha, el número total de diputados sería de 29, distribuidos de la siguiente manera: Albacete: 6; Ciudad Real: 6; Cuenca: 6; Guadalajara: 5; y Toledo: 6. Los diputados serían elegidos empleando listas provinciales, mientras que la asignación de escaños se realizaría aplicando el método D'Hondt. Con respecto a esto último, algunos autores han señalado que la decisión de optar por el método D'Hondt probablemente respondía, no solo a la familiaridad del procedimiento, sino también al hecho de que este método de asignación de escaños favorecería a los grandes partidos, que fueron los encargados de diseñar el sistema electoral[359]. Finalmente, el proyecto de Estatuto estableció que solo los partidos que obtuvieran al menos el 5% de los votos válidos en una circunscripción podrían participar en el reparto de escaños.

Aunque probablemente lo más llamativo del proyecto de Estatuto sea la desproporción entre el número de diputados asignados a cada provincia respecto de su población, también resulta sorprendente que incluyera una disposición que hacía referencia a que los diputados podrían cesar en su cargo, además de por causas comunes, por darse de baja en el partido, federación o coalición que presentó su candidatura. En tal caso, la vacante sería ocupada por el siguiente candidato en la lista del partido, federación o coalición a la que perteneciera

---

[359] Vallés, J. M., "Sistemas electorales, Estado de las Autonomías y Comunidades Autónomas", *Revista de Estudios Políticos,* nº34, 1983, pp. 107-132; p. 125.

el diputado cesante[360]. Es decir que, aunque el proyecto inicial del Estatuto de Castilla-La Mancha no llegaba a establecer de forma explícita que los partidos políticos eran los verdaderos representantes políticos, es decir, los auténticos titulares del escaño parlamentario, el proyecto se aproximó significativamente a esa concepción permitiendo a los partidos políticos cesar a los diputados que causasen baja en sus filas; esto es, introduciendo un mandato imperativo del partido hacia sus diputados.

En este contexto, en los debates sobre el proyecto de Estatuto surgieron discrepancias significativas en relación con el régimen electoral propuesto. A este respecto, el Grupo Comunista presentó una enmienda a la totalidad, argumentando, entre otros puntos, que el número de diputados previsto para las primeras elecciones autonómicas (29 en total) era insuficiente, y que su distribución entre las provincias resultaba inadecuada. Este Grupo comparó la representación parlamentaria propuesta en el Estatuto con la de otras Comunidades Autónomas, como Asturias o Cantabria, que contaban con 45 y 35 diputados respectivamente, a pesar de tener una población inferior a la de Castilla-La Mancha. En este sentido, subrayaron que, mientras que en Cantabria se elegía un diputado por cada 13.000 habitantes, el proyecto castellanomanchego contemplaba un diputado por cada 58.000 habitantes, lo que suponía una diferencia casi cuatro veces mayor. Asimismo, este Grupo destacó el desequilibrio en la distribución de los diputados entre provincias. Aunque existían diferencias poblacionales significativas entre las provincias de la región, el proyecto asignaba un número igual o muy similar de diputados a todas ellas: seis para cada una, excepto Guadalajara, que recibiría cinco. El Grupo Comunista puso de relieve que, mientras que en Ciudad Real se elegiría un diputado por cada 84.000 habitantes,

---

360 Núm. Boletín: H-081-I, 10/03/1982.

en Guadalajara se elegiría uno por cada 29.000 habitantes, lo que evidenciaba una clara desproporción[361].

Asimismo, el Grupo Comunista propuso modificar la redacción del apartado primero del entonces artículo noveno, para que dicho precepto estableciera un número de diputados basado en una fórmula más equitativa. Según su propuesta, cada provincia tendría asignados inicialmente tres escaños, a los que se añadiría un diputado adicional por cada 30.000 habitantes o fracción superior a 15.000. De acuerdo con los cálculos presentados por el Grupo Comunista, la aplicación de esta fórmula resultaría en unas Cortes compuestas por 71 parlamentarios, distribuidos de la siguiente manera: Albacete, 14; Ciudad Real, 19; Cuenca, 11; Guadalajara, 8; y Toledo, 19[362]. En su intervención, el Grupo destacó que el sistema previsto en el proyecto no solo distorsionaba la igualdad del voto, sino que también comprometía la proporcionalidad de la representación. Como ejemplo, señalaron que establecer una configuración de 25 diputados para las Cortes, teniendo en cuenta las cinco provincias que conforman la región, generaría una distorsión significativa en el sistema electoral. Argumentaron que un número tan reducido de escaños dificultaría la aplicación efectiva del principio de proporcionalidad en cada circunscripción, inclinando el sistema hacia un modelo mayoritario debido a la insuficiencia de escaños disponibles para reflejar adecuadamente la diversidad del voto ciudadano[363].

Por su parte, el Grupo Coalición Democrática expresó también su desacuerdo con el número de diputados que el proyecto de Estatuto establecía para el parlamento castellanomanchego, aunque su mayor objeción se centraba en la forma en que estos diputados se distribuían entre las provincias. Según este

---

361 Núm. Diario: 231, 20/04/1982, pp. 13495-13496.

362 Núm. Diario: 248, 16/06/1982, p. 14377.

363 Núm. Diario: 82, 19/05/1982, p. 3726.

grupo, la distribución propuesta resultaba claramente desproporcionada en términos de habitantes por diputado. En este sentido, señalaron que otorgar cinco diputados a Guadalajara, con una población de 130.000 habitantes, y solo seis a Ciudad Real, que contaba con 480.000 habitantes, carecía de cualquier fundamento lógico o comparativo[364]. A partir de esta crítica, propusieron inicialmente que el número total de diputados estuviera comprendido entre 30 y 60[365]. Posteriormente, modificaron su propia enmienda para ajustar el límite a un rango de entre 30 y 40 diputados, en un esfuerzo por acercar su propuesta a la del Grupo Socialista[366], que propuso aumentar el límite mínimo de diputados a 40, sin modificar el límite superior, que seguiría siendo de 50 diputados[367].

El Grupo Centrista, además de respaldar la propuesta del Grupo Socialista, que planteaba un límite de entre 40 y 50 diputados, llegó en Comisión a la conclusión de que lo ideal sería fijar en 44 el número de diputados hasta que se promulgara una Ley Electoral regional para las Cortes de Castilla-La Mancha. La distribución de los diputados sería entonces la siguiente: Albacete, 9; Ciudad Real, 10; Cuenca, 8; Guadalajara, 7; y Toledo, 10. El Grupo Centrista destacó que esta decisión no se había tomado de manera arbitraria, sino que se basaba en el principio de austeridad[368]. No obstante, también parece que esta cifra respondía al principio de proporcionalidad en la representación, dado que la propuesta inicial del Estatuto había sido aún más austera.

En cuanto al Grupo Comunista, alineado con su postura de ampliar la composición de las Cortes, al tener conocimiento

---

364 Núm. Diario: 231, 20/04/1982, p. 13502.

365 Núm. Boletín: H-081-I-1, 08/06/1982.

366 Núm. Diario: 248, 16/06/1982, p. 14376.

367 Núm. Diario: 82, 19/05/1982, p. 3726.

368 Núm. Diario: 248, 16/06/1982, p. 14379.

de que el número de diputados para las primeras Cortes de Castilla-La Mancha sería 44, consideró que este número era insuficiente y propuso aumentarlo a 55, distribuidos de la siguiente forma: Albacete, 11; Ciudad Real, 16; Cuenca, 7; Guadalajara, 5; y Toledo, 16. Esta propuesta se basaba en la fórmula de representación proporcional que el Grupo Comunista había sugerido inicialmente, que consistía en asignar un diputado por cada 30.000 habitantes o fracción superior a 15.000, pero sin los tres diputados iniciales por cada provincia. Según el Grupo Comunista, esta nueva propuesta se alineaba mejor con los intereses de los grupos parlamentarios mayoritarios, que preferían un número de diputados inferior a los 71 inicialmente propuestos por ellos mismos. Sin embargo, esta cifra fue rechazada por el resto de los grupos parlamentarios[369].

Es relevante destacar que el texto original no abordaba en ninguno de sus preceptos nada acerca de teoría de la representación política. Esto probablemente se debió a un consenso implícito sobre el concepto de representación, compartido tanto por la mayoría de los grupos parlamentarios como por los redactores del proyecto, similar al plasmado en la Constitución Española[370]. Sin embargo, el Grupo Coalición Democrática propuso incorporar explícitamente dicha concepción en el texto. Así, sugirió añadir al artículo noveno, apartado primero, lo siguiente: "Los Diputados de Castilla-La Mancha representan a toda la región, y no estarán sujetos a mandato imperativo alguno"[371]. Según el Grupo Coalición Democrática, esta propuesta se alineaba con el artículo 66 de la Constitución Española[372], por lo que lo que se pretendía con la propuesta era

369 Núm. Diario: 249, 17/06/1982, pp. 14419-14420.

370 *Vid. supra*, Cap. II, 2.3.

371 Núm. Boletín: H-081-I-1, 08/06/1982.

372 Que establece que: «1. Las Cortes Generales representan al pueblo español y están formadas por el Congreso de los Diputados y el

simplemente trasladar un presupuesto constitucional relativo a los parlamentarios al Estatuto de Autonomía de Castilla-La Mancha. Desde una visión claramente liberal de la representación política, defendieron que cada uno de los miembros de las Cortes de Castilla-La Mancha no representaban únicamente a la provincia o circunscripción por la cual habían sido elegidos, sino que, en calidad de representantes de la región, actuaban en nombre de todo el pueblo castellanomanchego[373].

En cuanto a la propuesta de añadir la prohibición del mandato imperativo para los parlamentarios, el Grupo Coalición Democrática consideró que esta disposición también era una traslación del artículo 67.2 de la Constitución Española[374]. Su portavoz defendió la prohibición de mandato imperativo primero con una precisa cita de Oscar Alzaga[375], en la criticaba

---

Senado. 2. Las Cortes Generales ejercen la potestad legislativa del Estado, aprueban sus Presupuestos, controlan la acción del Gobierno y tienen las demás competencias que les atribuya la Constitución. 3. Las Cortes Generales son inviolables».

373 Núm. Diario: 248, 16/06/1982, p. 14375.

374 «1. Nadie podrá ser miembro de las dos Cámaras simultáneamente, ni acumular el acta de una Asamblea de Comunidad Autónoma con la de Diputado al Congreso. 2. Los miembros de las Cortes Generales no estarán ligados por mandato imperativo. 3. Las reuniones de Parlamentarios que se celebren sin convocatoria reglamentaria no vincularán a las Cámaras, y no podrán ejercer sus funciones ni ostentar sus privilegios».

375 La cita es la siguiente: «Con la terminología de mandato imperativo se hacía referencia al viejo mecanismo de la representación medieval que se apoyaba sobre una relación contractual, conforme la concibe el Derecho privado, entre los mandantes —es decir, los electores— y el mandatario —es decir, el elegido—, de tal forma que la facultad de revocación y el tener que atenerse el mandatario al cuaderno de instrucciones que le facilitaban los mandantes eran notas definitorias de este tipo de representación. El representante sujeto a mandato imperativo era un personaje pasivo con escasísimo

que el mandato imperativo de los electores hacia el representante hacía de este último un sujeto pasivo sin capacidad de negociar o maniobrar. No obstante, la segunda parte de la defensa del Grupo Coalición Democrática se basó, desacertadamente en nuestra opinión, en una cita de Rubio Llorente, que afirmaba lo siguiente:

> «Aun prescindiendo de prácticas viciosas pero generalizadas, como la de la renuncia firmada con fecha en blanco que el elegido entrega a los órganos dirigentes de su partido al tomar posesión del escaño, la tendencia actual de todos los reglamentos parlamentarios a subordinar la iniciativa del diputado individual a la del Grupo en el que éste se integra y sobre todo la certidumbre de que fuera del partido no hay esperanza de reelección, garantizan la lealtad de los diputados a sus jefes políticos, y nada vale contra eso que la Constitución afirme el principio de que los diputados sólo deben obedecer a su conciencia»[376].

Aunque lo expuesto en la cita de Rubio Llorente es válido y exacto, su uso para justificar la prohibición del mandato imperativo parece, en este contexto, inapropiado y confuso. La cita presentada por el Grupo Coalición Democrática parece más bien una crítica que una defensa del mandato imperativo. Aunque es cierto que Rubio Llorente alude a que fuera del partido es prácticamente imposible la reelección política, su comentario también parece señalar que, en la práctica, se incumple en gran medida la prohibición de mandato imperativo establecida en el artículo 67.2 de la Constitución. Si bien no existe mandato imperativo de los electores hacia los parlamentarios, es evidente que sí existe un mandato imperativo de los partidos hacia los

---

margen de iniciativa propia y al que se podían exigir responsabilidades si se extralimitaba en su actuación» (Núm. Diario: 248, 16/06/1982, p. 14375).

[376] Núm. Diario: 248, 16/06/1982, p. 14375.

diputados que los representan, lo que limita en gran medida la autonomía de los parlamentarios en su función representativa.

En todo caso, el Grupo Coalición Democrática criticó duramente que el proyecto de Estatuto contemplase como causa de cesión del diputado el hecho de que éste causara baja en su partido o en su grupo parlamentario. Según señalaron, el hecho de que un miembro del partido pudiera perder su escaño en la Cámara simplemente por abandonar la formación política por la que es elegido resultaba absolutamente incompatible con los principios fundamentales de una democracia. Opinaron que este tipo de prácticas no solo constituían un error político, sino también un atropello a los valores democráticos que debían regir el funcionamiento de las instituciones. Finalmente, la propuesta de recoger en la literalidad del artículo la prohibición de mandato imperativo fue aceptada por el Grupo Centrista[377].

El Grupo Comunista también se opuso a que el proyecto de Estatuto contemplara como causa de cesión del diputado el hecho de que éste causara baja en el partido o en el grupo parlamentario. Según este Grupo, mantener un precepto de este tipo equivaldría a introducir el mandato imperativo del partido hacia los diputados de sus listas, lo cual resultaba inaceptable, ya que, según ellos, el diputado estaba *legitimado democráticamente* por el voto popular[378]. A su juicio, el ciudadano votaba al diputado, no solo al partido, lo que otorgaba al representante una legitimidad personal que debía prevalecer sobre la del partido. En consonancia con esto, el Grupo Comunista defendió que el encabezamiento del artículo octavo debía comenzar expresando que "Las Cortes de Castilla-La Mancha representan al pueblo castellano-manchego". Argumentaron

---

377 Núm. Diario: 248, 16/06/1982, p. 14376.

378 Núm. Diario: 248, 16/06/1982, p. 14378.

que, antes de entrar en detalles sobre las Cortes de la región, el Estatuto debía definir su carácter representativo[379].

El Grupo Centrista aceptó la propuesta del Grupo Comunista de añadir la frase: "Las Cortes de Castilla-La Mancha representan al pueblo castellano-manchego". Esta inclusión indica que algunos grupos parlamentarios deseaban plasmar de manera explícita la concepción de la representación política en el Estatuto, probablemente para evitar posibles equívocos o malentendidos en el futuro. Aunque es probable que todos los grupos compartieran una misma concepción de la representación política, apenas cuatro años después de la aprobación de la Constitución Española es razonable pensar que todavía podían existir dudas al respecto. Así lo expresó el portavoz del Grupo Centrista: «nos parece oportuno aceptar ese añadido previo al texto del proyecto que dice que "Las Cortes de Castilla-La Mancha representan al pueblo castellanomanchego", lo cual, lógicamente, también va implícito, pero no excluye el que, al quedar plasmado así, se clarifique la entrada de este artículo»[380].

En consecuencia, el artículo 9.1 fue finalmente redactado de la siguiente manera: «Las Cortes de Castilla-La Mancha representan al pueblo de la región». Asimismo, en el artículo 10.1 se incluyó la frase: «Los Diputados de Castilla-La Mancha

---

379 Merece la pena transcribir las palabras del portavoz del Grupo Comunista: «A nosotros nos parece que un artículo que empieza hablando de las Cortes de Castilla-La Mancha tiene que empezar defendiendo el carácter de esas Cortes; es decir, su carácter representativo» (Núm. Diario: 248, 16/06/1982, p. 14372).

380 Núm. Diario: 248, 16/06/1982, p. 14373. Si bien es cierto que seguidamente el Grupo Comunista aceptó la sugerencia del Grupo Socialista consistente en sustituir la frase: "Las Cortes de Castilla-La Mancha representan al pueblo castellano-manchego" por "Las Cortes de Castilla-La Mancha representan al pueblo de la región" (Núm. Diario: 248, 16/06/1982, p. 14375).

representan a toda la región y no estarán sujetos a mandato imperativo alguno», y se suprimió la causa de pérdida de condición de diputado establecida en el artículo 10.5, que disponía el cese por causar baja en el partido, grupo o coalición por el que hubiera sido elegido. En cuanto al artículo 10.1, se fijó que las Cortes de Castilla-La Mancha estarían compuestas por un número mínimo de 40 diputados y un máximo de 50, mientras que el artículo 10.2 estableció la provincia como circunscripción electoral. Por otro lado, la Disposición Transitoria Primera, en su apartado tercero, determinó que, hasta que no fuese promulgada una Ley Electoral por las Cortes de Castilla-La Mancha, el número de diputados sería de 44, distribuidos de la siguiente forma: Albacete: 9; Ciudad Real: 10; Cuenca: 8; Guadalajara: 7; y Toledo: 10. Además, se dispuso que los diputados serían elegidos por el sistema de representación proporcional mediante listas provinciales, asignándose los escaños a través del método D'Hondt. Finalmente, se estableció una barrera electoral del 5%. El texto entró en vigor el 17 de agosto de 1982.

2.2. Debate y aprobación de la Ley Electoral de Castilla-La Mancha de 1986

Como hemos indicado, inicialmente en su aprobación, la parte articular del Estatuto de Autonomía no fijó un número concreto de diputados a las Cortes de Castilla-La Mancha, sino que el artículo 10.2 se limitó a establecer un mínimo de 40 y un máximo de 50 diputados. No obstante, como ya se ha explicado, el apartado tercero de la Disposición Transitoria Primera del texto original dispuso que, hasta que no se aprobara una ley que regulase el número definitivo de diputados, las Cortes estarían compuestas por 44 miembros. De este modo, las primeras elecciones a las Cortes de Castilla-La Mancha, celebradas en 1983, se llevaron a cabo conforme a lo dispuesto en el Estatuto de Autonomía aprobado el año anterior. El resultado electoral otorgó la victoria al PSOE (Partido Socialista Obrero Español), que consiguió 23 escaños, frente a los 21 obtenidos por la coalición formada por AP (Alianza Popular), PDP (Partido Demócrata Popular) y UL (Unión Liberal). Sin embargo, la normativa electoral para las elecciones de 1987 fue distinta, ya que estas se celebraron bajo lo dispuesto en la Ley Electoral de Castilla-La Mancha. El proyecto de esta ley, presentado por el Grupo Parlamentario Socialista en 1986, proponía, en su redacción inicial, que las Cortes de la región estuvieran compuestas por 49 diputados. No obstante, este número fue modificado durante el proceso legislativo, fijándose finalmente en 47 diputados. Además, el proyecto incluía una reducción de la barrera electoral, que pasó del 5% al 3%, un cambio significativo respecto a la regulación anterior[381].

El Grupo Socialista, al defender el proyecto de ley, criticó que el Estatuto de Autonomía hubiera fijado un número de solo 44 diputados para las Cortes de Castilla-La Mancha, considerándolo insuficiente[382]. Por ello, propusieron que la nueva Ley Electoral estableciera un total de 49 diputados. La principal justificación para este aumento radicaba en que, bajo la normativa vigente, el valor del voto en las provincias más pobladas era considerablemente inferior al de las provincias con menor población. Así, el incremento de cinco diputados, que se distribuirían entre las provincias con mayor densidad demográfica, buscaba reducir esta desigualdad sin restar escaños a ninguna provincia[383].

Además, el Grupo Socialista argumentó que, en comparación con la mayoría de parlamentos autonómicos, el de Castilla-La Mancha contaba con un número de diputados proporcionalmente menor, lo que reforzaba la necesidad de

381 Boletín Oficial núm. 103 (15-11-1986).

382 Diario de Sesiones Pleno núm. 042 (10-12-1986), p. 11.

383 Diario de Sesiones Pleno núm. 042 (10-12-1986), p. 19.

incrementar su composición[384]. Respecto a la cifra propuesta, el Grupo explicó que un número de 44 diputados o inferior era inaceptable, ya que resultaba insuficiente para corregir las desigualdades mencionadas. Por otro lado, consideraron que 45 diputados implicarían una redistribución desfavorable para la provincia de Cuenca, mientras las cifras de 46 y 48 fueron descartadas por ser números pares (lo que podría facilitar empates en votaciones). En este sentido, estimaron que, aunque 47 diputados sería un número razonable, 49 sería una cifra más adecuada porque lograría solucionar de mejor forma el problema relativo a la proporcionalidad. Así, el Grupo Socialista sostuvo que establecer un total de 49 diputados representaba una opción más conveniente para acercarse al límite máximo de 50 previsto por el Estatuto de Autonomía, a la vez que garantizaba una aplicación más fiel del principio de proporcionalidad. Con este incremento no solo se reduciría la disparidad en el valor del voto entre provincias más y menos pobladas, sino que también se garantizaría una mejor representación de las minorías en las Cortes de la región[385].

La Ley Electoral de Castilla-La Mancha generó una considerable polémica, especialmente tras la presentación de una enmienda a la totalidad por parte del Grupo Popular, quien argumentó que los principios y objetivos del proyecto no respondían a los intereses generales de la región[386]. En particular, el Grupo Popular criticó que, mientras que la mayoría de provincias sumaban uno o dos escaños, las provincias de Cuenca y Guadalajara no veían incrementada su representación. Según ellos, esta distribución respondía a una estrategia del PSOE para consolidar su ventaja electoral, ya que dichas provincias

---

384 Diario de Sesiones Pleno núm. 042 (10-12-1986), p. 24.

385 Diario de Sesiones Pleno núm. 042 (10-12-1986), pp. 21 y ss.

386 Boletín Oficial núm. 109 (06-12-1986), p. 1424.

eran menos proclives a apoyar a este partido[387]. En respuesta a estas críticas, los defensores del proyecto señalaron que, aunque la representación ideal sería una que reflejase de manera directa la proporción de votos en escaños[388], las Cámaras legislativas de las Comunidades Autónomas debían equilibrar representación territorial y proporcionalidad. Según el Grupo Socialista, su propuesta lograba el mejor balance entre ambos principios. Asimismo, tras el rechazo de la enmienda a la totalidad, el Grupo Popular presentó diversas enmiendas al articulado. Entre las más destacadas, propusieron elevar la barrera electoral del 3% al 5% y reducir el número de diputados de 49 a 44[389], alineándose con la regulación establecida en el Estatuto de Autonomía original, la cual, según afirmaron, consideraban más justa y adecuada.

En última instancia, poco antes de la votación definitiva, los grupos parlamentarios de la Cámara castellanomanchega lograron alcanzar un consenso en torno a la Ley Electoral, acordando fijar el número de diputados en 47. El Grupo Socialista expresó su satisfacción por el acuerdo alcanzado, destacando además que la barrera electoral del 3% garantizaría, en cualquier escenario, la gobernabilidad de la Cámara. Sin embargo, el Grupo Socialista también tuvo que rechazar propuestas que abogaban por la creación de un distrito único para toda Castilla-La Mancha. Según argumentaron, esta opción, aunque la más proporcional desde un punto de vista puramente matemático, era incompatible tanto con los principios constitucionales como con las disposiciones del Estatuto de Autonomía de la región. Por encima de todo, el Grupo Socialista subrayó que la

---

387 Diario de Sesiones Pleno núm. 042 (10-12-1986), p. 15.

388 Precisamente, la propuesta de reforma de la Ley Electoral que hacemos en esta investigación busca traducir de modo directo los votos en escaños parlamentarios (*Vid. infra*, Cap. IV, 4.5).

389 Boletín Oficial núm. 110 (12-12-1986).

propuesta final alcanzaba un equilibrio óptimo entre los dos principios fundamentales que guiaron su enfoque del régimen electoral: el de proporcionalidad y el de representación territorial, logrando una solución que calificaron como ajustada y funcional para los intereses de Castilla-La Mancha[390].

El Grupo Parlamentario Popular puso sobre la mesa que, para alcanzar un acuerdo sobre el número de diputados, había tenido que realizar concesiones significativas, entre las cuales destacaron su postura inicial sobre la barrera electoral. Este Grupo consideraba que la barrera debía situarse en un 5%, argumentando que dicho umbral permitiría mitigar las desigualdades derivadas de la aplicación del sistema electoral basado en la Ley D'Hondt. Asimismo, el Grupo Popular destacó que el número final de 47 diputados contribuía, aunque de manera limitada, a reducir el posible agravio comparativo que podrían experimentar las provincias menos pobladas en el futuro, especialmente si el número de diputados se hubiese fijado en 49. Según señalaron, el crecimiento demográfico de las provincias más grandes habría acentuado dichas desigualdades a lo largo del tiempo. Por otro lado, reconocieron que la nueva Ley Electoral no satisfacía plenamente a ningún grupo parlamentario, no obstante, interpretaron este hecho como una señal positiva, al considerar que la norma era un producto genuino del consenso. Afirmaron que todos los grupos habían renunciado a parte de sus intereses particulares en aras del interés general[391]. Finalmente, la Ley Electoral, que desarrollaba el artículo 10.2 del Estatuto de Autonomía de Castilla-La Mancha, fue aprobada por unanimidad, marcando un hito en la construcción del marco normativo electoral de la región.

Por lo que respecta a esta investigación, resulta pertinente analizar la redacción final del artículo 16 de la Ley Electoral

---

390 Diario de Sesiones Pleno núm. 044 (23-12-1986), pp. 13-16.

391 Diario de Sesiones Pleno núm. 044 (23-12-1986), p. 19.

de 1986, que estableció definitivamente en 47 el número de diputados a las Cortes de Castilla-La Mancha. Con el objetivo de equilibrar el principio de proporcionalidad con el de territorialidad, se dispuso que cada provincia recibiría inicialmente cinco diputados. Los 22 diputados restantes serían asignados en función de la población de cada provincia, siguiendo este procedimiento:

a) Se obtiene una cuota de reparto resultante de dividir por 22 la cifra total de la población de derecho de las cinco provincias.

b) Se adjudican a cada provincia tantos Diputados como resulten, en números enteros, de dividir la población de derecho provincial por la cuota de reparto.

c) Los Diputados restantes se distribuyen asignando uno a cada una de las provincias cuyo cociente, obtenido conforme al apartado anterior, tenga una fracción decimal mayor.

De dicha distribución resultó que el reparto final de diputados entre las provincias fue el siguiente: Albacete: 10; Ciudad Real: 11; Cuenca: 8; Guadalajara: 7; y Toledo: 11. Bajo esta distribución, las elecciones de 1987 arrojaron un resultado histórico, con 25 escaños para el PSOE, 18 para Alianza Popular y 4 para el CDS (Centro Democrático y Social), configurando uno de los parlamentos más plurales en la historia democrática de Castilla-La Mancha. Posteriormente, las elecciones de 1991 y 1995, celebradas al amparo del mismo marco normativo electoral, consolidaron la victoria del PSOE, mientras que el PP (Partido Popular) se mantuvo como el principal partido de la oposición. En ambas convocatorias, IU (Izquierda Unida) logró representación con un único escaño, siendo el único partido, además del PSOE y el PP, con representación parlamentaria en dichos comicios.

3. EVOLUCIÓN Y REFORMAS DEL RÉGIMEN ELECTORAL DE CASTILLA-LA MANCHA (1997-2012)

3.1. La reforma del Estatuto de Autonomía de Castilla-La Mancha de 1997

En 1997, las Cortes de Castilla-La Mancha promovieron una proposición de ley con el objetivo de modificar ciertos aspectos del Estatuto de Autonomía de 1982. Debe destacarse que la propuesta inicial no contemplaba cambios en cuanto al rango del número de diputados, que seguía fijado entre 40 y 50, pues su propósito principal era fortalecer la capacidad de autogobierno de las instituciones regionales. Sin embargo, el Grupo Federal IU-IC (Izquierda Unida-Iniciativa per Catalunya) presentó una enmienda a la proposición de ley que proponía aumentar significativamente el límite de la cantidad de diputados enviados a las Cortes regionales, planteando un mínimo de 65 y un máximo de 70[392], con el fin de lograr un mejor equilibrio entre los principios de proporcionalidad y territorialidad. Por su parte, el Grupo Popular presentó una enmienda para suprimir cualquier mención a la reforma electoral del Estatuto[393]. Finalmente, la ponencia encargada de elaborar el informe sobre la reforma del Estatuto acordó proponer un límite mínimo de 47 diputados y un máximo de 59, manteniendo como criterio que la distribución de diputados por provincia no fuera inferior a la vigente en aquel momento[394].

---

392 BOCG. Congreso de los Diputados Núm. B-79-4 de 17/04/1997, p. 26.

393 BOCG. Congreso de los Diputados Núm. B-79-4 de 17/04/1997, p. 11.

394 BOCG. Congreso de los Diputados Núm. B-79-6 de 13/05/1997, p. 32.

No se encuentran en los diarios de sesiones explicaciones detalladas sobre el cambio en los límites referentes al número de diputados. Sin embargo, se menciona que el rango 47-59 fue el resultado de un acuerdo de transacción entre las enmiendas presentadas por el Grupo Popular y el Grupo IU-IC. Este nuevo límite parecía buscar un punto intermedio entre lo establecido en el Estatuto de Autonomía de Castilla-La Mancha hasta ese momento (40-50) y la propuesta del Grupo IU-IC (65-70)[395]. De esta forma, debe subrayarse que el Grupo IU-IC, además de mostrarse a favor de la cifra propuesta por la ponencia, manifestó su preferencia inicial por un sistema mixto que combinara una única circunscripción regional con las circunscripciones provinciales. Este modelo, explicó el Grupo IU-IC, habría permitido acumular los votos a nivel regional para mejorar la proporcionalidad sin desatender la representación territorial. Sin embargo, el Grupo finalmente renunció a esta propuesta en aras de alcanzar un consenso. El Grupo Socialista, por su parte, se sumó a la propuesta de ampliación de diputados presentada por la ponencia, argumentando que el parlamento castellanomanchego era uno de los más limitados en número de escaños en comparación con su población. Según ellos, la reforma no solo aumentaría la proporcionalidad, sino que también favorecería una mayor pluralidad política en la Cámara legislativa de la región[396].

---

395 DS. Congreso de los Diputados Núm. 214 de 14/05/1997, pp. 6023-6024.

396 En palabras de la diputada del Grupo IU-IC, Almeida Castro: «Queríamos garantizar —y es una vieja aspiración de nuestro grupo— una mayor proporcionalidad en el sistema electoral, que en una parte y por los compromisos habidos se puede dar, pero nosotros seríamos partidarios de una circunscripción regional junto a la provincia, que acumulara el número de votantes y que diera ese sentido de mayor proporcionalidad. Pero esta renuncia la hemos hecho a favor del consenso» (DS. Congreso de los Diputados Núm. 214 de 14/05/1997, p. 6024).

3.2. La reforma de la Ley Electoral de Castilla-La Mancha de 1998

La reforma del Estatuto de Autonomía de Castilla-La Mancha sobre la asignación de diputados fue seguida, al año siguiente, de una reforma de la Ley Electoral de la región. Esta reforma, propuesta de forma unánime por todos los grupos parlamentarios de la Cámara regional, no alteró ni el número total de diputados que componían anteriormente las Cortes ni la distribución de escaños asignados a cada provincia. Sin embargo, sí implicó una modificación significativa en la redacción del artículo 16, sustituyendo su contenido anterior por una disposición que fijaba de manera explícita tanto el número total de diputados como el número de los mismos que debía corresponderle a cada provincia. La redacción final del artículo 16, tras esta reforma, quedó establecida de la siguiente manera:

1. Las Cortes de Castilla-La Mancha están formadas por 47 Diputados.
2. De conformidad con lo dispuesto en el Estatuto de Autonomía de Castilla-La Mancha, a cada provincia le corresponde el siguiente número de Diputados: Albacete, 10 Diputados; Ciudad Real, 11 Diputados; Cuenca, ocho Diputados; Guadalajara, siete Diputados, y Toledo, 11 Diputados.

La decisión de determinar con precisión el número de diputados, tanto en las Cortes como en cada provincia, tuvo como objetivo principal eliminar cualquier incertidumbre sobre el régimen jurídico aplicable a la elección de los diputados regionales[397]. Aunque no hubo un debate extenso en cuanto a la propuesta de reforma de la Ley Electoral, pues, como hemos

---

[397] Esto es algo que puede leerse en la Exposición de Motivos de la propia Ley 8/1998, de 19 de noviembre, de modificación parcial de la Ley Electoral de Castilla-La Mancha.

dicho, existió un acuerdo unánime de todos los grupos parlamentarios, cabe destacar que el Grupo de Izquierda se mostró favorable a ampliar el número de diputados que componían las Cortes y a desbloquear las listas electorales[398]. Por el contrario, el Grupo Popular expresó su desacuerdo con esta reforma, argumentando que realizar modificaciones en las normas electorales tan cerca de unas elecciones (las cuales tendrían lugar en apenas unos meses) era inapropiado, pues suponía alterar las reglas del juego democrático en un momento inoportuno. Además, sostuvo que, en comparación con otros parlamentos autonómicos, Castilla-La Mancha ya estaba bien representada, siendo la cuarta Comunidad Autónoma con mejor proporción entre habitantes y representantes[399].

3.3. La reforma de la Ley Electoral de Castilla-La Mancha de 2007

Las elecciones autonómicas de 1999, 2003 y 2007 transcurrieron sin que se produjeran cambios en la Ley Electoral ni en el Estatuto de Autonomía en lo relativo al sistema electoral. Estas elecciones estuvieron marcadas por las victorias consecutivas del PSOE y por un marcado bipartidismo, con el PP como único partido de la oposición en las tres convocatorias electorales a las que acabamos de referirnos. Sin embargo, tras las elecciones de 2007, se llevó a cabo una nueva reforma de la Ley Electoral, esta vez a instancias del Grupo Socialista, que propuso incrementar en un diputado la representación de las provincias de Guadalajara y Toledo.

La justificación de este aumento de diputados se basó en los cambios poblaciones sucedidos en los últimos años. El Grupo Socialista puso de relieve que Guadalajara, con 213.505

---

[398] Diario de Sesiones Pleno núm. 071 (19-11-1998), p. 3.

[399] Diario de Sesiones Pleno núm. 071 (19-11-1998), p. 4.

habitantes, superaba ahora en población a Cuenca, que tenía 208.616 habitantes. Sin embargo, la primera enviaba un diputado menos a las Cortes que la segunda, lo cual consideraron una anomalía que debía subsanarse. Asimismo, señalaron que Toledo, con más de 100.000 habitantes más que Ciudad Real, compartía el mismo número de representantes en las Cortes que esta última provincia, algo que tampoco satisfacía adecuadamente el principio de proporcionalidad. Por ello, propusieron corregir estas diferencias incrementando en uno el número de diputados tanto en Guadalajara como en Toledo. De este modo, el Grupo Socialista buscaba garantizar una mayor proporcionalidad en la representación de las provincias castellanomanchegas, respetando al mismo tiempo el límite máximo de diputados establecido en el Estatuto de Autonomía[400].

El Grupo Popular, que en ese momento era el único partido de la oposición en las Cortes de Castilla-La Mancha, se opuso abiertamente a la propuesta de reforma de la Ley Electoral presentada por el Grupo Socialista. Los populares argumentaron que la iniciativa respondía a criterios partidistas y no a un verdadero interés por garantizar una representación más proporcional. Según este Grupo, aunque la población de provincias como Ciudad Real y Albacete también había crecido, no se proponía ajustar su representación proporcional porque no favorecía los intereses del PSOE. En particular, el Grupo Popular destacó que, en Guadalajara, donde el PSOE había perdido un diputado en las elecciones anteriores, la propuesta de incrementar en uno el número de representantes parecía dirigida a recuperar ese escaño perdido. De hecho, el Grupo Popular señaló que Guadalajara podría justificar un aumento aún mayor de diputados en virtud de su crecimiento demográfico, pero consideraron que el PSOE solo estaba interesado en un ajuste que le resultase políticamente beneficioso. En cuanto

400 Diario de Sesiones Pleno núm. 006 (27-09-2007), pp. 2-4.

a Toledo, los populares afirmaron que el aumento propuesto respondía igualmente a un cálculo estratégico, ya que los socialistas habían evaluado que podían ganar un diputado adicional en esta provincia[401].

Para comprender las críticas del Grupo Popular a la reforma, es necesario tener en cuenta que, con la propuesta, el reparto de diputados entre las provincias quedaba de la siguiente manera: Albacete, 10; Ciudad Real, 11; Cuenca, 8; Guadalajara, 8; y Toledo, 12. Como puede observarse, la única provincia con un número impar de diputados era Ciudad Real. Esto probablemente obedeció a criterios partidistas, ya que es sencillo atisbar la aplicación de una técnica de ingeniería electoral conocida como *técnica par-impar.* Como bien ha explicado Fernández Esquer[402], esta técnica consiste en asignar un número par de escaños a las provincias donde el partido interesado ha calculado que no obtendrá mayoría, y asignar un número impar a aquellas circunscripciones donde considera que puede ganar.

El parlamento castellanomanchego, al ser mayormente bipartidista, está dominado por el PP y el PSOE. En las provincias con un número par de diputados, los escaños suelen distribuirse de manera equitativa entre ambos grandes partidos, ya que, en las provincias con escaño par, para que uno gane más escaños que el otro, debe ser considerablemente más votado. Sin embargo, en las provincias con número impar de escaños, basta con que un partido obtenga un solo voto más que el otro para conseguir un escaño adicional. Dado que la provincia de Ciudad Real ha tendido históricamente a favorecer al PSOE en las elecciones regionales, probablemente este partido calculó que el "escaño impar" o "sobrante" recaería a

---

401 Diario de Sesiones Pleno núm. 006 (27-09-2007), pp. 4-7.

402 Fernández Esquer, C., *Sistemas electorales regionales en Estados multinivel ... cit.*, p. 291.

su favor. Con todo, ha de advertirse que esta práctica también sería utilizada por el PP en la reforma electoral de 2012.

Por su parte, el Grupo Socialista defendió que la propuesta de reforma de la Ley Electoral obedecía estrictamente al principio de proporcionalidad, y no a intereses partidistas. Argumentaron que, si hubieran actuado bajo criterios oportunistas, no habrían impulsado ningún cambio en la normativa electoral, dado que habían ganado todas las elecciones desde 1983 bajo el marco electoral vigente. De hecho, aseguraron que, según sus propios cálculos, la reforma no habría alterado en absoluto la diferencia de escaños entre el PSOE y el PP[403], lo que demostraba que no había un beneficio electoral directo para los socialistas en el cambio. El Grupo Socialista subrayó que su propuesta buscaba respetar el juego democrático y corregir una evidente injusticia electoral, ya que las provincias de Guadalajara y Toledo se encontraban claramente infrarrepresentadas en comparación con las demás provincias de Castilla-La Mancha. Insistieron en que el objetivo era hacer justicia con esas provincias, independientemente de qué partido se beneficiara electoralmente[404]. Según remarcaron, la asignación de los escaños adicionales a cada partido en Guadalajara y Toledo dependería, en última instancia, de la voluntad de los ciudadanos, y no de las reglas del sistema electoral[405].

Otra de las críticas que el Grupo Popular dirigió contra la reforma electoral propuesta se basó en que, hasta ese momento, las modificaciones en materia electoral en Castilla-La Mancha se habían llevado a cabo mediante consenso entre las fuerzas políticas. Según ellos, esta tradición constituía un pacto no escrito que garantizaba la legitimidad y estabilidad de las reglas del juego democrático. En este sentido, subrayaron

---

403 Diario de Sesiones Pleno núm. 009 (08-11-2007), p. 3.

404 Diario de Sesiones Pleno núm. 006 (27-09-2007), pp. 7-8.

405 Diario de Sesiones Pleno núm. 009 (08-11-2007), p. 10.

que la reforma impulsada por los socialistas rompía con este consenso, lo que suponía un precedente negativo en la historia democrática de la región. Los populares insistieron en que las reglas electorales no debían ser impuestas unilateralmente por ningún partido, sino que debían surgir de acuerdos amplios que incluyeran a todos los grupos parlamentarios[406]. En defensa de su postura, el Grupo Socialista argumentó que la situación electoral de Guadalajara y Toledo era profundamente injusta, y que el Tribunal Superior de Justicia había informado que tal situación podía rozar la inconstitucionalidad[407].

El Grupo Socialista, justificando su propuesta de reforma electoral, insistió en que ésta estaba fundamentada en el principio de proporcionalidad, al que calificaron como el eje central de la iniciativa. De hecho, durante el debate parlamentario, destacaron que la propuesta representaba «una solución desde la proporcionalidad más exquisita»[408]. Según sus argumentos, se trataba de una medida basada en un cálculo estrictamente matemático: a partir del mínimo de ocho diputados por provincia, fijado por el Estatuto de Autonomía, se añadía un diputado por cada 100.000 habitantes o fracción superior a 75.000[409]. Finalmente, el artículo 16 de la Ley Electoral de Castilla-La Mancha quedó redactado del siguiente modo:

1. Las Cortes de Castilla-La Mancha están formadas por 49 diputados.
2. A cada provincia le corresponde el siguiente número de diputados:

---

406 Diario de Sesiones Pleno núm. 006 (27-09-2007), p. 9.
407 Diario de Sesiones Pleno núm. 009 (08-11-2007), p. 2.
408 Diario de Sesiones Pleno núm. 009 (08-11-2007), p. 4.
409 Diario de Sesiones Pleno núm. 009 (08-11-2007), p. 5.

Albacete, diez diputados; Ciudad Real, once diputados; Cuenca, ocho diputados; Guadalajara, ocho diputados; y Toledo, doce diputados.

3.4. La STC 19/2011

El Grupo Popular manifestó un rechazo contundente a la reforma electoral promovida por los socialistas, llegando incluso a presentar un recurso de inconstitucionalidad ante el Tribunal Constitucional. Este recurso, respaldado por 50 senadores populares, fue formalizado a principios de 2008. Tras un largo proceso de deliberación, el Tribunal emitió su sentencia definitiva en 2011, marcando un hito en el debate sobre la adecuación de las leyes electorales autonómicas a los principios constitucionales[410]. El Grupo Popular fundamentó su recurso alegando, en primer lugar, una vulneración del principio de proporcionalidad. Argumentaron que la redistribución de escaños establecida por la reforma no respetaba plenamente dicho principio. En su opinión, las provincias más infrarrepresentadas hasta ese momento eran Ciudad Real y Toledo, y, por lo tanto, los dos escaños adicionales asignados por la nueva ley debían haber correspondido a estas provincias, en lugar de ser asignados a Guadalajara y Toledo como finalmente se dispuso. Alegaron que, incluso si se hubiera optado por aumentar el número de escaños en tres, lo cual era viable dentro del límite máximo de 50 diputados establecido por el Estatuto de Autonomía, estos deberían haberse asignado a Ciudad Real, Toledo y Albacete. Según los populares, estas tres provincias eran las más infrarrepresentadas en la región. En su análisis, consideraron que Guadalajara no debería haber sido priorizada en la redistribución, ya que Ciudad Real y Albacete presentaban un mayor déficit representativo.

---

410 STC 19/2011 (TOL2.059.920).

Otro argumento clave del recurso se basó en la presunta vulneración del principio de igualdad, particularmente en su conexión con la igualdad del valor del voto. Según el Grupo Popular, Guadalajara ya era la segunda provincia de la región donde menos habitantes se requerían para obtener un diputado. Añadirle un escaño adicional no solo incrementaba su sobrerrepresentación, sino que también agravaba el desequilibrio en la igualdad del voto entre los ciudadanos de Castilla-La Mancha, distorsionando aún más la equidad en la representación democrática.

Los recurrentes también denunciaron que la nueva Ley Electoral contravenía el principio de interdicción de la arbitrariedad de los poderes públicos. Según el Grupo Popular, la reforma no respondía a criterios objetivos, sino a un intento del PSOE por asegurarse su permanencia en el poder. En este sentido, sostuvieron que la redistribución de escaños establecida por la ley buscaba deliberadamente convertir a Ciudad Real en la única provincia con un número impar de diputados, lo que otorgaba una ventaja estratégica al PSOE en caso de resultados ajustados. Explicaron que, bajo el sistema de la Ley D'Hondt, en las circunscripciones con un número par de escaños, los dos partidos principales tienden a obtener un reparto igualado si la diferencia de votos entre ambos no supera aproximadamente el 9%. El incremento de un diputado en Ciudad Real, que pasaría a contar con un número impar de representantes y que históricamente había sido la provincia con mayor apoyo al PSOE, aseguraba que, incluso en escenarios de equilibrio entre partidos en el resto de la región, esta circunscripción sería decisiva para inclinar la balanza a favor de los socialistas. El Grupo Popular añadió que este diseño podía generar escenarios en los que, aunque el PP obtuviera más votos en el conjunto de Castilla-La Mancha, el PSOE podría lograr la mayoría absoluta únicamente ganando por un estrecho margen en Ciudad Real, consolidando así su hegemonía parlamentaria.

El Tribunal Constitucional consideró que el mandato constitucional y estatutario de implementar un sistema de representación proporcional otorgaba al legislador un amplio margen para configurar los elementos del sistema electoral, siempre que se orientara a garantizar dicha proporcionalidad. Sin embargo, señaló que este mandato no exigía un sistema de proporcionalidad pura, ya que debía adaptarse a diversos factores inherentes al diseño electoral. El Tribunal indicó que las normas constitucionales y estatutarias permitían distintas soluciones legislativas, lo que evidenciaba la flexibilidad del denominado "bloque de constitucionalidad". Entre los elementos que modulaban o limitaban la proporcionalidad, destacó la horquilla de número mínimo y máximo de miembros de la Cámara, la distribución de escaños entre circunscripciones, la asignación inicial de escaños mínimos por circunscripción y la fórmula matemática empleada para la atribución de escaños. Asimismo, el Tribunal subrayó que el mandato constitucional y estatutario de garantizar la representación territorial (art. 152.1 CE y art. 10.2 del Estatuto de Autonomía de Castilla-La Mancha) operaba como un criterio parcialmente corrector de la proporcionalidad. Este principio justificaba que el sistema electoral ajustara la proporcionalidad para asegurar la representación de las distintas zonas del territorio de la región[411].

El Tribunal Constitucional concluyó que, conforme a las exigencias constitucionales y estatutarias de un sistema de representación proporcional, dicha proporcionalidad no debía ser entendida como absoluta, sino como un criterio tendencial sujeto a modulaciones y correcciones derivadas de la discrecionalidad legislativa. Esta proporcionalidad "adecuada" se interpretaba como imperfecta, en la medida en que su aplicación estaba condicionada por diversos factores propios del diseño

---

411 FJ 3.

electoral. En este sentido, el Tribunal sostuvo que el legislador, dentro de su libertad de configuración normativa, podía introducir ajustes al principio de proporcionalidad siempre que éstos se basaran en objetivos legítimos y no generaran discriminaciones entre las opciones políticas en competencia. Por lo tanto, no podía considerarse inconstitucional cualquier norma o aplicación específica del sistema electoral que no se ajustara estrictamente a criterios proporcionales, siempre y cuando se respetaran los principios fundamentales del sistema[412].

Además, el Tribunal advirtió que los recurrentes se centraban exclusivamente en el reparto de los dos nuevos escaños añadidos a las Cortes de Castilla-La Mancha, sin considerar la distribución global de la totalidad de los escaños entre las circunscripciones electorales, que era, según sostuvieron, el marco adecuado para evaluar la proporcionalidad del sistema electoral. Finalmente, el Tribunal concluyó que, desde la perspectiva que le corresponde, el incremento de diputados en Guadalajara y Toledo no vulneraba el principio de proporcionalidad ni los artículos 152.1 CE y 10.2 del Estatuto de Autonomía[413].

---

412 A este respecto, cabe destacar que el Tribunal Constitucional también señaló que las operaciones aritméticas presentadas por los recurrentes para evidenciar una supuesta quiebra de la proporcionalidad se basaban en datos de población correspondientes al 1 de enero de 2007, los cuales fueron declarados oficiales y publicados posteriormente, en diciembre de ese mismo año, y con efectos desde el 31 de diciembre de 2007. Por ello, dichas cifras no pudieron ser consideradas por el legislador autonómico al aprobar la ley recurrida, dado que no eran oficiales ni estaban disponibles en ese momento. Aunque las alegaciones de los recurrentes podrían referirse al padrón de 2006, utilizado por el legislador, las operaciones propuestas carecían de valor por sí mismas para sustentar la alegada infracción del principio de proporcionalidad (FJ 5).

413 FJ 6.

Al analizar la ley recurrida, el Tribunal Constitucional subrayó que cuando el legislador autonómico abordó la desigual evolución demográfica entre las circunscripciones electorales, actuó en cumplimiento de su obligación de conciliar los principios de proporcionalidad y representación territorial. Además, según el Tribunal, el legislador respetó el mandato estatutario que establece que la asignación de diputados a cada circunscripción no puede ser inferior a la prevista en el artículo 10.2 del Estatuto. Desde su perspectiva, el Tribunal consideró razonable y no arbitraria la decisión del legislador de ajustar la distribución de los escaños en función de los cambios demográficos, asignando los dos nuevos diputados a las circunscripciones de Guadalajara y Toledo.

Aunque el Tribunal había señalado previamente que el mandato de proporcionalidad no exige una revisión constante de la distribución de escaños ante variaciones demográficas, también reconoció que una inacción prolongada del legislador frente a cambios significativos podía derivar en una inconstitucionalidad sobrevenida. En este caso, no se observó ninguna desproporción especialmente intensa en las elecciones de 2007 que obligara al legislador a actuar, pero su decisión de atender a dichas variaciones demográficas no resultó incompatible con el marco constitucional ni estatutario. El Tribunal concluyó que la reforma legislativa, orientada a mitigar las distorsiones demográficas y a reforzar el equilibrio entre proporcionalidad y representación territorial, no merecía reproche desde la perspectiva constitucional, ya que respondía a objetivos legítimos dentro de las competencias del legislador autonómico.

El Tribunal Constitucional consideró que la asignación de los dos nuevos diputados a las circunscripciones de Guadalajara y Toledo, decidida por el legislador autonómico, se encontraba debidamente fundamentada en una justificación objetiva y razonable basada en la evolución demográfica entre 1996 y 2006. Durante esta década, Guadalajara experimentó un crecimiento poblacional del 35,76 %, pasando de 157.255 a 213.505 habitantes, superando en población a la provincia de Cuenca. Por su parte, Toledo registró el mayor incremento en términos absolutos, con un aumento de 99.738 habitantes, alcanzando una población total de 615.618, lo que representó un crecimiento del 19,34 %. En contraste, las otras tres provincias de Castilla-La Mancha tuvieron incrementos poblacionales significativamente menores tanto en términos absolutos como relativos: Cuenca creció un 3,42 %, Ciudad Real un 5,88 % y Albacete un 7,97 %.

El Tribunal destacó que el crecimiento de Guadalajara, que superó a Cuenca en población, justificaba que ambas circunscripciones contaran con el mismo número de diputados, lo que llevó a incrementar en uno el mínimo fijado por el artículo 10.2 del Estatuto de Autonomía. En cuanto a Toledo, no sólo experimentó el mayor aumento absoluto de población, sino que también superó a Ciudad Real en más de 100.000 habitantes, lo que justificaba la asignación de un escaño adicional. Por tanto, el Tribunal concluyó que la decisión legislativa no podía considerarse ni arbitraria ni irrazonable, ya que respondía a un criterio legítimo de adecuación de la representación electoral a las dinámicas demográficas de las circunscripciones.

De este modo, el Tribunal determinó que la decisión del legislador autonómico estaba debidamente respaldada por criterios objetivos y razonables, en conformidad con el mandato constitucional y estatutario que exige un sistema de representación territorial que asegure la representación de las diversas zonas del territorio de Castilla-La Mancha. Entre estos criterios se encontraba la atribución a cada circunscripción de un número mínimo de escaños igual al de la circunscripción menos poblada y la asignación de un diputado adicional por cada 100.000 habitantes o fracción superior a 75.000. Aunque el Tribunal observó una sobrerrepresentación de las circunscripciones menos pobladas y una infrarrepresentación de las más pobladas, recordó que el principio de proporcionalidad es tendencial y admite ajustes derivados de factores como la representación territorial (art. 152.1 CE y art. 10.2 del Estatuto de Autonomía de Castilla-La Mancha). En este sentido, el Tribunal puntualizó que la mera denuncia de desviaciones de la proporcionalidad no es suficiente para considerarlas inconstitucionales, sino que éstas deben superar los límites de lo constitucionalmente tolerable y generar una desproporción manifiesta y arbitraria para que se pueda considerar que se ha infringido la Constitución[414].

En relación con el principio de igualdad en el sufragio, el Tribunal destacó que, si bien tradicionalmente se había entendido de manera formal, en el constitucionalismo contemporáneo se concibe como una exigencia sustancial de igualdad. Esto implica no solo el igual valor numérico del voto, sino también la igualdad en el valor de los resultados obtenidos en la asignación de escaños, especialmente en sistemas proporcionales. Sin embargo, el Tribunal subrayó que la igualdad debe ser evaluada dentro del sistema electoral establecido por el legislador, quien tiene la obligación de evitar diferencias discriminatorias sin necesidad de realizar comparaciones con otros sistemas electorales distintos.

El Tribunal también indicó que el legislador está sometido a otros mandatos constitucionales y estatutarios que pueden influir en el principio de igualdad en el sufragio. Uno de estos mandatos es la exigencia de proporcionalidad del sistema electoral, la cual no debe interpretarse como una obligación de implementar un sistema puramente proporcional, sino como una guía o criterio tendencial. Además, el Tribunal señaló que el principio de representación territorial, que asegura la adecuada representación de todas las zonas del territorio, también actúa como un factor corrector de la proporcionalidad. En este

---

414 FJ 7.

contexto, el Tribunal concluyó que el principio de igualdad en el sufragio puede verse modificado por estos otros mandatos constitucionales y estatutarios, siempre que no se generen diferencias desproporcionadas, irrazonables o arbitrarias que constituyan una discriminación inaceptable desde el punto de vista constitucional. Finalmente, el Tribunal reiteró que, a pesar de las posibles modulaciones del principio de igualdad en el sufragio, éste debe seguir siendo un objetivo que guíe progresivamente la actuación del legislador, buscando un equilibrio cada vez más ajustado entre la igualdad y otros principios constitucionales[415].

Respecto a la alegación de la vulneración del principio de interdicción de la arbitrariedad (art. 9.3 CE), el Tribunal recordó que los demandantes basaron su argumentación en que la asignación de dos nuevos escaños en las circunscripciones de Guadalajara y Toledo carecía de justificación objetiva y razonable, lo que constituiría una arbitrariedad contraria a la Constitución. El Tribunal, siguiendo una doctrina reiterada, recordó que el control de constitucionalidad de las leyes no debe imponer restricciones indebidas al legislador, ya que tanto el pluralismo político como la libertad del legislador son bienes constitucionales protegidos. En este sentido, precisó que, para declarar una ley como arbitraria, no bastaba con simples afirmaciones; era necesario demostrar que la medida adoptada carecía de justificación objetiva o razonable, o que implicaba una discriminación injustificada. Además, el Tribunal subrayó que la mera discrepancia política con la decisión del legislador no era suficiente para calificarla de arbitraria, y que la existencia de posibles alternativas no implicaba necesariamente la inconstitucionalidad de la ley. En consecuencia, el Tribunal rechazó como válida esta última alegación, concluyendo que la ley impugnada estaba razonablemente justificada y no violaba

---

415 FJ 9.

el principio de interdicción de la arbitrariedad. Así, el recurso de inconstitucionalidad fue desestimado y se declaró que no se había infringido el principio consagrado en el artículo 9.3 de la Constitución Española[416].

3.5. La reforma de la Ley Electoral de Castilla-La Mancha de 2012

A pesar de las acusaciones del PP de que la nueva Ley Electoral beneficiaría al PSOE, las elecciones de 2011 dieron la victoria a los populares. Al año siguiente, tras proclamarse vencedor, el Grupo Popular propuso una nueva reforma de la Ley Electoral con el objetivo de aumentar tanto el número total de diputados en las Cortes como el número de representantes asignados a cada provincia. En concreto, plantearon elevar a 53 el número de diputados autonómicos, distribuidos de la siguiente manera: Albacete, 10; Ciudad Real, 12; Cuenca, 9; Guadalajara, 9; y Toledo, 13.

En la Exposición de Motivos del proyecto de ley[417] el Grupo Popular justificó su propuesta señalando el notable incremento de población que Castilla-La Mancha había experimentado en los últimos cuatro años, con un crecimiento del 7%, frente al 4,4% registrado como media nacional. Argumentaron que este aumento demográfico hacía necesario adaptar la composición del parlamento autonómico, que, a su juicio, se encontraba infrarrepresentado en comparación con otras Comunidades Autónomas de población similar, pero con un número significativamente mayor de diputados en sus asambleas legislativas. Ante las críticas del PSOE, los populares señalaron que, durante la legislatura anterior, el senador autonómico socialista Emiliano García-Page había cuestionado la reforma electoral

---

416 FJ 12.

417 Boletín Oficial núm. 039 (04-04-2012).

impulsada unos años antes por su propio partido, afirmando que ésta tenía un "tufillo" y que "olía mal"[418]. El Grupo Popular también argumentó que su reforma respetaba la diferencia de cuatro diputados entre la provincia más poblada y la menos poblada, tal y como había ocurrido en otras ocasiones. Asimismo, sostuvo que la distribución no era estrictamente proporcional, pues primaba a las provincias menos pobladas, ofreciendo la razón de que esto era algo que ocurría en todos los parlamentos autonómicos del país.

De este modo, el Grupo Popular calificó la Ley Electoral anterior de «radicalmente injusta», al considerar que la distribución de escaños favorecía situaciones en las que un partido con menor respaldo popular podía alzarse con la victoria electoral. Fundamentaron esta crítica en el hecho de que cuatro provincias contaban con un número par de diputados, mientras que solo una tenía un número impar, lo cual, en su opinión, podía distorsionar el resultado electoral en situaciones de equilibrio entre las fuerzas políticas. En contraste, defendieron que su reforma corregía esta situación al establecer un reparto en el que tres provincias (Cuenca, Guadalajara y Toledo) contarían con un número impar de diputados, mientras que las otras dos (Albacete y Ciudad Real) tendrían un número par. Con esta medida, argumentaron, se mitigaba el riesgo de empates técnicos y se garantizaba una distribución de escaños más justa y representativa de la voluntad popular.

Evidentemente, como puede entreverse, la reforma impulsada por el PP no solo pretendía corregir la aplicación de la técnica par-impar introducida por el PSOE con la reforma de 2007, sino también implementar dicha práctica para beneficio propio. De esta manera, la asignación de un número impar de escaños a las provincias de Guadalajara y Cuenca respondía

---

418 Diario de Sesiones Pleno núm. 022 (17-05-2012), p. 20.

a esta estrategia, dado que ambas habían mostrado históricamente un mayor apoyo al PP en las elecciones regionales. Por otro lado, la asignación de un número impar de escaños a Toledo, que, aunque tradicionalmente socialista, comenzaba a mostrar tendencias más favorables al PP, evidenciaba también esta intención partidista. Finalmente, la extensión de esta técnica culminó con la asignación de escaños pares a Ciudad Real, una provincia históricamente socialista[419].

Por su parte, el PSOE no mostró un gran interés por la nueva propuesta de ley presentada por el Grupo Popular, y no presentó enmiendas al respecto. Los miembros del Grupo Socialista manifestaron que «para el Partido Socialista, el interés por el debate de esta ley, en estos momentos, es pequeño»[420], e invitaron al Grupo Popular a trabajar en una Ley Electoral consensuada, que estuviera «bien hecha»[421], sugiriendo que ni la reforma propuesta por el PP ni la reforma anterior del PSOE eran adecuadas. En este contexto, el Grupo Socialista acusó al Grupo Popular de contradecir las indicaciones del Tribunal Constitucional en su sentencia de 2011.

Como ya vimos[422], el Tribunal Constitucional había señalado que la proporcionalidad exacta en cuanto al valor del voto

---

419 Fernández Esquer, C., *Sistemas electorales regionales en Estados multinivel … cit.*, p. 296.

420 Diario de Sesiones Pleno núm. 022 (17-05-2012), p. 21. Cabe destacar que en esta afirmación estaría de acuerdo Francisco Cañizares, diputado regional del Grupo Popular, quien afirmaría que: «Yo puedo estar de acuerdo con ustedes en que a los ciudadanos, seguramente, este problema les ocupe un lugar bastante retrasado, comparado con otros, pero es un problema que ustedes han creado, como otros tantos; y ese problema hay hoy que corregirlo y hay que corregirlo de forma coherente». (Diario de Sesiones Pleno núm. 022 (17-05-2012), p. 26).

421 Diario de Sesiones Pleno núm. 022 (17-05-2012), p. 25.

422 *Vid. supra*, 3.4.

de todos los ciudadanos en la región era imposible de alcanzar debido a la limitación establecida en el Estatuto, que impedía reducir el número de diputados en las circunscripciones respecto la legislación electoral previa. Sin embargo, el Tribunal insistió en que, aunque no se pudiera lograr una proporcionalidad exacta, el legislador no podía empeorar la proporción existente. En este sentido, el Grupo Socialista argumentó que la nueva propuesta de los populares aumentaba la desigualdad en la representación, reduciendo la proporcionalidad entre las provincias. Señalaron, por ejemplo, que bajo la nueva regulación a Albacete le costaría más obtener un diputado, mientras que a Cuenca le costaría menos, lo que, según los socialistas, aumentaba la disparidad en el valor del voto de los ciudadanos de ambas provincias[423].

Finalmente, cabe destacar que, tras la promulgación de la reforma de la Ley Electoral de Castilla-La Mancha en 2012, 50 senadores del Grupo Socialista presentaron un recurso de inconstitucionalidad contra dicha norma. No obstante, el Tribunal resolvió el recurso en diciembre de 2014. En su sentencia relativa al recurso de inconstitucionalidad presentado contra la reforma de 2012[424], el Tribunal declaró la pérdida de vigencia de la norma impugnada, debido a que había entrado en vigor una reforma posterior de la Ley Electoral en 2014. Esta pérdida de vigencia determinó la pérdida de objeto del recurso de inconstitucionalidad, ya que la ley impugnada había quedado obsoleta tras su modificación. De esta manera, el Tribunal no pudo (o no quiso) pronunciarse sobre el fondo del recurso, al haberse producido una reforma que dejó sin efecto la ley cuestionada.

---

423 Diario de Sesiones Pleno núm. 022 (17-05-2012), p. 23.

424 STC 214/2014 (TOL4.696.555).

4. EL SISTEMA ELECTORAL ACTUAL DE CASTILLA-LA MANCHA

4.1. La reforma del Estatuto de Autonomía de Castilla-La Mancha de 2014

Sin embargo, sorprendentemente, la reforma de 2012 no tendría aplicación práctica en ningunas elecciones, ya que un año antes de los comicios de 2015, el Estatuto de Autonomía fue reformado nuevamente. La propuesta, impulsada por el PP de Castilla-La Mancha, modificó el sistema electoral y fijó un límite en el número de diputados de las Cortes de la región, estableciendo un rango entre 25 y 35 diputados. La reforma estatutaria, que debía ser debatida en las Cortes Generales, fue justificada por el Grupo Popular como una respuesta a la necesidad de ajustar el esfuerzo institucional a los sacrificios realizados por la ciudadanía durante la crisis económica. Según los populares, la medida buscaba equilibrar austeridad y representatividad, atendiendo a una demanda social mayoritaria que pedía una estructura parlamentaria más ajustada a la realidad económica y social del momento[425].

---

[425] Como bien señala Ruiz González, este argumento no resulta demasiado convincente debido a que el anterior rango de escaños (47-59) ya era uno de los más austeros de la nación. En su opinión, y haciendo un símil con la salud, «es como si una persona delgada hubiera hecho una fuerte reducción de peso, poniendo en peligro su salud. Este paralelismo es adecuado porque, al igual que perder kilos puede ser perjudicial para la salud de una persona si su peso final es demasiado bajo, reducir escaños puede tener consecuencias negativas para mantener una proporcionalidad y representatividad adecuadas» (Ruiz González, F., "Hacia un tamaño adecuado de las Cortes de Castilla-La Mancha", *Anuario Parlamento Y Constitución,* nº25, 2024, pp. 181-203; p. 184). Cabe destacar que, en sus comentarios al respecto del aumento de diputados producido a raíz de la

No obstante, es importante considerar que las razones detrás de la reforma podrían haber sido otras. Aunque es posible que el PP tuviese en cuenta la austeridad en la reforma, resulta difícil creer que el reducido ahorro económico proveniente de la reducción de diputados justificase el drástico empeoramiento que la reforma electoral supondría para la proporcionalidad del sistema electoral de Castilla-La Mancha. Como han señalado algunos autores[426], una de las razones subyacentes a la reforma podría haber sido la percepción del PP de que era poco probable que volviera a obtener la mayoría en el parlamento regional. Esto se debe a que Castilla-La Mancha se había convertido en una de las Comunidades donde el PP había implementado los recortes más drásticos, lo cual generaba una percepción negativa entre una parte significativa del electorado. A esto se sumaba el auge de otros partidos, como UPyD e Izquierda Unida, que las encuestas predecían como emergentes. Sin embargo, a medida que avanzaba la reforma, otros nombres como Podemos o Ciudadanos comenzaron a ganar visibilidad. Así, es probable que el PP hubiese calculado que estos partidos podrían aliarse con el PSOE, y con la reforma buscó blindarse ante esta posible situación, asegurando que el sistema electoral favoreciera sus intereses y limitara la capacidad de sus rivales políticos de formar una mayoría alternativa.

---

reforma del Estatuto de 1997, que fijaba un límite de entre 47 y 59 diputados para las Cortes regionales, Martín Sánchez señaló que dicho rango de diputados (que, recordemos, ha sido el más alto de la historia democrática de Castilla-La Mancha) se mostraba como insuficiente, pues todavía colocaba a Castilla-La Mancha como una de las Comunidades Autónomas con menos diputados en relación a su población (Martín Sánchez, M., "El Estado Autonómico y el procedimiento electoral en España: Reforma de la Ley Electoral de Castilla-La Mancha", *Revista de Derecho Electoral*, nº10, 2010, pp. 1-19; p. 11).

426 Fernández Esquer, C., *Sistemas electorales regionales en Estados multinivel … cit.*, p. 298.

Ante la propuesta de reforma, se presentaron varias enmiendas relevantes en el Senado, destacando las presentadas por el Grupo Mixto, el Grupo Unión Progreso y Democracia, y el Grupo Entesa pel Progrés de Catalunya. Las enmiendas de estos grupos coincidían en la propuesta de transformar a la Comunidad Autónoma en una circunscripción electoral única. Además, tanto el Grupo Mixto como el Grupo Entesa pel Progrés de Catalunya sugirieron fijar un límite en el número de diputados entre 47 y 59, argumentando que este rango ofrecería una representación más equilibrada y proporcional para Castilla-La Mancha. Una enmienda relevante presentada por el Grupo Mixto en el Senado consistió en exigir que las futuras reformas electorales fueran aprobadas por una mayoría cualificada de dos tercios de la Cámara castellanomanchega, con el objetivo de asegurar un consenso más amplio en cuestiones tan fundamentales como la Ley Electoral. Por su parte, el Grupo Unión Progreso y Democracia propuso un límite de diputados entre 35 y 47, y abogó por desbloquear las listas electorales, buscando una mayor transparencia y flexibilidad en los procesos de elección de los representantes regionales[427].

El Grupo Mixto argumentó que la reforma destinada a reducir el número de diputados en las Cortes de Castilla-La Mancha representaba un grave ataque a la democracia representativa. Sostuvieron que esta medida limitaba el pluralismo político y vulneraba principios constitucionales fundamentales, como la igualdad de acceso a los cargos públicos y la representación proporcional. En su opinión, la reforma favorecía al PP, ya que reducía el control de la oposición y consolidaba una posición de ventaja electoral para el partido en el poder. El Grupo Mixto también criticó que la propuesta carecía de consenso político y social, además de estar en contradicción con las recomendaciones del Consejo de Estado sobre proporcionalidad. Subrayaron

[427] BOCG. Senado Núm. 335_2365 (Apartado I) de 10/04/2014.

que la reforma dejaría a Castilla-La Mancha como la Comunidad con menor representatividad en relación con su territorio y población, lo que calificaron de un "ridículo esperpéntico". Afirmaron que la medida empobrecería la calidad democrática de la región, consolidaría un sistema bipartidista y reforzaría un ejercicio del poder sin contrapesos democráticos. En resumen, en su análisis incidieron fundamentalmente en que la reforma no abordaría los problemas sociales ni económicos de la región, sino que agravaría la desafección ciudadana hacia las instituciones, debilitando aún más la democracia[428].

Como adelantamos unas líneas más arriba, el Grupo Mixto defendió la idea de que la circunscripción electoral debería abarcar toda la Comunidad Autónoma de Castilla-La Mancha. Explicaron que, dado que se trataba del Estatuto de la región, lo lógico sería que cada voto tuviera el mismo valor en toda la Comunidad. Según su planteamiento, al adoptar esta propuesta se evitaría la sobrerrepresentación de algunas provincias y la subrepresentación de otras, lo que, a su juicio, no reflejaba adecuadamente la realidad demográfica de la región. Además, consideraron que esta modificación mejoraría la calidad democrática del Estatuto, al garantizar una representación más equitativa y ajustada a las proporciones poblacionales. Por otro lado, abogaron por mantener la horquilla de diputados entre 47 y 59, ya que, en su opinión, este rango favorecería una mayor representación y pluralidad política. Finalmente, solicitaron que no se establecieran barreras electorales, argumentando que este tipo de restricciones excluían a una parte significativa del electorado castellanomanchego de la representación en el parlamento, lo que, según ellos, vulneraba el principio de igualdad en el sufragio[429].

---

428 BOCG. Senado Núm. 335_2366 (Apartado I) de 10/04/2014.

429 DS. Congreso de los Diputados Núm.506 de 19/02/2014, pp. 3-4. En este sentido, también el Grupo pel Progrés de Catalunya criticó

Por su parte, el Grupo Unión Progreso y Democracia fundamentó su propuesta de establecer la Comunidad Autónoma como circunscripción electoral, ampliar el límite de diputados y desbloquear las listas electorales, señalando que ello garantizaría de manera más efectiva la igualdad y proporcionalidad del sistema electoral. El Grupo no propuso un número arbitrario de diputados, sino que sugirió una horquilla de entre 35 y 47 diputados. Este rango, argumentaron, permitiría mantener una proporcionalidad adecuada en la representación de las preferencias electorales de los ciudadanos de Castilla-La Mancha. Para el Grupo Unión Progreso y Democracia, este debía ser el verdadero propósito de la reforma del Estatuto: garantizar una representación fiel y ajustada a la realidad política de la Comunidad. Asimismo, propusieron la inclusión de listas desbloqueadas como una mejora en la calidad del sistema electoral. Defendieron que permitir a los ciudadanos señalar sus preferencias dentro de las listas presentadas por los partidos políticos sería un paso crucial hacia una mayor transparencia y cercanía entre los votantes y sus representantes. Justificaron que esta medida fomentaría una mayor participación ciudadana y contribuiría a un sistema electoral más democrático, otorgando a los votantes un mayor poder sobre los candidatos que finalmente llegarían a la Cámara[430].

En el Congreso de los Diputados, el Grupo Popular subrayó la difícil situación económica que atravesaba la región, destacando que en 2011 Castilla-La Mancha había alcanzado un déficit del 7,3%, batiendo récords de déficit y endeudamiento a nivel nacional. En su intervención, incidieron en que el PP, desde su llegada al poder, había implementado una serie de

---

la reforma con argumentos similares, señalando que reducir el número de diputados equivalía a reducir la democracia (BOCG. Senado Núm. 335_2366 (Apartado I) de 10/04/2014).

430 DS. Congreso de los Diputados Núm.506 de 19/02/2014, p. 5.

medidas de ajuste y recortes con el objetivo de mejorar progresivamente la situación económica de la región castellanomanchega. Entre estas medidas, destacaron especialmente el recorte en el presupuesto de las Cortes de Castilla-La Mancha, que se había reducido de doce millones de euros anuales a ocho. Argumentaron que la reforma para reducir el número de diputados a las Cortes respondía a esta misma lógica de contención del gasto y racionalización de los recursos públicos, asegurando que la política debía dar ejemplo de austeridad en tiempos de crisis. Por último, el Grupo Popular defendió su propuesta con base en que la reducción del número de diputados supondría un ahorro aproximado de entre 4 y 5 millones de euros por legislatura. Este ahorro, sostuvieron, podría destinarse a financiar servicios públicos esenciales, como la construcción de un centro de salud o de algunos colegios, poniendo el acento en la necesidad de optimizar los recursos públicos para dar respuesta a las necesidades reales de los ciudadanos de la región[431].

Desde el Grupo Mixto se criticó duramente la propuesta del Grupo Popular, afirmando que se trataba de un ataque a la democracia, motivado por intereses partidistas más que por razones de austeridad económica, como sostenía el PP. Según el Grupo Mixto, la reforma tenía como objetivo limitar la representación política, consolidar el bipartidismo e impedir que fuerzas políticas más pequeñas pudieran acceder a las instituciones, lo que, a su juicio, suponía un retroceso democrático. Denunciaron que esta medida formaba parte de una estrategia más amplia del PP para restringir la pluralidad democrática y desvirtuar el modelo autonómico. El Grupo Mixto señaló que la reducción del número de escaños profundizaba lo que describieron como un déficit democrático, al reducir los contrapesos institucionales y obstaculizar una representación plural.

---

431 DS. Congreso de los Diputados Núm.157 de 19/11/2013, pp. 5-8.

Además, afirmaron que esta reforma no resolvería los problemas económicos ni sociales de la región, acusando al PP de utilizar la austeridad como un pretexto para perpetuarse en el poder. Finalmente, instaron a los ciudadanos a responder en las urnas contra políticas que consideraban antidemocráticas y perjudiciales para la calidad del sistema representativo[432].

El Grupo de Unión Progreso y Democracia manifestó un rechazo contundente a la reforma electoral propuesta en Castilla-La Mancha, al considerar que constituía un ataque directo a los principios esenciales de la democracia representativa. Durante su intervención, el portavoz criticó tanto la motivación como el contenido de la reforma, subrayando que su propósito parecía ser restringir la pluralidad política y consolidar un sistema bipartidista en la región. En su análisis, destacaron que la reducción drástica del número de diputados, sin una modificación de los distritos electorales, elevaba las barreras de acceso para los partidos nuevos o minoritarios, lo que suponía un perjuicio evidente para el pluralismo político[433]. Según sus argumentos, este diseño electoral favorecía de forma exclusiva a los grandes partidos, limitando la representación de las fuerzas políticas más pequeñas y empobreciendo la calidad democrática del parlamento autonómico. Asimismo, señalaron que la reforma electoral no respondía a criterios de mejora de la proporcionalidad ni de equidad en el valor del voto, sino que, por el contrario, distorsionaba aún más la representatividad y marginaba las preferencias reales de los ciudadanos[434].

---

[432] DS. Congreso de los Diputados Núm.157 de 19/11/2013, pp. 8-10.

[433] Como veremos más adelante (*Vid. infra*, Cap. IV, 3.1), esto es algo completamente cierto, pues, aunque la barrera electoral legal no sea elevada, cuantos menos escaños existen en una circunscripción mayor es el umbral electoral efectivo para conseguir representación parlamentaria.

[434] DS. Congreso de los Diputados Núm.157 de 19/11/2013, pp. 11-13.

Por otro lado, el Grupo Socialista argumentó que la reforma del Estatuto de Autonomía de Castilla-La Mancha presentada por el PP carecía de consenso y respondía únicamente a intereses partidistas. Subrayaron que la iniciativa había sido aprobada en las Cortes de Castilla-La Mancha con una ajustada mayoría de 25 votos frente a 24, lo que consideraron insuficiente para modificar una norma de tal relevancia dentro del bloque constitucional. El Grupo Socialista recordó que, en reformas anteriores del Estatuto de Castilla-La Mancha, siempre se había buscado un amplio consenso político y social. En contraste, calificó la reforma actual como "instrumental" y "burda" por tener como objetivo la modificación de la Ley Electoral en beneficio exclusivo del PP, sin tener en cuenta el interés general ni respetar el espíritu democrático.

Así las cosas, el Grupo Socialista criticó la justificación esgrimida por el PP, tanto en términos democráticos como presupuestarios. Argumentaron que la reducción del número de diputados no respondía a criterios técnicos ni económicos y que, lejos de promover la austeridad, debilitaba gravemente los mecanismos de control parlamentario sobre el ejecutivo regional. En este sentido, denunciaron que la medida afectaría negativamente la capacidad de la oposición para fiscalizar la acción del gobierno, lo que suponía un retroceso en la calidad democrática de la región. Por último, el Grupo Socialista destacó lo que consideró una evidente contradicción del PP, recordando que en el pasado habían defendido la ampliación del parlamento autonómico como una medida "saludable democráticamente". Ahora, sin embargo, justificaban una drástica reducción del número de escaños como un ejercicio de austeridad, una postura que, según el PSOE, carecía de coherencia y de credibilidad. Finalmente, advirtieron que la reforma estaba dirigida a disminuir el pluralismo político y a limitar el control democrático, consolidando así una posición de ventaja para el

PP en detrimento del interés general y de la representación efectiva de los ciudadanos de Castilla-La Mancha[435].

El Grupo Catalán también se mostró crítico con la propuesta, argumentando que ésta transformaría el sistema electoral castellanomanchego en uno mayoritario, alejándolo del principio de proporcionalidad en la representación. Según ellos, la representatividad es un elemento fundamental de cualquier sistema democrático, y la propuesta podía erosionarla al establecer condiciones que dificultarían la entrada al parlamento de fuerzas políticas con menor representación, favoreciendo un modelo que funcionaría de facto como un sistema mayoritario[436]. El Grupo Catalán comparó esta reforma con otros sistemas electorales autonómicos y destacó que, con esta reducción, el parlamento de Castilla-La Mancha tendría menos diputados que Comunidades Autónomas uniprovinciales como La Rioja o Cantabria, a pesar de contar con una población y extensión territorial notablemente mayores.

El Grupo Catalán expresó serias preocupaciones respecto a la reforma electoral planteada en Castilla-La Mancha, subrayando que los umbrales prácticos de representación que resultarían de esta modificación (situados, según ellos, entre un 13% y un 15% de los votos) constituían una barrera desproporcionada para el pluralismo político. Según su análisis, este elevado porcentaje dificultaría considerablemente la entrada de fuerzas políticas minoritarias en las Cortes regionales, erosionando así los principios de proporcionalidad que deben regir cualquier sistema electoral democrático. El Grupo Catalán comparó la propuesta popular con otros sistemas electorales

---

435 DS. Congreso de los Diputados Núm.157 de 19/11/2013, pp. 17-20.

436 Que tras esta reforma el sistema electoral de Castilla-La Mancha tienda a comportarse en la práctica como un sistema mayoritario es una apreciación que, como podremos observar más adelante (*infra*, Cap. IV, 3.1), han compartido algunos estudiosos en la materia.

nacionales e internacionales, poniendo como ejemplo el sistema proporcional puro con circunscripción única empleado en Israel. Destacaron que este modelo, al evitar barreras elevadas de representación, fomenta una pluralidad política significativa y refleja mejor la diversidad de la voluntad popular. Afirmaron que Castilla-La Mancha podría haber optado por un enfoque más inclusivo y equitativo, en lugar de implementar una reforma que restringe las posibilidades de participación de partidos pequeños o emergentes. Además, enfatizaron que esta reforma parecía diseñada para moldear los resultados electorales antes de la celebración de las elecciones, lo cual podría interpretarse como un intento de alterar las reglas del juego democrático para favorecer a quienes impulsaban la propuesta[437].

El Grupo de La Izquierda Plural rechazó enérgicamente la reforma del Estatuto de Castilla-La Mancha, calificándola como un ataque a la democracia y al pluralismo político. Criticaron la drástica reducción de escaños en las Cortes regionales, señalando que tal modificación no tenía justificación democrática ni económica y que buscaba limitar la representatividad y favorecer el bipartidismo. A su modo de ver, el supuesto ahorro económico era irrelevante frente al costo democrático de la medida y denunciaron incoherencias, como el aumento simultáneo de gastos en cargos de libre designación. Para ellos, esta reforma profundizaba el déficit democrático de la región y dificultaba el control al gobierno.

El Grupo de La Izquierda Plural planteó diversas alternativas a la reforma del Estatuto de Autonomía de Castilla-La Mancha, argumentando que existían opciones más justas y democráticas que la propuesta impulsada por el PP. Entre otras cosas, abogaron por la adopción de una circunscripción única, considerando que este modelo permitiría una representación

---

437 DS. Congreso de los Diputados Núm.157 de 19/11/2013, pp. 15-17. DS. Congreso de los Diputados Núm.506 de 19/02/2014, pp. 7-9.

más proporcional y evitaría las desigualdades actuales derivadas de la división provincial, que favorecían a las provincias menos pobladas. También insistieron en mantener el número actual de escaños en las Cortes regionales, explicando que reducir la representación no solo afectaba la calidad democrática, sino que también suponía un retroceso en la pluralidad política de Castilla-La Mancha. Por último, propusieron someter cualquier modificación del Estatuto de Autonomía a un referéndum, permitiendo que fueran los ciudadanos de la región quienes decidieran de manera democrática sobre una cuestión de tanta relevancia para su sistema político. Desde su perspectiva, este proceso no solo legitimaría la reforma, sino que reforzaría la confianza de la ciudadanía en las instituciones y en los mecanismos de participación democrática. En definitiva, calificaron la actitud del PP como un grave error que despreciaba el diálogo y el consenso necesarios en una cuestión de esta envergadura. Para La Izquierda Plural, el día de la aprobación de la reforma electoral de 2014 marcó una jornada oscura para la democracia en Castilla-La Mancha, simbolizando un retroceso en la representatividad y el pluralismo que consideraban fundamentales para el desarrollo político y social de la región[438].

Por su parte, el Grupo Popular justificó su propuesta electoral en Castilla-La Mancha basándose en consideraciones de tipo constitucional y práctico. Argumentaron que la introducción de una circunscripción única sería incompatible con los principios recogidos en la Constitución Española. Según su interpretación, el Tribunal Constitucional ha indicado que las Comunidades Autónomas que accedieron a la autonomía mediante el artículo 143 de la Constitución estaban obligadas a cumplir con los requisitos del artículo 152.1. Este artículo establece que las asambleas legislativas autonómicas

---

438 DS. Congreso de los Diputados Núm.506 de 19/02/2014, pp. 5-7.

deben elegirse por sufragio universal, respetar el principio de representación proporcional y garantizar una representación adecuada de las diversas zonas del territorio. Según el Grupo Popular, el establecimiento de una circunscripción única contravendría este último principio al desvirtuar la representación territorial de las distintas provincias que componen Castilla-La Mancha.

El Grupo Popular también cuestionó los argumentos de desigualdad en la representación entre Comunidades Autónomas, comparando las cifras de población representada por cada diputado en diferentes regiones. En el caso de Castilla-La Mancha, destacaron que, bajo la reforma propuesta, cada diputado representaría aproximadamente a 60.000 habitantes, mientras que, en Andalucía, un diputado representa a 77.000. Consideraron incoherente que se calificase como "antidemocrático" en Castilla-La Mancha que un diputado represente a 60.000 habitantes, mientras que en otras Comunidades esta proporción es mayor y no genera cuestionamientos similares. Además, rechazaron la idea de que aumentar el número de diputados fuera un requisito para mejorar la calidad del autogobierno. Según sus argumentos, la calidad democrática no reside en el número de representantes, sino en las competencias y decisiones que éstos puedan tomar para atender las necesidades de la ciudadanía. Insistieron en que la reforma propuesta buscaba racionalizar la representación política en consonancia con la austeridad económica exigida en tiempos de crisis, sin comprometer los principios fundamentales de la democracia ni la eficacia del autogobierno en Castilla-La Mancha.

El Grupo Popular también respondió a las críticas sobre la barrera electoral que implicaría la reducción del número de diputados en Castilla-La Mancha, defendiendo su postura con referencias a la jurisprudencia del Tribunal Constitucional. Negaron que el establecimiento de un parlamento autonómico reducido equivaliera a la imposición de una barrera electoral excesiva. Según ellos, esta interpretación era equivocada y no tenía fundamento suficiente para invalidar la propuesta. Para sustentar su posición, el Grupo Popular citó la sentencia STC 225/1998[439], que respaldaba la existencia de una barrera electoral del 20% en Canarias. En esa sentencia, el Tribunal concluyó que exigir un porcentaje tan alto de votos en una circunscripción para obtener representación no era ni exorbitante ni contrario al sistema de representación proporcional, siempre y cuando se ajustara a los márgenes de configuración otorgados al legislador. Este razonamiento, argumentaron, también podía aplicarse al caso de Castilla-La Mancha, donde el legislador tenía la facultad de configurar un sistema electoral que, aunque no garantizara una proporcionalidad absoluta, sí cumpliera con los principios básicos de representación democrática. Concluyeron afirmando que las decisiones tomadas por el legislador en Castilla-La Mancha no eran peores ni menos justas que las adoptadas en otras Comunidades Autónomas, y que, por lo tanto, las críticas sobre la barrera electoral eran desproporcionadas y carentes de fundamento jurídico sólido[440].

4.2. La STC 197/2014

El rechazo al nuevo límite de diputados establecido en el Estatuto de Autonomía de Castilla-La Mancha fue tan contundente que 50 senadores del Grupo Parlamentario Socialista presentaron un recurso de inconstitucionalidad ante el Tribunal Constitucional contra la Ley Orgánica 2/2014, que reformaba dicho Estatuto. El recurso se sustentó en varios motivos de inconstitucionalidad, que se detallan a continuación. En primer lugar, se alegó que la nueva horquilla de diputados establecida

---

439 STC 225/1998 (TOL81.076).

440 DS. Congreso de los Diputados Núm.506 de 19/02/2014, pp. 14-17.

por la reforma contravenía el artículo 1.1 de la Constitución Española, al vaciar de contenido, de manera desproporcionada, los principios fundamentales de pluralismo político y funcionamiento democrático. Como segundo motivo, se sostenía que la Ley impugnada vulneraba el principio de representación proporcional recogido en el artículo 152.1 CE. El tercer motivo de impugnación se centraba en el artículo 23 CE, que garantiza el derecho de los ciudadanos a acceder en condiciones de igualdad a las funciones y cargos públicos. El cuarto motivo alegaba que la reforma infringía el principio de interdicción de la arbitrariedad de los poderes públicos, conforme al artículo 9.3 CE. En quinto lugar, se sostenía que la reforma vaciaba de contenido la autonomía política de la Comunidad Autónoma de Castilla-La Mancha. Finalmente, el sexto motivo de impugnación se basaba en la vulneración del principio de seguridad jurídica, también contenido en el artículo 9.3 CE.

En su sentencia del 2014[441], el Tribunal Constitucional desestimó el primer argumento de los recurrentes según el cual la reducción del número de diputados de las Cortes de Castilla-La Mancha vaciaba de contenido la autonomía política de la Comunidad Autónoma. Los recurrentes sostenían que esta disminución convertiría a las Cortes en un órgano meramente administrativo, similar a una diputación provincial, lo que afectaría su capacidad legislativa, contraviniendo los artículos 2, 137 y 153 a) de la Constitución. El Tribunal rechazó esta tesis argumentando que la autonomía política de Castilla-La Mancha, reconocida en los artículos 2 y 137 de la Constitución, no se vería afectada por el número de miembros de su Cámara legislativa.

Recordó que la organización de las instituciones autonómicas, incluida la determinación del número de integrantes

441 STC 197/2014 (TOL4.609.001).

del parlamento autonómico, es una competencia atribuida a los Estatutos de Autonomía y a las leyes orgánicas que los aprueban. Asimismo, subrayó que la Constitución no establece ninguna pauta específica sobre el número de diputados que deben integrar los parlamentos autonómicos, lo cual queda a discreción de las normas estatutarias y autonómicas. En consecuencia, el Tribunal concluyó que la reducción del número de representantes no vulnera la autonomía política de la Comunidad Autónoma ni afecta su capacidad legislativa, por lo que rechazó este motivo de inconstitucionalidad[442].

El Tribunal Constitucional rechazó el argumento presentado en el sexto motivo del recurso, según el cual la Ley Orgánica 2/2014 violaría el principio de seguridad jurídica, establecido en el artículo 9.3 de la Constitución. Los recurrentes sostenían que la ley debía haber incluido un régimen transitorio ante la posible falta de adaptación de la legislación electoral de Castilla-La Mancha al nuevo marco del Estatuto de Autonomía, lo que, según ellos, generaría inseguridad jurídica. Además, argumentaban que la reforma del Estatuto se produjo solo un año después de una modificación previa del sistema electoral, lo que, en su opinión, contravendría las recomendaciones internacionales sobre la estabilidad del derecho electoral. El Tribunal desestimó ambos argumentos. En primer lugar, señaló que la supuesta inseguridad jurídica derivada de la falta de una ley transitoria no era imputable a la Ley Orgánica impugnada, sino al legislador autonómico que, en su caso, no había cumplido con la obligación de legislar. Además, el Tribunal subrayó que la Constitución no impone la obligación de incluir un régimen transitorio en la norma estatutaria. En cuanto a la segunda alegación, el Tribunal destacó que no le corresponde juzgar la pertinencia o necesidad de las reformas legislativas, pues tales valoraciones son de naturaleza

---

442 FJ 3.

política, no constitucional. Asimismo, aclaró que no podía considerarse una "actuación contradictoria" en la modificación de la Ley Electoral en un lapso breve, dado que las leyes en cuestión fueron aprobadas por diferentes legisladores: uno autonómico y otro nacional[443].

El Tribunal Constitucional desestimó el cuarto motivo de impugnación, en el que los recurrentes sostenían que la la nueva Ley Electoral infringía el principio de no arbitrariedad en la actuación de los poderes públicos, recogido en el artículo 9.3 CE. Según los recurrentes, la reforma del Estatuto respondía a un "capricho" del legislador, que, bajo la apariencia de austeridad, perseguía el objetivo de consolidar en el poder al grupo político autor de la ley, favoreciendo un sistema bipartidista y excluyendo a los partidos medianos y pequeños. La acusación se basaba en estimaciones sobre los efectos futuros de la ley, que, según los recurrentes, conducirían a una manipulación del sistema electoral. El Tribunal, sin embargo, subrayó que la acusación de arbitrariedad exige una justificación detallada y convincente que destruya la presunción de constitucionalidad de la ley impugnada. En este caso, el Tribunal consideró que los recurrentes no habían cumplido con este requisito. En primer lugar, la afirmación de que la Ley era fruto del "capricho" no constituía un argumento válido, y las suposiciones sobre las intenciones del legislador tampoco podían ser tomadas en cuenta, ya que el Tribunal no puede valorar los motivos políticos o las intenciones detrás de una norma.

En segundo lugar, el Tribunal rechazó la acusación de que la reforma fuera discriminatoria o arbitraria basándose en conjeturas sobre los posibles resultados futuros de las elecciones, ya que dichos escenarios, aunque relevantes para

---

[443] FJ 4.

estudios sociológicos, no eran suficientes para justificar una inconstitucionalidad. El Tribunal también subrayó que la fórmula propuesta por los recurrentes, que vinculaba el número de representantes con la población, no constituía una regla constitucionalmente establecida. En este sentido, la Constitución no establece de forma directa cómo debe determinarse el número de representantes en los parlamentos autonómicos. Finalmente, el Tribunal concluyó que los recurrentes no habían demostrado la arbitrariedad de la Ley, por lo que este motivo de impugnación también debía ser rechazado[444].

En los motivos primero y tercero de la impugnación, los recurrentes argumentaron que la nueva Ley Electoral vulneró el artículo 1.1 CE, en lo que respecta al pluralismo político y funcionamiento democrático, y el artículo 23.2 CE, que garantiza el derecho de los ciudadanos a acceder en condiciones de igualdad a los cargos públicos. Afirmaron que la reducción del número de diputados en las Cortes de Castilla-La Mancha afectó al sistema de representación proporcional exigido por el artículo 152.1 CE, lo que, según ellos, restringiría o incluso "aboliría" dicho sistema, poniendo en riesgo el pluralismo político y el derecho de los ciudadanos a acceder a los cargos públicos de manera igualitaria. El Tribunal Constitucional, al examinar estos argumentos, concluyó que la infracción del pluralismo político y el derecho al acceso igualitario a cargos públicos, que se aducía en el recurso, estaba relacionada con una posible vulneración de la exigencia constitucional de proporcionalidad en el sistema electoral (art. 152.1 CE). Por tanto, el Tribunal consideró que el análisis debía centrarse en si la Ley Orgánica impugnada vulneraba o no dicha exigencia de proporcionalidad.

---

[444] FJ 5.

El Tribunal subrayó que, según su jurisprudencia, el artículo 23.2 CE no imponía un sistema electoral específico, pero sí vinculaba al legislador a los mandatos constitucionales de proporcionalidad. Esto significaba que el derecho de acceso en igualdad de condiciones a los cargos públicos solo podría considerarse plenamente realizado si se respetaba esa proporcionalidad en los sistemas electorales. En este contexto, el artículo 1.1 CE, que proclama el pluralismo político, también estaba relacionado con la proporcionalidad, ya que esta última era una manifestación del valor constitucional del pluralismo. En resumen, el Tribunal concluyó que la cuestión central de este caso era si la la nueva Ley Electoral vulneraba la proporcionalidad exigida por la Constitución en el sistema electoral, y si esa supuesta infracción afectaba al pluralismo político y al derecho de acceso igualitario a los cargos públicos. El análisis subsiguiente del Tribunal se centró en evaluar si efectivamente se daba tal quiebra de proporcionalidad[445].

De esta forma, el Tribunal coincidió con los recurrentes en que la reducción del número de diputados en las Cortes de Castilla-La Mancha afectaría a la proporcionalidad del sistema electoral, pues conllevaría una disminución del número de escaños a elegir por provincia. En resoluciones anteriores, el Tribunal había establecido que una menor magnitud de las circunscripciones dificultaba la proporcionalidad en la representación. Sin embargo, el Tribunal aclaró que la proporcionalidad no depende solo de la cantidad de escaños asignados, sino también de factores como el número de candidaturas y la dispersión del voto. Aunque la reducción de escaños puede disminuir la proporcionalidad en términos generales, el Tribunal no compartió las alegaciones de los recurrentes. Los demandantes sostenían que, aunque la reforma de la regulación electoral del Estatuto de Autonomía no establecía una alta barrera electoral en

---

445 FJ 6.

términos legales, sí lo hacía fácticamente. Sin embargo, el Tribunal recordó que las estimaciones hipotéticas de posibles escenarios electorales futuros no eran suficientes para declarar la inconstitucionalidad de la norma. En definitiva, el Tribunal rechazó la demanda, pues no consideró que la Ley contraviniera el principio de proporcionalidad exigido por el artículo 152.1 CE.

El Tribunal subrayó que la proporcionalidad en la representación tiene como objetivo asignar a cada partido un número de mandatos conforme a su fuerza numérica, aunque este objetivo es difícil de lograr de manera pura. Si bien reconoció que las directrices constitucionales y estatutarias promueven la proporcionalidad, matizó que éstas dejan un amplio margen de indefinición, que depende de las decisiones del legislador. Esta libertad legislativa, afirmó el Tribunal, es compatible con la constitucionalidad, pues la proporcionalidad debe entenderse más como una "tendencia" que como una obligación de resultados concretos.

El Tribunal recordó que la exigencia de proporcionalidad no impone un modelo único, sino que ofrece al legislador varias opciones dentro de los límites constitucionales. En cuanto a la reforma objeto de control, el Tribunal sostuvo que no se puede hablar de una "abolición de la proporcionalidad". Aunque la reducción de escaños podría afectar la proporcionalidad, no se introdujo un sistema mayoritario ni se quebró la esencia de la proporcionalidad, lo que podría haber justificado una invalidación. Esta esencia de la proporcionalidad, explicó el Tribunal, se desfiguraría en caso de que el legislador incluyese barreras electorales o cláusulas de exclusión excesivas que impidiesen la igualdad de oportunidades entre las candidaturas. Finalmente, el Tribunal concluyó que, al no haberse vulnerado la proporcionalidad exigida por el artículo 152.1 de la Constitución, tampoco se había infringido el principio de pluralismo político ni el derecho de acceso a los cargos públicos en condiciones de igualdad, por lo que desestimó el recurso presentado por el Grupo Socialista[446].

4.3. La reforma de la Ley Electoral de Castilla-La Mancha de 2014

Tras la aprobación de la reforma del Estatuto de Autonomía de Castilla-La Mancha, que estableció una horquilla de entre 25 y 35 diputados, la Ley Electoral autonómica quedó en contradicción con los nuevos preceptos estatutarios. Para solventar esta incompatibilidad, el Grupo Popular propuso una nueva modificación de la Ley Electoral, justificando que esta adaptación respondía a una demanda social ampliamente respaldada por la ciudadanía de Castilla-La Mancha. El Grupo Popular defendió que la reducción en el número de parlamentarios no solo era una medida de austeridad, sino que también reflejaba una visión más realista y proporcional del papel que debían desempeñar las instituciones autonómicas. Asimismo, subrayaron que este cambio se enmarcaba en un esfuerzo por racionalizar y optimizar los recursos públicos, en sintonía con las restricciones presupuestarias derivadas de la crisis económica. El Grupo Popular concluyó que la reforma del Estatuto y la consiguiente modificación de la Ley Electoral no solo eran inevitables por razones legales, sino también deseables como parte de un modelo institucional más moderno y adaptado a las circunstancias políticas y sociales actuales de Castilla-La Mancha. Insistieron en que este enfoque representaba un equilibrio entre la representatividad democrática y la eficiencia institucional, respondiendo a las expectativas de los ciudadanos.

El Grupo Popular destacó que la reforma electoral de Castilla-La Mancha se llevó a cabo en estricto cumplimiento del

---

446 FJ 7.

mandato recogido en el artículo 10 del Estatuto de Autonomía. Según afirmaron, la reforma respetaba plenamente los principios establecidos por la Constitución Española y por la legislación estatal en materia electoral. El Grupo defendió que el sistema propuesto partía de la provincia como circunscripción electoral, un enfoque que consideraban esencial para asegurar una adecuada representación territorial. Explicaron que cada provincia recibiría un mínimo de tres diputados, una medida diseñada para garantizar que las zonas menos pobladas no quedaran desproporcionadamente infrarrepresentadas en las Cortes regionales. Esta base territorial se complementaba con una distribución proporcional de escaños basada en la población de cada provincia, para asegurar que las áreas más habitadas también tuvieran un peso adecuado en la Cámara. Según el Grupo Popular, este modelo permitía equilibrar dos objetivos fundamentales: por un lado, preservar la representación territorial, y por otro, mantener la proporcionalidad en la traducción de votos a escaños. Además, destacaron que los criterios establecidos para el reparto de escaños eran automáticos y dinámicos, permitiendo que el sistema electoral se adaptara de manera continua a los cambios demográficos de Castilla-La Mancha[447]. Así, la propuesta de reforma del artículo 16 fue la siguiente:

1. Las Cortes de Castilla-La Mancha están formadas por 33 Diputados.
2. A cada provincia le corresponde un mínimo inicial de 3 Diputados.
3. Los 18 Diputados restantes se distribuyen entre las provincias en proporción a su población, conforme al siguiente procedimiento:

---

[447] Boletín Oficial núm. 151 (13-06-2014).

a) Se obtienen una cuota de reparto resultante de dividir por 18 la cifra total de la población de derecho de las cinco provincias de Castilla-La Mancha.

b) Se adjudican a cada provincia tantos Diputados como resulte, en números enteros, de dividir la población de derecho provincial por la cuota de reparto.

c) Los Diputados restantes se distribuyen asignando uno a cada una de las provincias cuyo cociente, obtenido conforme al apartado anterior tenga una fracción decimal mayor.

Con este procedimiento, el reparto de diputados por provincia quedaría como sigue: Albacete: 7; Ciudad Real: 7; Cuenca: 5; Guadalajara: 5; y Toledo: 9. De esta forma, aunque el PP no aplicase aquí la técnica par-impar en esta distribución (pues todas las provincias tendrían un número impar de escaños), el resultado seguía favoreciendo a este partido. Como puede observarse, la distribución de escaños se orientaba a una sobrerrepresentación de las provincias donde el PP históricamente había tenido un mayor respaldo, como Cuenca y Guadalajara, que contarían con una mayor cantidad de diputados en proporción a su población. Por otro lado, la asignación de escaños parecía estar claramente diseñada para subrepresentar las provincias donde el apoyo al PSOE había sido tradicionalmente más fuerte, como Ciudad Real y Toledo, lo que podía dificultar la capacidad socialista de conseguir una representación proporcional a su nivel de apoyo.

En este sentido, el Grupo Socialista, que expresó un rechazo contundente a la propuesta de reforma electoral presentada por el PP, expuso argumentos similares a los que ya había planteado en las Cortes Generales. Entre sus críticas principales, destacaron que la reforma planteada podría alterar significativamente los resultados de las elecciones autonómicas en Castilla-La Mancha, una afirmación que ilustraron con un análisis de los comicios de 1995. En ese año, los resultados fueron particularmente ajustados: el PSOE obtuvo 24 escaños con el 46.2% de los votos, mientras que el PP logró 22 escaños con el 44.8% del apoyo en las urnas. Según el Grupo Socialista, si se hubiera aplicado la nueva Ley Electoral propuesta por el PP en ese contexto, el resultado habría sido diametralmente opuesto: el PP, con menos votos, habría conseguido más escaños que el PSOE. El Grupo Socialista calificó esta posibilidad como un ejemplo claro de "pucherazo electoral", un término que utilizaron para denunciar que la reforma, lejos de garantizar un sistema más justo, podría distorsionar gravemente el principio fundamental de representatividad democrática. En su análisis, subrayaron que la reforma no solo afectaría a los partidos minoritarios, sino que también vulneraría el principio básico de que los escaños deben asignarse en proporción a los votos obtenidos[448]. Asimismo, señalaron que, aunque los populares defendían que la barrera electoral se mantendría en el 3% de los votos válidos, la realidad del sistema propuesto implicaba una barrera electoral práctica mucho más alta. Argumentaron que, debido al reducido tamaño de algunas circunscripciones, que contarían con solo cinco escaños, el umbral efectivo para obtener representación se situaría en torno al 18%[449].

Finalmente, la propuesta de ley fue aprobada sin modificaciones, a pesar de la férrea oposición del Grupo Socialista, y constituye la normativa electoral vigente en Castilla-La Mancha. Desde su entrada en vigor hace más de diez años se han

---

448 Diario de Sesiones Pleno núm. 074 (26-06-2014), p. 14.

449 Diario de Sesiones Pleno núm. 075 (21-07-2014), p. 34. Como podrá verse más adelante (*infra*, Cap. IV, 3.1), el umbral efectivo es algo menor a esta cifra. No obstante, tiene razón el Grupo Socialista al afirmar que la barrera electoral legal sería muy inferior a la barrera electoral efectiva.

celebrado, hasta este momento, tres elecciones autonómicas bajo su amparo: las de 2015, 2019, y 2023. Si bien en todas ellas el PSOE resultó vencedor, en 2015 tuvo que necesitar los escaños de Unidas Podemos[450] para formar un gobierno de coalición. A pesar de las críticas iniciales sobre los múltiples inconvenientes, contradicciones y disonancias que presenta esta Ley Electoral, ningún partido ha mostrado una voluntad clara de promover su reforma. Incluso el PSOE, que cuestionó duramente la ley en su momento y que ha gobernado en casi todas legislaturas con mayoría absoluta desde entonces, no ha considerado necesario modificarla. Este hecho subraya la complejidad política que rodea al sistema electoral y refleja, quizá, un acomodo tácito por parte de las fuerzas políticas dominantes a las reglas del juego establecidas, a pesar de las objeciones que plantearon en su momento.

4.4. La STC 15/2015

Fruto de la discrepancia entre los grupos parlamentarios mayoritarios de las Cortes de Castilla-La Mancha, en 2014, cincuenta senadores del Grupo Socialista interpusieron un recurso de inconstitucionalidad contra la reforma de la Ley Electoral de Castilla-La Mancha, el cual fue resuelto por el Tribunal Constitucional en 2015[451]. Los recurrentes expusieron

---

450 Aunque el nombre de este partido ha cambiado a lo largo de las tres elecciones que acabamos de citar, adaptándose al contexto político y a las coaliciones con las que ha concurrido, pasando de Podemos (2015) a Unidas Podemos-Izquierda Unida-Equo CLM (2019) y finalmente a Unidas Podemos Castilla-La Mancha (2023), en adelante se hará referencia a él simplemente como Unidas Podemos. Esta decisión responde a que dicho nombre es el más reciente y, además, el más conciso.

451 STC 15/2015 (TOL4.751.034). Un resumen detallado de esta sentencia puede verse en: Vidal Marín, T., "Una vez más la Ley Electoral

varios motivos para cuestionar la constitucionalidad de la nueva Ley. En primer lugar, argumentaron que la Ley Electoral de 2014 debía ser declarada inconstitucional si prosperaba el recurso de inconstitucionalidad interpuesto contra la reforma del Estatuto de Autonomía, recurso que, como pudimos observar anteriormente, no prosperó. Como segundo motivo, los recurrentes señalaron que la nueva distribución de diputados contemplada en la Ley Electoral contravenía el artículo 1.1 de la Constitución Española, en conexión con el artículo 14, al socavar de manera excesiva los principios de pluralismo político, funcionamiento democrático e igualdad, vaciándolos de contenido de forma injustificada.

Los recurrentes expusieron, como tercer motivo de inconstitucionalidad, que la Ley Electoral de 2014 vulneraba el principio de representación proporcional establecido en el artículo 152.1 de la Constitución Española y en el artículo 10.2 del Estatuto de Autonomía de Castilla-La Mancha. Como cuarto motivo, plantearon que la Ley Electoral infringía el artículo 23 de la Constitución Española, que garantiza la igualdad en el acceso a funciones y cargos públicos. En cuanto al quinto motivo, señalaron que la ley contravenía el principio de interdicción de la arbitrariedad de los poderes públicos, consagrado en el artículo 9.3 de la Constitución. Como sexto motivo de impugnación, los recurrentes argumentaron que la Ley vaciaba de contenido la autonomía política de la Comunidad Autónoma de Castilla-La Mancha, lo cual contravenía los artículos 2, 137 y 153 a) de la Constitución Española. Según los recurrentes, la reforma electoral vulneraba la autonomía de la Comunidad al reducir la representatividad de la pluralidad política y limitar la capacidad de influencia de los ciudadanos en el proceso democrático.

---

de Castilla-La Mancha a juicio: comentario a la STC 15/2015, de 5 de febrero de 2015", *Parlamento y Constitución. Anuario*, nº18, 2017, pp. 199-204.

El primer motivo de inconstitucionalidad, relativo a la reforma del Estatuto de Autonomía de Castilla-La Mancha, fue descartado, como se ha indicado previamente, dado que el Tribunal Constitucional ya había resuelto y desestimado el recurso de inconstitucionalidad interpuesto contra dicha norma. En cuanto a los tres primeros motivos, que abordaban la posible quiebra del pluralismo político, la vulneración de la representación proporcional y el derecho de acceso igualitario a los cargos públicos, el Tribunal adoptó un enfoque similar al de la STC 197/2014. El primer argumento, centrado en la representación proporcional, fue analizado bajo la premisa de una posible infracción del artículo 152.1 de la Constitución Española, que establece el sistema de representación proporcional en las asambleas legislativas autonómicas. Según los recurrentes, de esta infracción derivaba, por un lado, la vulneración del pluralismo político y, por otro, la restricción del derecho de acceso igualitario a los cargos públicos. Para abordar estas cuestiones, el Tribunal se remitió a los razonamientos expuestos en la STC 197/2014[452]. En lo que respecta a los dos últimos motivos, que cuestionaban la arbitrariedad de la reforma y su impacto sobre la autonomía política de Castilla-La Mancha, el Tribunal optó por un análisis separado, que se desarrollaría en los apartados posteriores de la sentencia.

En relación con el quinto motivo de inconstitucionalidad, relativo a la posible vulneración del principio de arbitrariedad, los recurrentes argumentaron que la decisión legislativa respondía a un "capricho" que ignoraba la regla de que el tamaño de la Cámara no debe reducirse si la población no experimenta una disminución proporcionalmente similar. Además, sostuvieron que la reducción de diputados perseguía el objetivo de beneficiar al PP en las Cortes de la región. No obstante, el Tribunal rechazó estos argumentos al considerar

452 FJ 3.

que se basaban en valoraciones políticas legítimas, pero irrelevantes desde la perspectiva constitucional. El Tribunal subrayó que no le corresponde evaluar las intenciones del legislador ni fundamentar sus decisiones en predicciones sobre el comportamiento electoral futuro, elementos que no constituyen una base válida para declarar la inconstitucionalidad de una norma. En consecuencia, el Tribunal concluyó que no se había vulnerado el principio de interdicción de la arbitrariedad establecido en el artículo 9.3 de la Constitución Española[453].

Los recurrentes también argumentaron que la Ley Electoral de 2014 vulneraba la autonomía política de la Comunidad Autónoma de Castilla-La Mancha, citando los artículos 2, 137 y 153 a) de la Constitución. Afirmaron que, al reducir a 33 el número de diputados en las Cortes, la ley provocaba una disminución de la capacidad de dicha Cámara para elaborar leyes, ya que, según su argumentación, la menor representación afectaría negativamente tanto a la pluralidad como a la calidad del debate y la participación. Sin embargo, el Tribunal consideró que la invocación del artículo 153 a) de la Constitución no era pertinente en este caso, pues no se apreciaba un impacto directo sobre la autonomía política de la Comunidad Autónoma. En este sentido, el Tribunal se remitió a lo expuesto en la STC 197/2014, destacando que la reducción del número de diputados no comprometía ni la capacidad legislativa de la Comunidad Autónoma ni su autonomía política[454].

Una vez desestimadas las alegaciones anteriores de inconstitucionalidad, el Tribunal se centró en el núcleo del recurso, que versaba sobre la supuesta vulneración del principio de representación proporcional. Los recurrentes sostenían que, al fijar en 33 el número de diputados en las Cortes de Castilla-La Mancha, la Ley Electoral infringía dicho principio, lo que, a su

---

453 FJ 4.

454 FJ 5.

vez, afectaría al pluralismo político y al derecho de acceso igualitario a los cargos públicos. El Tribunal precisó que, en caso de constatarse una infracción del principio de proporcionalidad establecido en el artículo 152.1 de la Constitución Española, también podría considerarse vulnerado el principio de pluralismo político y el derecho a acceder a los cargos públicos en condiciones de igualdad[455]. No obstante, el Tribunal defendió la constitucionalidad de la Ley Electoral de 2014, argumentando que dicha norma simplemente fijó el número de diputados dentro del margen permitido por la reforma del Estatuto de Autonomía, sin que ello constituyera una violación de la Constitución. Además, rechazó la idea de que la ley se basara en predicciones sobre el comportamiento electoral futuro, destacando que la proporcionalidad exigida por el artículo 152.1 de la Constitución no implica una proporcionalidad estricta, sino más bien una orientación o tendencia. Según la jurisprudencia constitucional, esta tendencia había sido respetada por la ley impugnada. En consecuencia, el Tribunal concluyó que la Ley Electoral no quebrantaba el principio de proporcionalidad establecido en la Constitución[456].

Finalmente, los demandantes argumentaron que la disminución en el número de escaños afectaría a la proporcionalidad del sistema electoral, favoreciendo a los partidos mayoritarios y excluyendo a las opciones minoritarias. El Tribunal desestimó estas alegaciones, señalando que las críticas formuladas se basaban en un enfoque preventivo o hipotético, lo cual no constituía un fundamento válido para declarar la inconstitucionalidad de la ley. En este sentido, recordó la jurisprudencia previa (STC 197/2014), la cual ya había establecido que las proyecciones sobre el comportamiento electoral futuro no son suficientes para invalidar una norma. Además, el Tribunal precisó

---

[455] FJ 6.

[456] FJ 7.

que la Ley Electoral de 2014 no introducía barreras electorales adicionales, ya que mantenía el umbral del 3% de los votos válidos en cada circunscripción. La Ley Electoral no imponía límites excluyentes, y la reducción del número de diputados, por sí sola, no implicaba una vulneración del principio de proporcionalidad[457]. Por lo tanto, el Tribunal concluyó que la Ley Electoral no infringía ni el principio de proporcionalidad, ni el pluralismo político, ni el derecho de acceso a los cargos públicos en condiciones de igualdad. En consecuencia, desestimó el recurso de inconstitucionalidad interpuesto.

---

[457] FJ 8.

Capítulo IV

Propuesta de modelo de representación política para Castilla-La Mancha

1. RECAPITULACIÓN DEL CAPÍTULO III

I. La creación del sistema electoral castellanomanchego se remonta a la aprobación del Estatuto de Autonomía de Castilla-La Mancha en 1982. El proyecto inicial de Estatuto presentado a las Cortes Generales propuso un parlamento regional compuesto por entre 25 y 50 diputados, asignados de acuerdo con el sistema de representación proporcional. Las provincias fueron designadas como circunscripciones, y hasta la promulgación de una Ley Electoral regional, el proyecto inicial señalaba que el número total de diputados sería de 29, distribuidos de la siguiente manera entre las provincias: Albacete: 6; Ciudad Real: 6; Cuenca: 6; Guadalajara: 5; y Toledo: 6. La asignación de escaños estaría regida por el método D'Hondt, y se aplicaría una barrera electoral del 5%. Además, el proyecto inicial del Estatuto introducía una disposición controvertida: la pérdida del escaño en caso de que el diputado causara baja en el partido o coalición por la que había sido elegido. Esto, en la práctica, probablemente hubiese supuesto la implantación de un mandato imperativo de los partidos hacia sus diputados, otorgando a los primeros un control significativo sobre los segundos.

El debate sobre la distribución de diputados generó desacuerdos, especialmente entre los diferentes grupos políticos.

Se cuestionó tanto el número de diputados total como su distribución provincial, argumentando que ello no reflejaba adecuadamente la proporción de población entre las provincias. En cuanto al sistema de representación, debe destacarse que el Grupo Coalición Democrática sugirió la supresión del precepto que establecía la pérdida del escaño en caso de que el diputado causara baja en el partido. En este sentido, el Grupo planteó la incorporación de una cláusula que prohibiera el mandato imperativo en el Estatuto, alineándolo así con el artículo 67 de la Constitución Española. Esta propuesta fue aceptada por varios grupos, lo que llevó a que el Estatuto estableciera, mediante una evidente alusión al modelo de representación liberal, que las Cortes representarían al pueblo castellano-manchego en su conjunto, y no a una circunscripción específica, además de eliminarse la causa de pérdida de escaño por causar baja en el partido.

El resultado final fue la aprobación del artículo 9.1, que afirmaba que las Cortes representarían a la región en su totalidad, y del artículo 10.1, que establecía que los diputados no estarían sujetos a mandato imperativo. Asimismo, se fijó el número de diputados entre 40 y 50, determinado temporalmente en 44 hasta la aprobación de la Ley Electoral, con una distribución proporcional a la población de cada provincia. Este proceso sentó las bases del sistema electoral de Castilla-La Mancha, combinando, al igual que el modelo nacional, elementos del sistema de representación del Estado de partidos y del modelo liberal. Probablemente, de haberse aceptado la propuesta inicial de otorgar un mandato imperativo al partido sobre sus diputados, muchas de las contradicciones entre ambos modelos podrían haberse resuelto[458]. Sin embargo, este elemento fue eliminado del proyecto inicial de Estatuto.

---

458 Sobre estas contradicciones, *Vid. infra,* 4.2.

La aprobación de la Ley Electoral castellanomanchega en 1986 marcó un hito en la evolución del marco electoral de Castilla-La Mancha, ya que estableció un número fijo de 47 diputados en las Cortes. El proyecto inicial, presentado por el Grupo Parlamentario Socialista, proponía un incremento a 49 diputados, argumentando que la cifra original no era adecuada para garantizar una representación proporcional justa. Este incremento buscaba corregir la disparidad en el valor del voto entre las provincias más y menos pobladas. Con todo, tras un largo proceso de debate, el número definitivo quedó establecido en 47, tras un acuerdo consensuado entre los grupos parlamentarios.

Por otro lado, la nueva Ley también introdujo una reducción de la barrera electoral del 5% al 3%. El Grupo Popular criticó la propuesta, sugiriendo que las modificaciones beneficiarían al PSOE y perjudicarían a las provincias menos pobladas, como Cuenca y Guadalajara. A pesar de sus objeciones iniciales, el Grupo Popular aceptó el consenso final, interpretándolo como un reflejo de equilibrio y compromiso. El artículo 16 de la Ley detalló un sistema de distribución de escaños que asignaba 5 diputados iniciales a cada provincia, distribuyendo los 22 restantes en función de la población, mediante un procedimiento que priorizaba la proporcionalidad matemática. Como resultado, la asignación final de escaños fue la siguiente: Albacete: 10; Ciudad Real: 11; Cuenca: 8; Guadalajara: 7; y Toledo: 11. Así, las elecciones de 1987, celebradas bajo esta normativa, consolidaron un parlamento plural, con una mayoría socialista, una presencia destacada de Alianza Popular y una representación moderada del CDS. En los comicios de 1991 y 1995, el PSOE mantuvo su hegemonía, mientras que los populares se consolidaron como la principal fuerza de la oposición. A su vez, IU logró obtener un escaño en ambas convocatorias.

II. En 1997, las Cortes de Castilla-La Mancha impulsaron una reforma del Estatuto de Autonomía que, aunque inicialmente no se centró en el sistema electoral, terminó por modificar el rango del número de diputados. El nuevo límite quedó establecido entre 47 y 59, ampliándose respecto al límite previo de 40 a 50. Este cambio fue fruto de un acuerdo transaccional entre las propuestas del Grupo Federal IU-IC (que buscaba un rango de 65-70 para aumentar proporcionalidad y pluralidad) y el Grupo Popular (que planteaba eliminar cualquier mención a la reforma electoral). El consenso final buscó un equilibrio intermedio que respetara la proporcionalidad sin comprometer la representación territorial, manteniendo un reparto provincial similar al vigente en ese momento. Por su parte, el Grupo Socialista respaldó la ampliación de diputados apoyándose en el argumento de que el parlamento regional era proporcionalmente reducido en comparación con otras regiones españolas, y que un incremento en el número de escaños permitiría una mayor pluralidad política.

Un año después, en 1998, se aprobó una reforma de la Ley Electoral de Castilla-La Mancha, esta vez con un consenso unánime entre los grupos parlamentarios. La principal modificación afectó al artículo 16, que fijó explícitamente tanto el número total de diputados (47) como su distribución por provincias, quedando su reparto final de esta manera: Albacete: 10; Ciudad Real: 11; Cuenca: 8; Guadalajara: 7; y Toledo: 11. Sin embargo, a pesar del consenso entre las fuerzas políticas, la reforma de 1998 no estuvo exenta de críticas. Así, mientras que el Grupo de Izquierda abogó por ampliar el número de diputados y desbloquear las listas electorales, el Grupo Popular cuestionó el momento elegido para la reforma, ya que estaba próxima a unas elecciones, lo que consideraron inadecuado para preservar la imparcialidad de las reglas democráticas.

Tras varias elecciones autonómicas marcadas por el bipartidismo entre el PSOE y el PP, en 2007 se impulsó una nueva reforma de la Ley Electoral en Castilla-La Mancha. Esta reforma, promovida por el Grupo Socialista, aumentó el número total de diputados en las Cortes de 47 a 49, añadiendo un diputado a las provincias de Guadalajara y Toledo. El objetivo de la reforma era corregir los desequilibrios en la representación proporcional entre provincias, derivados de cambios demográficos. El Grupo Socialista argumentó que Guadalajara, con una población superior a Cuenca, pero con menos representantes que esta última, y Toledo, que había experimentado un significativo crecimiento poblacional, necesitaban incrementar su número de representantes. Insistieron en que la reforma era una necesidad para corregir una injusticia electoral que podría llegar a rozar la inconstitucionalidad.

Por su parte, el Grupo Popular se opuso a la reforma, considerándola un cálculo político diseñado para favorecer al PSOE. Argumentaron que la propuesta pasaba por alto el crecimiento poblacional de provincias como Ciudad Real y Albacete, beneficiando únicamente a aquellas en las que el PSOE podría recuperar o ganar escaños. Además, criticaron la falta de consenso en esta reforma, señalando que rompía con la tradición democrática regional de llevar a cabo cambios electorales mediante acuerdos entre todas las fuerzas políticas. La reforma culminó con la modificación del artículo 16 de la Ley Electoral, estableciendo un total de 49 diputados, cuya distribución quedaría de esta forma: Albacete: 10; Ciudad Real: 11; Cuenca: 8; Guadalajara: 8; y Toledo 12.

La reforma de la Ley Electoral de Castilla-La Mancha de 2007, que aumentó el número de diputados de las Cortes de 47 a 49, fue impugnada por el Grupo Popular mediante un recurso de inconstitucionalidad presentado en 2008, respaldado por 50 senadores. Este recurso se fundamentó en la supuesta vulneración de varios principios constitucionales, como los de proporcionalidad, igualdad e interdicción de arbitrariedad por parte de los poderes públicos. Criticaron que el aumento en Guadalajara y Toledo respondía a intereses partidistas diseñados para beneficiar al PSOE, argumentando que Guadalajara, que ya gozaba de una representación adecuada, no debía haber recibido un diputado adicional. Además, sostuvieron que la modificación alteraba el equilibrio en la igualdad del voto, ampliando las diferencias en el valor relativo de los sufragios entre las distintas provincias.

El Tribunal Constitucional, en su STC 19/2011, desestimó el recurso y avaló la reforma. Argumentó que el principio de proporcionalidad en el sistema electoral debe interpretarse de forma tendencial, permitiendo ajustes derivados de otros objetivos legítimos, como la satisfacción del principio de representación territorial. Además, señaló que el incremento de diputados en Guadalajara y Toledo estaba respaldado por datos de población objetivos. En cuanto al principio de igualdad, el Tribunal afirmó que éste no exige un valor numérico idéntico del voto en todas las circunscripciones, sino una igualdad sustancial adaptada al sistema electoral. Destacó que el legislador tiene margen para equilibrar los principios de proporcionalidad e igualdad con otros mandatos, como la representación territorial, siempre que no se produzcan desproporciones manifiestas o discriminaciones arbitrarias. Así, la STC 19/2011 ratificó la legalidad de la reforma electoral, desestimando el recurso del Grupo Popular y reafirmando la flexibilidad inherente al diseño de sistemas electorales en contextos autonómicos.

Tras la victoria en las elecciones autonómicas de 2011, el PP impulsó en 2012 una nueva reforma de la Ley Electoral de Castilla-La Mancha, aumentando el número total de diputados en las Cortes de 49 a 53. La distribución propuesta asignaba a las provincias los siguientes escaños: Albacete: 10; Ciudad Real: 12; Cuenca: 9; Guadalajara: 9; y Toledo: 13. El Grupo Popular, que justificó este incremento basándose en el crecimiento demográfico experimentado en la región, calificó la legislación electoral previa como "radicalmente injusta", y criticó su distribución de escaños por favorecer escenarios en los que un partido con menor respaldo popular pudiera obtener la mayoría.

Por su parte, el PSOE no mostró gran interés en esta reforma y se abstuvo de presentar enmiendas, si bien advirtieron que el aumento de diputados incrementaría las desigualdades en la representación entre provincias. Según el Grupo Socialista, la nueva Ley reducía la proporcionalidad, ya que a algunas provincias les costaría más obtener un diputado, mientras que a otras les resultaría más fácil, distorsionando el valor del voto ciudadano. Además, acusaron al Grupo Popular de ignorar las indicaciones del Tribunal Constitucional en su sentencia de 2011, que recomendaba no adoptar medidas que empeoraran la proporcionalidad del sistema electoral. Finalmente, el PSOE presentó un recurso de inconstitucionalidad contra la nueva Ley Electoral, argumentando que ésta vulneraba ciertos principios fundamentales del sistema electoral. Sin embargo, este recurso fue desestimado en 2014 por el Tribunal Constitucional, ya que la norma había perdido vigencia debido a una reforma posterior de la Ley Electoral en ese mismo año. Al no estar vigente la Ley impugnada, el Tribunal consideró que el recurso carecía de objeto, dejando sin resolver el fondo de las alegaciones presentadas.

III. En 2014, el Estatuto de Autonomía de Castilla-La Mancha fue reformado nuevamente, limitando el número de diputados en las Cortes regionales a un rango entre 25 y 35, lo que representó una drástica reducción respecto al intervalo anterior, situado entre 47 y 59 diputados. Impulsada por el Grupo Popular, esta reforma fue justificada como una medida de austeridad en respuesta a la crisis económica. La reforma enfrentó duras críticas de diversos grupos políticos, que cuestionaron su impacto en la calidad democrática de la región. El Grupo Mixto, por ejemplo, calificó la medida como un ataque al pluralismo político y a la proporcionalidad representativa, señalando que la nueva Ley consolidaría el bipartidismo y dificultaría el acceso de fuerzas políticas minoritarias al parlamento. Denunciaron, además, que Castilla-La Mancha se convertiría en la Comunidad con menor representatividad en relación con su población y extensión territorial, lo que, según ellos, vulneraba principios constitucionales como la igualdad de acceso a los cargos públicos y la representación proporcional.

No obstante, varios grupos parlamentarios presentaron propuestas alternativas. Muchos de ellos sugirieron, entre otras medidas, que la Comunidad Autónoma funcionara como una única circunscripción para garantizar la igualdad del voto, ampliar el número de diputados a un rango entre 47 y 59 y desbloquear las listas electorales. Estas iniciativas buscaban equilibrar la proporcionalidad y garantizar una representación más equitativa, en contraste con la propuesta del PP, que priorizaba la reducción de escaños. El PSOE también rechazó la reforma, acusando al PP de utilizar la austeridad como pretexto para limitar la representación y debilitar los mecanismos de control parlamentario. En conclusión, la reforma del Estatuto de Autonomía de 2014 supuso un cambio sustancial en el sistema electoral de Castilla-La Mancha. Aunque presentada como una medida necesaria para racionalizar recursos, la reforma fue objeto de críticas por su impacto en la calidad democrática y por ser percibida como un movimiento partidista que alteraba el equilibrio del sistema electoral regional.

Así, en 2014, 50 senadores del Grupo Socialista interpusieron un recurso de inconstitucionalidad contra la reforma del Estatuto de Autonomía de Castilla-La Mancha. Los recurrentes alegaban que esta reforma vulneraba varios principios constitucionales, especialmente los relacionados con la representación proporcional, el pluralismo político, la igualdad en el acceso a los cargos públicos, la arbitrariedad y la autonomía política de la región. El Tribunal Constitucional desestimó todos los argumentos presentados, considerando que la reducción en el número de diputados no comprometía la autonomía política de Castilla-La Mancha ni su capacidad legislativa, pues la determinación del número de representantes era competencia del Estatuto de Autonomía y no estaba fijada en la Constitución. El Tribunal, al examinar la posible lesión al principio de proporcionalidad, reconoció que la reducción de diputados podría vulnerarlo en cierta medida, ya que cuanto más pequeñas son las circunscripciones mayor es la dificultad para garantizar una representación proporcional. Sin embargo, como ya había establecido en sentencias previas, el Tribunal aclaró que la proporcionalidad no debe entenderse como un principio absoluto, sino como un objetivo al que se debe tender. Por esta razón, el Tribunal entendió que el legislador tiene un margen de libertad considerable en lo que respecta a la aplicación de dicho principio, siempre que no se introduzcan barreras electorales excesivas o se altere la esencia del sistema. En este sentido, el Tribunal concluyó que, aunque la reforma comprometía la proporcionalidad del sistema electoral, dicha alteración no era lo suficientemente grave como para comprometer de manera significativa el principio de proporcionalidad ni el pluralismo político.

De este modo, tras la reforma del Estatuto, el PP adecuó la Ley Electoral fijando un número de 33 diputados para las Cortes de Castilla-La Mancha. Propusieron asignar un mínimo de tres diputados a cada provincia y distribuir el resto en función de la población. Este modelo, argumentaron los populares, pretendía equilibrar la representación territorial con la proporcionalidad en la asignación de escaños, asegurando una distribución dinámica que se adaptara a los cambios demográficos. El Grupo Socialista, por su parte, rechazó enérgicamente la reforma propuesta, ya que entendió que podría alterar sustancialmente los resultados de las elecciones autonómicas. Según ellos, la reforma distorsionaba la representación democrática y no garantizaba que los escaños se asignaran de manera proporcional a los votos obtenidos. Además, criticaron que, aunque la barrera electoral se mantenía en el 3% de los votos válidos, la realidad del sistema propuesto generaría un umbral efectivo mucho más alto debido al reducido tamaño de algunas circunscripciones, lo que dificultaría la representación de los partidos minoritarios. A pesar de la oposición, la nueva Ley Electoral fue finalmente aprobada y continúa siendo la normativa vigente en Castilla-La Mancha.

No obstante, ha de destacarse que en 2014 un grupo de 50 senadores del PSOE interpuso un recurso de inconstitucionalidad contra la reforma de la Ley Electoral de Castilla-La Mancha. A lo largo de su argumentación, señalaron que la reforma atentaba contra la representación proporcional y el derecho de acceso igualitario a los cargos públicos, además de sostener que la ley favorecía arbitrariamente al PP y reducía la autonomía política de la Comunidad Autónoma. El Tribunal aclaró que la reforma electoral no comprometía el pluralismo político ni violaba el derecho de acceso igualitario a los cargos públicos, ya que la representación proporcional exigida por la Constitución no implica una proporcionalidad estricta, sino más bien una orientación hacia la misma. Asimismo, desestimó las alegaciones de arbitrariedad, señalando que las críticas relacionadas con las posibles intenciones políticas del legislador no eran pertinentes en el ámbito constitucional, ya que no se podía evaluar el propósito del legislador ni las proyecciones electorales futuras. En relación con la reducción de escaños, el Tribunal subrayó que la Ley Electoral no introducía nuevas barreras electorales y que el umbral del 3% de los votos válidos por circunscripción se mantenía, lo que no vulneraba la representación proporcional. En consecuencia, desestimó el recurso de inconstitucionalidad, validando la Ley Electoral de 2014 en su totalidad.

En definitiva, parece correcto afirmar que casi todas las reformas del sistema electoral de Castilla-La Mancha han sido, en gran medida, el reflejo de una continua confrontación entre el PSOE y el PP, donde cada partido ha impulsado cambios buscando favorecer sus propios intereses políticos. A lo largo de los años, las modificaciones en el número de diputados y su distribución provincial han respondido más a cálculos estratégicos que a una voluntad real de mejorar la proporcionalidad del sistema. En numerosas ocasiones, las reformas han premiado con más escaños o con escaños impares a las provincias donde el partido en el poder esperaba obtener mejores resultados, asegurándose así una ventaja estructural en futuras elecciones. Esta dinámica ha generado constantes enfrentamientos políticos y múltiples recursos de inconstitucionalidad; si bien es cierto que el Tribunal Constitucional ha avalado todos estos cambios interpretando el principio de proporcionalidad como algo hacia lo que se debe tender más que como un mandato estricto y rígido. En suma, cabe señalar que el desarrollo del sistema electoral castellanomanchego ha estado marcado por la instrumentalización de las reglas del juego por parte de los dos grandes partidos, que han utilizado las reformas como una herramienta para reforzar su posición y dificultar el avance de fuerzas políticas minoritarias.

2. ASPECTOS FUNDAMENTALES PARA EL DISEÑO DE UN MODELO DE REPRESENTACIÓN POLÍTICA

2.1. Sistemas mayoritarios y sistemas proporcionales

A la hora de diseñar un modelo de representación política, que es precisamente la tarea que deseamos llevar a cabo, es esencial considerar diversos factores que influirán en la distribución y ejercicio del poder. Uno de estos elementos clave es, sin duda, el sistema electoral. Como es bien sabido, existen, principalmente, dos tipos de sistemas electorales: el mayoritario y el proporcional. La cuestión de optar por uno u otro no se limita únicamente a la elección entre dos tipos de sistemas de elección política, sino que tiene implicaciones más profundas. Lo primero que debemos tener en cuenta es que los sistemas mayoritarios son aquellos en los que el escaño o escaños a ocupar se asignan al candidato que recibe el mayor número de votos, lo que implica que los votos emitidos a favor de cualquier otra candidatura que no sea la que ha resultado vencedora se pierdan. En cambio, los sistemas proporcionales distribuyen los escaños de acuerdo con los votos obtenidos por cada candidatura, buscando reflejar con mayor exactitud la diversidad de la voluntad popular.

Como bien ha señalado Fernández-Miranda Campoamor[459], los defensores del sistema mayoritario argumentan que el propósito de los sistemas electorales no es solo representar a la sociedad en el Estado, sino también crear una voluntad política coherente y efectiva. En consecuencia, destacan la importancia de formar gobiernos estables y eficaces, priorizando la gobernabilidad por encima de la proporcionalidad en la representación. En contraste, los detractores del sistema mayoritario critican que este modelo castiga a las minorías y, al simplificar en exceso la diversidad política, compromete el pluralismo y, en última instancia, el principio democrático. Por otro lado, los defensores del sistema proporcional sostienen que tal sistema es el único que respeta plenamente la voluntad democrática del pueblo, pues refleja con autenticidad el pluralismo político existente. Argumentan que garantiza la igualdad de oportunidades y minimiza la distorsión de la opinión pública, ofreciendo una representación más fiel en el Estado. Sin embargo, quienes se oponen al sistema proporcional esgrimen razones similares a las de los defensores del sistema mayoritario, señalando que el sistema proporcional ignora una función esencial de los sistemas electorales: la gobernabilidad. También consideran que el sistema proporcional es una herramienta que fomenta que las decisiones políticas no sean tomadas por el electorado, sino por los partidos en pugna por el poder, mediante acuerdos, pactos y transacciones, a menudo al margen del pueblo e incluso de la mayoría del parlamento.

---

459 Fernández-Miranda Campoamor, A., "Reflexiones sobre una improbable reforma del sistema electoral del Congreso de los Diputados", *Revista de Derecho Político*, nº74, 2009, pp. 19-46; pp. 35 y ss.

Respecto a los sistemas mayoritarios, es importante distinguir entre los de mayoría simple y los de mayoría absoluta. Los sistemas de mayoría simple o relativa, también llamados sistemas mayoritarios a una vuelta, se caracterizan por la posibilidad de que los votos "perdidos" (es decir, los que no se traducen en representación) superen fácilmente el 50%. Esto ocurre porque para que una candidatura obtenga la victoria en una circunscripción determinada basta con que sea la más votada en dicha circunscripción, sin importar si ha recibido el 10%, el 30%, el 50% o el 70% de los votos: siempre que obtenga más votos que las demás, se le adjudica la victoria. En cambio, los sistemas de mayoría absoluta tienden a minimizar los votos perdidos en cada circunscripción. Para lograrlo, si ningún candidato ha superado el 50% de los votos en la primera vuelta, a menudo se realiza una segunda permitiendo que compitan un número reducido de candidatos que alcanzaron una cuota mínima de apoyo[460]. En este sentido, es importante subrayar que los sistemas de mayoría relativa tienden a generar bipartidismo[461], mientras que los sistemas de mayoría absoluta mitigan esta tendencia, acercándose en ese aspecto a los sistemas de representación proporcional, aunque limitando en mayor medida que estos últimos la aparición de nuevos partidos[462].

---

460 A modo de ejemplo, en las elecciones legislativas de Francia, donde cada distrito electoral es uninominal, si ningún candidato del distrito logra la mayoría absoluta en la primera vuelta, se celebra una segunda ronda. En esta segunda vuelta, solo pueden participar los candidatos que hayan obtenido al menos el 12,5% de los votos emitidos en la primera ronda.

461 Rae, D. W., *Leyes electorales y sistema de partidos políticos,* trad. de Eloy Fuente Herrero, Centro de Investigación y Técnicas Políticas, Madrid, 1977, p. 97.

462 Duverger, M., *Sociología política,* trad. de Jorge Esteban, Ariel, Barcelona, 1982, 3ªed., p. 327.

Otra variante para reducir los votos perdidos es el sistema de voto alternativo o preferencial, usado en países como Australia, Irlanda o Malta para las elecciones legislativas. Aunque cada país presenta peculiaridades en la implementación de este sistema, el principio general es el mismo: los votantes ordenan los candidatos según sus preferencias; si ningún candidato logra la mayoría absoluta con las primeras preferencias, se elimina al candidato que haya obtenido menos votos en las primeras preferencias, y los votos de los electores que lo eligieron se redistribuyen según sus segundas preferencias. Este proceso se repite hasta que un candidato obtiene la mayoría necesaria[463].

Según Lijphart, el sistema de voto alternativo puede ser considerado como una mejora respecto al tradicional sistema mayoritario de segunda vuelta, ya que elimina a los candidatos menos votados de forma progresiva, uno por uno, en lugar de descartarlos todos de golpe salvo los dos más votados. Además, este sistema tiene la ventaja de que evita la necesidad de realizar una segunda votación, ya que los electores expresan sus preferencias en una única ronda. Sin embargo, afirma el autor neerlandés, su implementación en circunscripciones de gran tamaño presenta desafíos significativos. En estas áreas, el elevado número de candidatos puede resultar abrumador para los votantes, quienes deben clasificar a un amplio espectro de opciones[464]. Esta carga adicional puede complicar tanto

---

463 Camps Ortiz, F. E., *El sistema electoral proporcional y el mayoritario: votar una lista, votar un candidato*, Universidad Católica de Valencia San Vicente Mártir, Valencia, 2016, pp. 140-142.

464 Por no hablar de que, cuanto mayor sea el número de candidatos, más posibilidades tenemos de incurrir en la paradoja de Arrow. Para comprender esta paradoja, resulta útil remitirnos al trabajo de Kenneth Joseph Arrow, premio Nobel de Economía, quien, en su famosa obra *Elección social y valores individuales* (Arrow, K. J., *Elección social y valores individuales*, Planeta-Agostini, trad. de Eusebio Aparicio

el proceso de votación como el conteo de los votos, lo que a su vez podría perjudicar la calidad de la participación electoral[465]. Asimismo, al sistema de voto preferencial también se le

---

Auñón, Barcelona, 1994), argumentó que es imposible lograr un sistema verdaderamente democrático cuando hay tres o más opciones para elegir. Su teoría se basa en el Teorema de Condorcet, según el cual, cuando existen más de dos opciones, la voluntad individual puede entrar en conflicto con la voluntad colectiva. La paradoja de Arrow surge de una serie de condiciones que el autor considera necesarias para que una elección sea racional. Dos de estas condiciones son clave para comprender la paradoja: la propiedad transitiva y la condición de no dictadura. La transitividad indica que, si un individuo ordena sus preferencias en orden *x*, *y*, *z*, resultando *x*P*y*, (donde "P" indica una relación de preferencia), e *y*P*z*, dicho individuo preferirá *x* a *z*, es decir, *x*P*z*. La condición de no dictadura establece que ningún individuo debe imponer sus preferencias sobre el resto para que el resultado se considere democrático. Para ilustrar esta paradoja, Arrow utiliza un ejemplo en el que hay tres alternativas *x*, *y*, y *z*, y tres votantes. El votante 1 prefiere *x* a *y* e *y* a *z* (*x*P*z*), el votante 2 prefiere *y* a *z* y *z* a *x* (*y*P*x*), y el votante 3 prefiere *z* a *x* y *x* a *y* (*z*P*y*). Según las preferencias individuales, la mayoría de los votantes prefiere *x* sobre *y* e *y* sobre *z*, por lo que, de acuerdo con la propiedad transitiva, la sociedad debería preferir *x* sobre *z* (*xPz*). Sin embargo, observando las preferencias individuales de los votantes 2 y 3, observamos que ambos prefieren *z* sobre *x*, lo cual contradice la conclusión anterior. Esta contradicción lleva a Arrow a formular su Teorema General de la Imposibilidad, el cual sostiene que, en elecciones con más de dos opciones, resulta imposible que un grupo de individuos elija de forma racional y democrática sin violar alguna de las condiciones esenciales establecidas en su teoría.

465 Lijphart, A., *Sistemas electorales y sistemas de partidos. Un estudio de veintisiete democracias (1945-1990)*, trad. de Fernando Jiménez Sánchez, Centro de Estudios Constitucionales, Madrid, 1995, p. 56 y 71. De hecho, como acertadamente ha destacado Joan Marcet, el sistema de voto preferencial se ha utilizado en España para las elecciones al Senado desde finales de los años setenta. Sin embargo, los españoles parecen compartir un nivel similar de insatisfacción respecto

pueden atribuir muchas de las contradicciones derivadas de la combinación entre el modelo de Estado de partidos y el modelo liberal[466]. En concreto, el sistema de voto preferencial presenta una paradoja intrínseca: divide el *poder de representación* entre la persona y el partido. Dado que el voto es fundamentalmente binario, resulta imposible combinar ambas posturas (la del diputado y la del partido), pues, en el resultado final de una votación, solo puede prevalecer una.

En cuanto a los sistemas proporcionales, podemos distinguir entre aquellos que emplean la fórmula del resto mayor y aquellos que utilizan la fórmula de la media mayor. Los sistemas basados en la fórmula del resto mayor se caracterizan por reflejar de manera más fiel la distribución de votos entre las candidaturas. Esta fórmula generalmente se basa en una cuota que se obtiene dividiendo el número total de votos emitidos entre el número de escaños de la circunscripción (o dicho número incrementado en una o más unidades). Cada candidatura recibe tantos escaños como veces su total de votos contiene la cifra de la cuota. Si después de esta distribución inicial aún quedan escaños por asignar, estos se reparten a las candidaturas con las fracciones más altas de la cuota. Ejemplos de fórmulas basadas en el resto mayor incluyen el método Hare-Niemeyer o

---

al grado de representatividad de sus representantes en ambas Cámaras (Marcet, J., "Consenso y disenso de doce años de Ley Electoral", *Revista de las Cortes Generales,* n°41, 1997, pp. 201-215; pp. 213-214), lo que probablemente sugiere que la implementación del sistema de voto preferencial no garantiza, por sí sola, un aumento en el grado de representatividad de los representantes. A favor de la implementación del sistema de voto preferencial en Castilla-La Mancha, *Vid.* Vidal Martín, T., *Sistemas Electorales y Estado Autonómico. Especial consideración del Sistema Electoral de Castilla-La Mancha,* Ediciones Parlamentarias de Castilla-La Mancha, Toledo, 2006, pp. 164 y ss.

466 *Vid. infra,* 4.2.

la fórmula Hare-Andrae[467]. Por otro lado, los sistemas que utilizan la fórmula de la media mayor favorecen en mayor grado a los partidos mayoritarios, a la vez que perjudican a los partidos minoritarios. Este tipo de sistemas van atribuyendo cada uno de sus escaños, sucesivamente, al partido que presenta una media más elevada de votos. Variantes de las fórmulas de la media mayor son el método D'Hondt, el método Saint-Lagüe, el método Imperiali o el método Hagenbasch-Bischoff, algunos de los cuales estudiaremos más adelante[468].

---

467 La fórmula de Hare-Niemeyer es un método de representación proporcional utilizado para distribuir escaños según el número de votos obtenidos por cada partido. El proceso para determinar la asignación de escaños comienza multiplicando el número de votos obtenidos por cada partido por la cantidad total de escaños disponibles en el distrito. Luego, el resultado de esta multiplicación se divide entre el número total de votos válidos emitidos en el distrito. La cuota obtenida determina la cantidad de escaños que corresponden a cada partido. En primer lugar, se asignan los escaños correspondientes a las cuotas enteras. Los escaños restantes se distribuyen entre los partidos con las mayores fracciones de cuota, es decir, aquellos con los restos más altos. Por otro lado, el método Hare-Andrae, también conocido como voto único transferible, se calcula estableciendo una cuota mínima de votos necesaria para obtener un escaño. Los votantes emiten un voto por su candidato favorito, pero también ordenan el resto de los candidatos por preferencia. Las candidaturas que figuran como primera opción y alcanzan la cuota obtienen el escaño correspondiente. Si aún quedan escaños por asignar, se procede a transferir los votos excedentes de los candidatos ya elegidos (es decir, los votos que superan la cuota) a los candidatos que aparecen como segunda opción en las papeletas. Si aún no se han cubierto los escaños tras la redistribución de los votos excedentes, el candidato con menos votos es eliminado, y sus votos se distribuyen de acuerdo con las siguientes preferencias indicadas en esas papeletas. Este proceso continúa hasta que todos los escaños han sido asignados, garantizando así que los votos se utilicen de manera eficiente y representen las preferencias de los electores lo mejor posible (Camps Ortiz, F. E., *El sistema electoral proporcional y el mayoritario: ... cit.*, p. 143).

468 *Vid. infra*, 2.2.

Así las cosas, resulta evidente que lo que los sistemas mayoritarios buscan no es tanto reflejar proporcionalmente la opinión del electorado en el parlamento, sino hallar un vencedor indiscutible[469]. Su objetivo es simplificar el proceso democrático, asegurando que una sola opción política obtenga el control del gobierno, incluso si esto implica ignorar o subrepresentar a una parte considerable del electorado. De este modo, aunque permiten una victoria clara, lo hacen a costa de la proporcionalidad en la representación, sacrificando el pluralismo político en favor de la gobernabilidad. Este tipo de sistemas, además de distorsionar la voluntad del electorado al no reflejar de manera precisa la diversidad de opiniones en el parlamento, penalizan de forma especialmente dura a los partidos más pequeños, negándoles representación parlamentaria con mucha más frecuencia que los sistemas proporcionales, los cuales suelen lograr reflejar la pluralidad de votos de forma más justa[470].

Así las cosas, Lijphart[471] ha argumentado que las democracias basadas en sistemas mayoritarios no logran mejores resultados en términos de bienestar social que aquellas que se sustentan en sistemas proporcionales. De hecho, los sistemas proporcionales suelen superar a los mayoritarios en lo que refiere a calidad democrática, proporcionalidad en la representación y efectividad de las políticas públicas. Por tanto, aunque los sistemas mayoritarios pueden garantizar una mayor estabilidad política al crear mayorías claras, ello no significa que obtengan mejores resultados en cuanto a satisfacción social.

---

469 Sartori, G., *Ingeniería constitucional comparada. Una investigación de estructuras, incentivos y resultados,* trad. de Roberto Reyes Mazzoni, Fondo de Cultura Económica, México, 1994, p. 17.

470 Rae, D. W., *Leyes electorales y sistema de partidos políticos, cit.*, p. 92; p. 101.

471 Lijphart, A., *Modelos de democracia. Formas de gobierno y resultados en treinta y seis países,* trad. de Carme Castellnou, Ariel, Barcelona, 2000, p. 279.

Al no reflejar de manera fiel las distintas corrientes políticas presentes en la sociedad, los sistemas mayoritarios terminan por excluir a partidos más pequeños y a un buen número de votantes. Esto puede resultar en resultados que contradicen la regla de la mayoría[472], lo que facilita que se genere un sentimiento de exclusión en una parte significativa de la ciudadanía. En este sentido, la solución más adecuada para garantizar la proporcionalidad en la representación parece encontrarse en los sistemas proporcionales, que logran una distribución más justa de los escaños en función del apoyo real que cada partido ha obtenido en las elecciones. No obstante, tampoco se puede perder de vista la importancia de la gobernabilidad, ya que cualquier sistema debe buscar un equilibrio entre una representación fiel y la posibilidad de formar gobiernos estables y eficaces.

2.2. Métodos proporcionales para la asignación de escaños

Para elaborar un modelo de representación política efectivo, especialmente en sistemas de circunscripción plurinominal (distritos en los que está en juego más de un escaño), es fundamental prestar especial atención al método de asignación de escaños que se utilizará, ya que éste será un factor decisivo en el éxito y la legitimidad del modelo. El método de distribución de escaños influye directamente en la representatividad y en la gobernabilidad del sistema, lo que a su vez determina cómo se reflejan las preferencias del electorado en la composición del órgano legislativo. Por este motivo, en este epígrafe examinaremos tres de los métodos más reconocidos

---

472 Es interesante reseñar que el expresidente de Estados Unidos, Bill Clinton, quien ganó las elecciones presidenciales de 1992 con apenas el 43% de los votos totales, ha llegado a calificar este tipo de sistemas como antidemocráticos (*Ibid.*, p. 142).

y utilizados a nivel internacional: el método D'Hondt, el cociente Hare y el método Saint-Laguë corregido. Estos métodos destacan por ser referencia en la mayoría de los sistemas de representación proporcional, aunque, eso sí, cada uno presenta ciertas particularidades en lo que respecta al favorecimiento de partidos grandes, medianos o pequeños, así como a la forma en que logran equilibrar representatividad (entendida como proporcionalidad) y gobernabilidad[473].

Comenzando por el método D'Hondt, su funcionamiento se basa en un procedimiento sencillo y proporcional. Los votos de cada partido se dividen entre una serie de divisores consecutivos (1, 2, 3, etc.), generando una lista de cocientes. Estos valores se ordenan de mayor a menor, y los escaños se asignan a los partidos correspondientes según los cocientes más altos, hasta completar el total de escaños disponibles. Al abordar este método es importante señalar que, como ocurre con la mayoría de los métodos de asignación de escaños basados en divisores o cocientes de candidatura, se trata de una técnica que, aunque precisa y eficiente, no logra reflejar con absoluta fidelidad los resultados electorales en la configuración del parlamento. A pesar de su indudable eficacia en la distribución de escaños, presenta una tendencia a favorecer a los partidos con mayor cantidad de votos, lo que puede generar una ligera distorsión en la proporcionalidad entre el respaldo popular y la representación parlamentaria que éstos obtienen. Para ilustrar esto, consideremos una circunscripción en la que se eligen ocho diputados, con un total de 417.000 votos válidos distribuidos de la siguiente manera: partido A: 142.000 votos; partido B: 106.000;

---

473 No es casualidad que el Grupo de Investigación de Métodos Electorales (GIME) haya señalado estas como las dos características más deseables de un sistema electoral (Ramírez González, V., (Coord.) *Sistema electoral para el Congreso de los Diputados. Propuesta para un parlamento más ecuánime, representativo y gobernable*, Universidad de Granada, Granada, 2013, pp. 39 y ss.).

partido C: 69.000; partido D: 32.000; partido E: 30.000; partido F: 23.000; y partido G: 15.000. Calculemos ahora la asignación de escaños con la siguiente tabla:

División	1	2	3	4	5	6	7	8
A	142.000	71.000	47.333	35.500	28.400	23.667	20.286	17.750
B	106.000	53.000	35.333	26.500	21.200	17.667	15.143	13.250
C	69.000	34.500	23.000	17.250	13.800	11.500	9.857	8.625
D	32.000	16.000	10.667	8.000	6.400	5.333	4.571	4.000
E	30.000	15.000	10.000	7.500	6.000	5.000	4.286	3.750
F	23.000	11.500	7.667	5.750	4.600	3.833	3.286	2.875
G	15.000	7.500	5.000	3.750	3.000	2.500	2.143	1.875

Fuente: Elaboración propia

Como puede comprobarse, el partido A obtendría cuatro escaños; el partido B, tres; y el partido C, uno. Sin embargo, ¿realmente este resultado refleja fielmente la voluntad del electorado? Para evaluar la justicia y representatividad de un sistema electoral, existen tradicionalmente dos métodos: comparar el costo por escaño entre los distintos partidos o evaluar la desproporcionalidad utilizando un índice específico[474]. En este

474 Evidentemente, al evaluar la calidad de un sistema electoral, es crucial considerar también su grado de gobernabilidad. Este aspecto es relativamente sencillo de calcular: a mayor número de escaños obtenidos por los partidos más grandes, mayor será la gobernabilidad del sistema electoral. Esto se debe a que una concentración de escaños en unos pocos partidos tiende a facilitar la formación de gobiernos estables y a reducir el riesgo de fragmentación política, lo que contribuye a la eficacia en la toma de decisiones. Otros aspectos que también deben tenerse en cuenta incluyen la *polarización*, la *fragmentación*, la *competitividad* y la *volatilidad* del sistema electoral (Ocaña, F. A. / Oñate, P., "Índices indicadores del sistema electoral

análisis utilizaremos el índice de Gallagher (también conocido como el índice de mínimos cuadrados), ya que está considerado por la doctrina como uno de los índices más precisos para medir la desproporcionalidad en los resultados electorales[475]. El índice de Gallagher es una herramienta utilizada para evaluar la desproporcionalidad entre los porcentajes de votos que recibe cada partido y los escaños que éste obtiene en el parlamento. Su objetivo es cuantificar la proporcionalidad de un sistema electoral. Cuanto mayor sea el valor del índice, mayor será la desproporcionalidad entre los votos emitidos y los escaños asignados[476]. Empezando con la diferencia en el costo por escaño, al dividir el número total de votos por la cantidad de escaños a repartir, se concluye que en esta circunscripción se elige un diputado por cada 52.125 votos válidos. Esto implica que, idealmente, cada candidatura debería requerir aproximadamente 52.125 votos para obtener un diputado. El problema con la aplicación del método D'Hondt radica en que los costos de obtención de un escaño varían significativamente entre los partidos.

---

y del sistema de partidos. Una propuesta informática para su cálculo", *Revista Española de Investigaciones Sociológicas,* nº86, 1999, pp. 223-245; p. 225). Sin embargo, estas últimas variables solo pueden evaluarse en contextos específicos y concretos. Dado que en este análisis nos centramos en los métodos de manera abstracta, no es pertinente abordar estos factores en este momento.

475 Por ejemplo, Lijphart ha señalado que el índice de mínimos cuadrados es uno de los métodos más sensibles y fieles para medir la desproporcionalidad en los sistemas electorales (Lijphart, A., *Sistemas electorales y sistemas de partidos... cit.*, p. 109).

476 Para calcular el índice de Gallagher, primero se determina la diferencia entre la proporción de votos y la proporción de escaños para cada partido. Luego, se elevan al cuadrado estas diferencias y se suman. Esta suma se multiplica por 0,5 y finalmente se toma la raíz cuadrada del resultado. Sobre el índice de Gallagher, *Vid.* Gallagher, M., "Proporcionality, Disproporcionality and Electoral Systems", *Electoral Studies,* nº1, 1991, pp. 33-51; pp. 41 y ss.

En este caso, al partido A le cuesta 35.500 votos obtener diputado, mientras que al partido B le cuesta 35.333 votos. En contraste, el partido C enfrenta un costo de 69.000 votos por escaño, lo que significa que necesita casi el doble de votos para conseguir un representante en comparación con los partidos A y B. Esta disparidad refleja una opinión ampliamente compartida en la doctrina, según la cual el método D'Hondt beneficia a los partidos con más votos, en detrimento de aquellos con menor respaldo electoral[477]. Por otro lado, al aplicar el índice de Gallagher al caso presentado, obtenemos un valor de 16,89. Este resultado revela una desproporcionalidad considerable entre el porcentaje de votos recibidos y la representación parlamentaria que han logrado los distintos partidos.

Otra posible solución en lo referente a la asignación de escaños a cada partido dentro de una circunscripción podría pasar por aplicar el cociente Hare. El cociente Hare es un método de reparto de escaños que se basa en dividir el número total de votos válidos emitidos en una circunscripción entre el número de escaños a asignar. Este cociente se utiliza como base para adjudicar los escaños a las distintas candidaturas,

---

[477] A favor de esta afirmación en el ámbito nacional, *Vid.*, a modo de ejemplo: de Esteban, J., "La reforma de la ley electoral: respuesta al profesor Nohlen", *Revista Española de Investigaciones Sociológicas*, nº17, 1982, pp. 139-142; p. 141. Entre los autores extranjeros podemos destacar, entre otros, a Gallagher: Gallagher, M., "Proporcionality, Disproporcionality and Electoral Systems", *cit.*, p. 34; y a Rae: Rae, D. W., *Leyes electorales y sistema de partidos políticos*, *cit.*, p. 31, si bien es cierto que este último matiza que la fórmula D'Hondt podría no beneficiar a los partidos grandes si el tamaño del distrito electoral es de gran extensión o si el sistema de partidos está significativamente fragmentado. En contra de la idea de que la fórmula D'Hondt beneficia a los partidos más votados, *Vid.* Nohlen, D., "La reforma de la ley electoral. Pautas para una discusión", *Revista Española de Investigaciones Sociológicas*, nº16, 1981, pp. 135-143; p. 140.

distribuyéndolos proporcionalmente a la cantidad de votos obtenidos por cada una de ellas. Así, el número total de votos se divide por el número de escaños, y este valor se convierte en el divisor. Luego, se calcula el cociente de cada candidatura dividiendo el total de votos que ha recibido por este divisor. Los escaños se asignan a las candidaturas que tengan los cocientes más altos, hasta que se complete el número total de escaños disponibles. La fórmula básica es la siguiente:

$$\text{Cociente Hare} = \frac{\text{Número total de votos válidos}}{\text{Número de escaños a asignar}}$$

En caso de que queden escaños sin asignar porque las cifras obtenidas no son números enteros, se pueden redistribuir utilizando los cocientes más altos restantes, lo que permite que se aprovechen los votos que no lograron alcanzar un número entero de escaños. Sin embargo, este método, aunque refleja fielmente lo expresado en las urnas, también genera ciertos desajustes. Al aplicar el cociente Hare al ejemplo mencionado, el resultado es un divisor de 52.125. Si este divisor se aplica a los resultados de las elecciones, obtenemos que el partido A conseguiría 2,747 escaños; el B: 2,033; el C: 1,323; el D: 0,613; el E: 0,575; el F: 0,441; y el G: 0,287. Dado que la suma de estos números enteros da cinco, los tres escaños restantes deben asignarse a los partidos con los decimales más altos. Esto implica que los escaños adicionales se distribuirían entre los partidos A, D y E, resultando en una asignación final de tres escaños para el partido A, dos para el B, uno para el C, uno para el D y uno para el E. Como se puede observar, el reparto de escaños varía significativamente entre el método de D'Hondt y el cociente Hare. En el primer caso, los resultados son A: 4, B: 3, C: 1, D: 0 y E: 0, mientras que con el cociente Hare la distribución queda en A: 3, B: 2, C: 1, D: 1 y E: 1.

La diferencia en la asignación de escaños subraya la críticas hacia el método D'Hondt consistente en que es un método que favorece a los partidos con mayor cantidad de votos, lo que puede llevar a una representación desigual. En contraste, el método de cociente Hare busca reflejar de manera más precisa la voluntad del electorado al distribuir los escaños en proporción más directa al número de votos recibidos por cada partido. Esto se pone de manifiesto al aplicar el índice de Gallagher al ejemplo, que arroja un valor de 7,85, significativamente inferior al 16,89 obtenido con el método D'Hondt, reduciendo así la desproporcionalidad a menos de la mitad. Con todo, en el ejemplo presentado, la mayor diferencia en el coste de escaño en votos con el método D'Hondt es del 95,28% (entre los partidos B y C). Por su parte, utilizando el cociente Hare, esta diferencia se amplía a un 130% (entre los partidos E y C)[478], lo que indica, al menos en este ejemplo, que el método del cociente Hare también presenta sus propias dificultades y puede dar lugar a desigualdades en la representación. Además, a esto se suma que la asignación de escaños mediante el cociente Hare no contribuye a la gobernabilidad del parlamento, ya que permite que numerosos partidos pequeños obtengan cuotas de poder significativas[479]. Esto genera la necesidad de

---

478 Es importante señalar que, en este ejemplo, el costo promedio por escaño utilizando el método D'Hondt es de 46.611,11 votos, mientras que con el cociente Hare es de 46.266,66 votos. Esto sugiere que la media del costo por escaño es bastante similar en ambos métodos, evidenciando una relativa equivalencia en la asignación de escaños en términos de votos.

479 Es relevante indicar que existen diferentes variantes del cociente Hare. Entre ellas, cabe destacar el cociente Droop y los cocientes Imperiali (normal y reforzado). Mientras que la fórmula estándar del cociente Hare divide el número total de votos válidos (V) entre el número de escaños a repartir (E), es decir, V/E, las variantes modifican el divisor añadiendo una cifra. El cociente Droop emplea la fórmula V/(E+1), el Imperiali normal utiliza

implementar mecanismos que contrarresten la tendencia de este método a fragmentar en exceso el parlamento.

Una alternativa al método D'Hondt y al cociente Hare sería aplicar el método Saint-Laguë corregido, que ofrece un nivel de proporcionalidad inferior al del cociente Hare, pero superior al del método D'Hondt[480], favoreciendo habitualmente a los partidos medianos[481]. Este enfoque potencia la formación de gobiernos al mismo tiempo que promueve una representación parlamentaria más equilibrada. El método Sainte-Laguë corregido es similar al método D'Hondt, pero con una diferencia clave: en lugar de utilizar la secuencia de números naturales enteros como divisores (1, 2, 3, 4... etc.), se emplea una serie de números impares, comenzando con 1.4 (1.4, 3, 5, 7... etc.)[482]. Observemos la aplicación de este método al ejemplo anterior con la siguiente tabla:

V/(E+2) y el Imperiali reforzado V/(E+3). Estas fórmulas buscan un equilibrio entre proporcionalidad y gobernabilidad. No obstante, a medida que aumenta la cifra sumada al divisor, se genera una mayor desproporcionalidad, produciendo resultados cercanos al método D'Hondt (Lijphart, A., *Sistemas electorales y sistemas de partidos... cit.*, p. 61).

480 Sartori, G., *Ingeniería constitucional comparada... cit.*, p. 21.

481 Rae, D. W., *Leyes electorales y sistema de partidos políticos, cit.*, p. 34.

482 Los divisores del método Saint-Laguë corregido son los mismos que en el método original (sin corregir), pero comenzando con 1.4 en lugar de 1 (seguido por 3, 5, 7... etc.). En cambio, en el método Saint-Laguë sin corregir, los divisores inician en 1 (seguido por 3, 5, 7... etc.), siendo así mucho más proporcional que el método corregido (Lijphart, A., *Sistemas electorales y sistemas de partidos... cit.*, p. 61). Aunque ambos métodos existen, el Saint-Laguë corregido es el que se ha utilizado de manera más habitual en la práctica. Ejemplo de ello son Suecia y Noruega.

División	1,4	3	5	7
A	101.429	47.333	28.400	20.286
B	75.714	35.333	21.200	15.143
C	49.286	23.000	13.800	9.857
D	22.857	10.667	6.400	4.571
E	21.429	10.000	6.000	4.286
F	16.429	7.667	4.600	3.286
G	10.714	5.000	3.000	2.143

Fuente: Elaboración propia

Así, con el método Saint-Lagüe corregido, la asignación final de escaños sería la siguiente: partido A: tres; partido B: dos; partido C: dos; y partido D: uno. Es evidente que la distribución de escaños entre partidos varía significativamente según el método utilizado. Por ejemplo, con el método D'Hondt la asignación fue: A: 4, B: 3, C: 1, D: 0 y E: 0, y con el método Hare: A: 3, B: 2, C: 1, D: 1 y E: 1. En contraste, utilizando el método Sainte-Laguë corregido, obtenemos: A: 3, B: 2, C: 2, D: 1 y E: 0. Como mencionamos anteriormente, el objetivo de esta última fórmula es lograr una proporcionalidad mayor que la del método D'Hondt, pero inferior a la del cociente Hare, buscando un equilibrio entre las exigencias de gobernabilidad y la proporcionalidad en la representación. Al aplicar el índice de Gallagher al ejemplo, se obtiene un valor de 10,05, una cifra relativamente intermedia entre los resultados de los métodos analizados previamente (16,89 y 7,85), aunque más cercana a la del cociente Hare (7,85). Respecto a la mayor diferencia en el costo de un escaño en votos, con Saint-Lagüe corregido el porcentaje es, en el ejemplo, del 65,63% (entre los partidos D y B), lo que representa una diferencia de costo de escaño en votos aún más reducida que la del método D'Hondt, que fue del 95,28%, y que, por supuesto, la del método Hare, que fue del 130%.

Finalmente, es importante subrayar que, a pesar de las variaciones y mejoras que cada uno de estos métodos de asignación de escaños presentan, todos ellos poseen problemáticas inherentes que afectan su capacidad para reflejar de manera precisa la voluntad del electorado. El método D'Hondt, aunque eficiente en la distribución de escaños, tiende a favorecer a los partidos más votados, generando una representación desproporcionada que puede llevar a que la composición del parlamento no se alinee con el respaldo popular real. El cociente Hare, por su parte, logra una representación más fiel a los votos emitidos, pero puede resultar en una fragmentación del parlamento y en dificultades para la gobernabilidad al permitir que numerosos partidos pequeños obtengan una cuota de representación significativa. Por último, el método Saint-Laguë corregido, aunque busca un equilibrio entre proporcionalidad y gobernabilidad, aún presenta disparidades en el costo de los escaños que pueden perjudicar a los partidos con menos respaldo electoral. Todo ello pone de manifiesto la necesidad de diseñar un método de distribución del poder parlamentario que supere las limitaciones a las que se enfrentan los métodos tradicionales es de asignación de escaños.

3. ¿QUÉ DEBE MEJORARSE DEL SISTEMA ACTUAL?

3.1. Inconvenientes del sistema electoral de Castilla-La Mancha

Uno de los principales inconvenientes del sistema electoral de Castilla-La Mancha es el reducido número de diputados establecidos por la Ley Electoral, que se limita a 33. Esto coloca a Castilla-La Mancha como una de las Comunidades con menos diputados en relación a su población, lo que ha sido objeto de crítica por parte del sector académico[483]. Esta situación afecta negativamente a la proporcionalidad en la representación, haciendo que el parlamento autonómico no cumpla de manera adecuada el principio de proporcionalidad. Esta deficiencia se hace aún más evidente si se observa el número medio de escaños por circunscripción. Como bien ha puesto de relieve Fernández Esquer[484], en Castilla-La Mancha esta cifra es de tan solo 6,6, lo que no solo está muy por debajo de la media nacional (30,9), sino que constituye el número más bajo de escaños por circunscripción en todo el país. Incluso la media para el Congreso de los Diputados supera a la de Castilla-La Mancha. Este dato resulta particularmente alarmante dado que, como es ampliamente reconocido, a mayor número de ciudadanos representados en un parlamento menor será la proporcionalidad. Considerando que la población de España es más de 23 veces superior a la de Castilla-La Mancha, este hecho resulta aún más preocupante.

De hecho, el parlamento de Castilla-La Mancha no solo es el que menos diputados elige por circunscripción, sino que, junto con el de La Rioja (que también cuenta con 33 diputados), es el más pequeño de todo el país. Este dato cobra aún mayor relevancia si consideramos que Castilla-La Mancha tiene más de seis veces la población de La Rioja. El reducido número de diputados en el parlamento castellanomanchego convierte a su sistema electoral en uno que guarda semejanza con los

---

483 Ruiz González, F., "Austeridad versus representatividad en la ley electoral de Castilla-La Mancha", *Revista Anuario Parlamento Y Constitución,* nº15, pp. 201-224; Fernández Esquer, C., "La reforma del sistema electoral de Castilla-La Mancha de 2014", *Cuadernos Manuel Giménez Abad,* nº11, 2016, pp. 76-85; Martín Sánchez, M., "El Estado Autonómico y el procedimiento electoral en España: Reforma de la Ley Electoral de Castilla-La Mancha", *cit.*

484 Fernández Esquer, C., "La reforma del sistema electoral de Castilla-La Mancha de 2014", *cit.*, p. 78.

sistemas mayoritarios. Un ejemplo claro de esta tendencia se observó en las elecciones de 2019, cuando el partido vencedor, el PSOE, obtuvo el 44% de los votos, pero consiguió el 57% de los escaños en el parlamento regional. Este aumento tan significativo en la representación de su apoyo electoral (13%) ha sido interpretado por algunos expertos[485] como un reflejo del tipo de incremento de poder que experimentan los partidos ganadores en sistemas mayoritarios.

En esta misma línea, López Garrido [486] destaca que las Cortes de Castilla-La Mancha cumplen de manera deficiente los principios fundamentales del parlamentarismo[487]. Según el autor, el sistema político configurado por el Estatuto de Autonomía y el reglamento de las Cortes puede calificarse como un "parlamento debilitado". Aunque las causas principales de esta debilidad van más allá de la proporcionalidad[488], uno de los

---

485 Fernández Esquer, C., "El Sistema electoral de Castilla-La Mancha tras la reforma de 2014: Análisis de sus rendimientos y propuestas de mejora", *Anuario Parlamento Y Constitución*, nº21, 2020, pp. 11-38; p. 24.

486 López Garrido, D., "El Parlamento Autonómico", en: Ortega, L., (Coord.) *Estudios sobre el Estatuto de Autonomía de Castilla-La Mancha*, Cortes de Castilla-La Mancha, Toledo, 1995, p. 82.

487 Apoyado en Andrea Manzella, López Garrido sostiene que tales principios son: el principio de representatividad; el principio de autonomía, el principio de discusión; el principio de contradicción con el gobierno; el principio de mayoría; el principio de permanencia y el principio de temporabilidad (*Ibid.*, p. 81).

488 En este sentido, las principales razones por las que López Garrido considera que el parlamento de Castilla-La Mancha es un parlamento debilitado son las siguientes: la poca importancia que las Cortes de Castilla-La Mancha han ocupado como pieza del sistema político de la región; la existencia en todas las legislaturas de una mayoría absoluta; la escasa intervención del presidente del Consejo de Gobierno en los debates parlamentarios; una interpretación reducida del papel de la oposición y la inexistencia de derecho de disolución

factores clave, desde el enfoque de nuestra investigación, es el diseño del sistema electoral. Si bien su intención es ser proporcional, el reducido tamaño de las circunscripciones genera un efecto más cercano al de los sistemas mayoritarios[489]. A modo de ejemplo, en la provincia de Cuenca cada diputado representa a 39.730 habitantes, mientras que en Toledo esta cifra asciende a 82.646. Esta disparidad refleja una desigualdad significativa en el valor del voto según la provincia, lo que se suma a las deficiencias de proporcionalidad del sistema. Si bien el sistema electoral de Castilla-La Mancha tiende a comportarse en ocasiones como uno mayoritario en cuanto a sus resultados, estas desigualdades internas en la representación agravan aún

---

de la Cámara (*Ibid.*, pp. 82-86). Cabe destacar que López Garrido también señala como parte del problema la grave limitación temporal de los periodos ordinarios de sesiones de la Cámara. No obstante, esta consideración merece una matización muy relevante: cuando López Garrido escribe el texto que estamos citando, el artículo 11.3 del Estatuto de Autonomía de Castilla-La Mancha establecía un periodo ordinario máximo de cuatro meses, siendo el primero entre octubre y diciembre y el segundo entre febrero y junio. Sin embargo, el anterior periodo fue modificado por la Ley Orgánica 3/1997, de 3 de julio, que dejó libertad de regulación en este aspecto al Reglamento de las Cortes de Castilla-La Mancha. Dicho Reglamento amplió ligeramente dicho plazo, situando el primer periodo entre septiembre y diciembre, y el segundo entre febrero y junio. Posteriormente, el artículo 79 del Reglamento, encargado de regular la temporalidad del periodo ordinario de sesiones, fue modificado en 2014 para, ahora sí, fijar un límite mayor, estableciéndose el primer periodo de septiembre a diciembre y el segundo de enero a julio.

489 A este respecto Ruiz González ha indicado que los índices de desproporcionalidad del sistema electoral castellanomanchego se parecen a los de algunos sistemas mayoritarios (Ruiz González, F., "Hacia un tamaño adecuado de las Cortes de Castilla-La Mancha", *cit.*, p. 193).

más su baja proporcionalidad[490]. En este sentido, Ruiz González ha señalado que el sistema electoral castellanomanchego, lejos de satisfacer plenamente el principio de proporcionalidad en la representación, presenta un grado de proporcionalidad muy bajo[491].

---

490 En este sentido, las observaciones de Martínez Sospedra sobre el sistema electoral español a nivel nacional son igualmente pertinentes en el ámbito autonómico, dado que ambos sistemas presentan los mismos defectos. Según señala este autor, el hecho de considerar la provincia como circunscripción electoral genera tres efectos distorsionadores de la voluntad popular: «primero, la población residente en las provincias más pobladas estará necesariamente subrepresentada, la de las provincias menos pobladas estará necesariamente sobrerrepresentada, y ello con total abstracción de su nivel de desarrollo o influencia política; segundo, por consiguiente, el valor inicial del voto variará sustancialmente [...]; tercero, esa desigualdad tenderá a crecer [...] de mantenerse la dinámica espacial de la población española en términos globales. Es decir, El Congreso tenderá a ser cada vez menos representativo en el sentido de que se asemejará cada vez menos a la distribución del voto en el cuerpo electoral y, además, en el sentido de que tenderán a crecer las posibilidades de producción del fenómeno de "inversión de minorías". A su vez ello implica que la efectividad del principio de soberanía popular [...] tenderá a reducirse como consecuencia de la misma normativa electoral-constitucional» (Martínez Sospedra, M., "El concepto constitucional de circunscripción y sus efectos sobre la eficacia del principio de soberanía popular", en: V. V. A. A., I *Jornadas de Derecho Parlamentario. Volumen II,* Publicaciones del Congreso de los Diputados, Madrid, 1985, pp. 1002-1003). También resultan aquí relevantes las consideraciones de Lijphart sobre el sistema utilizado en España para la elección de los miembros del Congreso de los Diputados, el cual ha sido calificado por este autor como «un sistema de representación proporcional que resulta, en términos comparativos, muy desproporcional» (Lijphart, A., "Prefacio a la edición española", en: Lijphart, A., *Sistemas electorales y sistemas de partidos... cit.*, p. 8).

491 Ruiz González, F., "Austeridad versus representatividad en la ley electoral de Castilla-La Mancha", *cit.*, p. 211.

Con el fin de evidenciar la desproporcionalidad que presenta el sistema electoral de Castilla-La Mancha, hemos decidido analizar qué resultados electorales se habrían dado si el sistema electoral actual se hubiese aplicado en las elecciones de 1995. La elección de este año no es casual, ya que, como podemos recordar, en los debates parlamentarios de la última reforma del sistema electoral castellanomanchego[492], el Grupo Socialista acusó al PP de que, de haberse aplicado la Ley de 2014 a las elecciones de 1995, el PP habría obtenido la victoria con menos votos que el PSOE, lo que, en su opinión, habría sido un claro ejemplo de antidemocracia. Debemos recordar que, en aquellas elecciones, el resultado fue de 24 escaños para el PSOE, 22 para el PP y 1 para IU, siendo el PSOE el partido más votado en Castilla-La Mancha, superando al PP por casi 14.000 votos. Por aquel entonces, los escaños asignados a cada provincia eran los siguientes: Albacete: 10; Ciudad Real: 11; Cuenca: 8; Guadalajara: 7; y Toledo: 11. Según la nueva Ley Electoral, la distribución de escaños habría sido la siguiente: Albacete: 7; Ciudad Real: 8; Cuenca: 5; Guadalajara: 5; y Toledo: 8. Por lo tanto, si la propuesta de reforma del Grupo Popular hubiese sido aplicada en las elecciones de 1995, los resultados habrían sido 17 diputados para el PP, 16 para el PSOE y ningún diputado para IU. Así, se confirma que, con menos votos totales que el PSOE, el PP habría logrado la mayoría parlamentaria.

Otro inconveniente importante del sistema electoral castellanomanchego es su umbral electoral efectivo. El concepto de umbral electoral efectivo, introducido por Lijphart, hace referencia al porcentaje real de votos que un partido necesita para obtener un escaño en una circunscripción electoral determinada. A diferencia del umbral legal, que se define por una norma jurídica, el umbral efectivo refleja la posibilidad real de que un partido consiga representación parlamentaria. De manera

---

492 *Vid. supra,* Cap. III, 4.3.

general, cuantos más escaños se asignen en una circunscripción, menor será el umbral efectivo, y viceversa. Este umbral efectivo puede calcularse utilizando la siguiente fórmula[493]:

$$UEf = \frac{50\%}{M+1} + \frac{50\%}{2M}$$

Evidentemente, como señala Urdánoz Ganuza, es necesario hacer una matización al respecto. En lugar de hablar exclusivamente de umbral efectivo, conviene diferenciar entre el umbral mínimo y el umbral máximo. El umbral mínimo se refiere al porcentaje de votos que un partido necesita para obtener un escaño bajo las condiciones más favorables; es decir, si un partido no alcanza este porcentaje, resulta imposible que consiga representación. Por otro lado, el umbral máximo hace referencia al porcentaje de votos que, en las circunstancias más desfavorables, asegura un escaño para el partido; si se alcanza este porcentaje, el escaño está garantizado[494]. Sin embargo, no es posible predecir con exactitud si un partido alcanzará el porcentaje correspondiente al umbral mínimo o al máximo antes de las elecciones, ya que tales estimaciones dependen de factores sociológicos complejos. En la práctica, lo más común es que el porcentaje real se sitúe en algún punto intermedio entre ambos umbrales, más que en uno de los extremos.

En todo caso, a partir de este momento, aplicaremos la fórmula de Lijphart para calcular el umbral efectivo en las circunscripciones de Castilla-La Mancha. Aunque esta fórmula no refleja con la máxima precisión el umbral necesario para

---

493 Lijphart, A., *Sistemas electorales y sistemas de partidos… cit.*, pp. 63 y ss. Donde M es el número de escaños de una determinada circunscripción.

494 Urdánoz Ganuza, J., "Umbrales de representación y proporcionalidad", *Revista Española de Investigaciones Sociológicas*, nº121, 2008, pp. 133-166; p. 136.

obtener representación en las Cortes, sí ofrece un indicador bastante fiable. Al aplicar la fórmula de Lijphart a las provincias de Castilla-La Mancha antes de las elecciones (lo que denominaremos umbral efectivo anterior), obtenemos los siguientes resultados para cada circunscripción: Albacete y Ciudad Real: 9,82%; Cuenca y Guadalajara: 13,33%; y Toledo: 7,78%[495]. Por otro lado, si utilizamos la misma fórmula tras unos resultados electorales concretos (lo que denominaremos umbral efectivo posterior), que en este caso serán los de las elecciones regionales de 2023, y consideramos el último escaño en disputa en cada provincia, los resultados varían respecto al umbral efectivo anterior, siendo los siguientes: Albacete: 12,63%; Ciudad Real: 11,83%; Cuenca: 16,06%; Guadalajara: 16,35%; y Toledo: 9,19%. Al observar que en Castilla-La Mancha el umbral efectivo posterior tiende a ser superior al umbral efectivo anterior, debemos interpretar los cálculos de la fórmula de Lijphart bajo la premisa de que, en lo que respecta al actual sistema electoral castellanomanchego, los umbrales efectivos reales de cada circunscripción probablemente serán mayores que los que nos señala la fórmula de Lijphart.

Por lo tanto, aunque la Ley Electoral establece un umbral legal del 3% de los votos válidos, el umbral efectivo es considerablemente más alto, especialmente cuando se considera el umbral efectivo posterior. Si bien el Tribunal Constitucional no tuvo en cuenta el umbral efectivo posterior en sus sentencias sobre la constitucionalidad de las leyes electorales analizadas en este trabajo, lo cual es comprensible debido a que estos umbrales dependen de factores sociológicos difíciles de

---

495 Según Ruiz González, el umbral efectivo máximo para cada circunscripción sería el siguiente: Albacete y Ciudad Real: 13,1%; Cuenca y Guadalajara: 16,7%; y Toledo: 10%. Este autor utiliza la fórmula 100%/(M+1), donde M es el número de escaños en una determinada circunscripción (Ruiz González, F., "Hacia un tamaño adecuado de las Cortes de Castilla-La Mancha", *cit.*, p. 190, nota 7).

prever antes de las elecciones, también es cierto que no se ha considerado el umbral efectivo previo. Este último sí refleja de manera objetiva y razonablemente precisa el porcentaje real de votos que una candidatura necesita para obtener un escaño. Por ello, a nuestro juicio, el Tribunal Constitucional probablemente debió haber considerado el umbral efectivo previo al evaluar la constitucionalidad de las barreras electorales del sistema electoral de Castilla-La Mancha, independientemente de la fórmula utilizada para calcularlo[496].

3.2. Una propuesta de reforma del sistema electoral de Castilla-La Mancha respetando el Estatuto de Autonomía

Dado que la última parte de esta investigación estará dedicada al desarrollo de nuestra propuesta de sistema electoral para Castilla-La Mancha sin considerar lo dispuesto en el Estatuto de Autonomía, en este epígrafe propondremos una reforma del sistema electoral castellanomanchego que respete dicho Estatuto. El valor principal que se pretende fortalecer con esta propuesta es el de la proporcionalidad, dado que, como hemos

---

496 Que el Tribunal Constitucional deba tener en cuenta este tipo de fórmulas a la hora de enjuiciar la constitucionalidad de la Ley Electoral de Castilla-La Mancha es algo que también ha propuesto Fernández Esquer (Fernández Esquer, C., "La reforma del sistema electoral de Castilla-La Mancha de 2014", *cit.*, p. 81). Aunque en un sentido un tanto más amplio que el autor recientemente mencionado, Garrote de Marcos considera que los últimos pronunciamientos del Tribunal Constitucional respecto a las reformas electorales del sistema electoral castellanomanchego han sido demasiado laxos con el legislador, pudiendo socavar en cierta medida el principio de proporcionalidad (Garrote de Marcos, M., "El control de constitucionalidad del sistema electoral de las Cortes de Castilla-La Mancha: a propósito de las SSTC 197/2014 y 15/2015", *Asamblea. Revista Parlamentaria De La Asamblea De Madrid*, n°32, pp. 279-300; pp. 298 y ss.).

demostrado a lo largo de las anteriores páginas, el sistema electoral de Castilla-La Mancha presenta importantes deficiencias en cuanto a la proporcionalidad en la representación. Su propósito es ofrecer una solución relativamente sencilla de implementar, aunque con el inconveniente de que seguirá presentado, al igual que el actual sistema electoral, algunas deficiencias a nivel teórico. Posteriormente[497], abordaremos una propuesta más compleja, aunque teóricamente más sólida, que busca mejorar significativamente el modelo de representación política presente en nuestro sistema electoral.

Así las cosas, una posible solución para mitigar los problemas relacionados con la desproporcionalidad que sufre el sistema electoral castellanomanchego, sin necesidad de modificar el Estatuto de Autonomía, pasaría principalmente por tres cambios clave[498]. En primer lugar, proponemos aumentar el número de diputados, elevando al máximo la cifra prevista en el Estatuto, que es de 35. Aunque este incremento no supone un gran aumento respecto de los 33 diputados actuales, permitiría reducir en cierta medida los efectos de desproporcionalidad derivados de un número limitado de representantes en las Cortes de Castilla-La Mancha. En segundo lugar, para mejorar la proporcionalidad del sistema electoral, se debería establecer un mínimo de un único diputado por provincia, lo cual garantizaría la representación territorial y mejoraría el cumplimiento del principio de proporcionalidad. De esta manera, los 30 diputados restantes podrían distribuirse proporcionalmente según la población de cada provincia, utilizando el método del

---

497 *Vid. infra*, 4.

498 En este sentido, debemos señalar que nuestra propuesta, aunque con ciertas diferencias en algunos aspectos (sobre todo en lo relativo a la distribución provincial de escaños), es similar a la ya presentada por Fernández Esquer en: Fernández Esquer, C., "El Sistema electoral de Castilla-La Mancha tras la reforma de 2014…" *cit.*, pp. 27 y ss.

decimal más alto. El reparto de diputados, según esta propuesta, quedaría de la siguiente forma: Albacete: 7; Ciudad Real: 8; Cuenca: 4; Guadalajara: 5; y Toledo: 11. La siguiente tabla ilustra la comparación entre la distribución actual de diputados y la propuesta planteada en este trabajo:

	Actual	Propuesta	Actual	Propuesta	Actual	Propuesta	Actual	Propuesta	Actual	Propuesta
Provincia	**Albacete**		**Ciudad Real**		**Cuenca**		**Guadalajara**		**Toledo**	
Población	18,48%		23,38%		9,43%		13,42%		35,29%	
Nº de escaños	7	7	7	8	5	4	5	5	9	11
% Escaños	21,21%	20,00%	21,21%	22,86%	15,15%	11,43%	15,15%	14,28%	27,28%	31,43%
% Desviación	14,78%	8,22%	-9,29%	-2,22%	60,66%	21,22%	12,89%	6,41%	-22,70%	-10,95%
Habitantes por escaño	55.632	55.632	70.400	61.600	39.730	49.662	56.547	56.547	82.646	67.619
Nº total de escaños	**Actual**					33				
	Propuesta					35				

Fuente: Elaboración propia

Como podemos observar, esta propuesta de modificación de la Ley Electoral, que ajusta tanto el número de diputados como su distribución entre las provincias (7, 8, 4, 5 y 11), no solo difiere significativamente del sistema actual (7, 7, 5, 5 y 9), sino que además convierte al sistema electoral castellanomanchego en uno más proporcional. Bajo este nuevo esquema, el porcentaje de escaños asignados a cada provincia se aproxima de manera más precisa a su porcentaje de población en comparación con el sistema vigente. Como resultado, la desviación entre el porcentaje de población y el porcentaje de escaños asignados a cada provincia se reduce considerablemente. Por ejemplo, actualmente, Cuenca está sobrerrepresentada en las Cortes en un 60,66% respecto de su población, mientras que Toledo sufre una subrepresentación del 22,7%. Este desequilibrio se refleja también en la relación entre habitantes y escaños: en Cuenca, cada diputado representa a 39.730 habitantes, mientras que en Toledo esta cifra asciende a 82.646. En consecuencia, el voto de un residente de Cuenca tiene más del doble de peso que el de un residente de Toledo.

Por el contrario, con nuestra propuesta estas diferencias tienden a atenuarse de manera significativa. En efecto, con el nuevo reparto de diputados, no solo se reducen todas las desviaciones entre el porcentaje de población y el porcentaje de escaños de cada provincia, sino que algunas de ellas experimentan una disminución notable. Por ejemplo, la sobrerrepresentación de Cuenca pasa del 60,66% al 21,22%, lo cual, aunque todavía elevado, representa una mejora sustancial. De manera similar, la subrepresentación de Toledo se reduce del 22,7% al 10,95%, si bien consideramos que esta discrepancia sigue siendo demasiado pronunciada. Además, la diferencia entre todas las provincias respecto de la cantidad de habitantes necesarios para obtener un escaño también disminuye. En particular, las provincias de Cuenca y Toledo destacan por la reducción lograda: Cuenca pasa de necesitar 39.730 habitantes por escaño a 49.662, mientras que Toledo pasa de 82.646 a 67.619. Esto implica que la brecha en el valor del voto entre ambas provincias, que es la más marcada de Castilla-La Mancha, se reduce de un 108% (algo más del doble) a un 36,16% (poco más de un tercio). Aunque la diferencia sigue siendo considerable, estas modificaciones logran atenuarla de manera notable.

El tercer y último cambio relevante consistiría en sustituir el método D'Hondt por el cociente Hare para repartir los escaños entre los partidos. Aunque el método D'Hondt no es un sistema inadecuado para este propósito, el cociente Hare permite una distribución de escaños más precisa y proporcional. Con este cambio, se lograría un sistema electoral que refleje de manera más fiel la voluntad de los votantes. Por tanto, si implementáramos estos tres ajustes en la Ley Electoral (incremento del número de diputados, redistribución territorial de escaños y adopción del cociente Hare) y los aplicáramos a las elecciones al parlamento autonómico realizadas bajo el sistema actual, los resultados habrían sido los siguientes:

Partidos / Elecciones		PSOE	PP	VOX	Cs	UP	G-LV-IU	IG	Gobierno (real o probable)
2015	Real	16	15	0	0	2	0	11,12	PSOE+UP
	Propuesta	12	14	0	4	4	1	3,35	PP+Cs
2019	Real	19	10	0	4	0	0	11,85	PSOE
	Propuesta	16	10	2	4	3	0	1,97	PSOE+UP
2023	Real	17	12	4	0	0	0	5,88	PSOE
	Propuesta	16	13	6	0	0	0	5,03	PP+VOX

Fuente: Elaboración propia

Como puede observarse, las modificaciones propuestas habrían alterado significativamente los resultados de las tres últimas elecciones autonómicas. En las elecciones de 2023, donde el PSOE obtuvo 17 escaños (de un total de 33) y logró gobernar en solitario, el panorama habría sido muy distinto. Con nuestra propuesta, el PSOE habría conseguido solo 16 escaños (de 35), lo que habría imposibilitado la formación de un gobierno en solitario. Además, consideramos que una alianza con el PP o con VOX sería altamente improbable. En este escenario, lo más factible habría sido un gobierno de coalición entre el PP, con 13 escaños, y VOX, que habría alcanzado 6[499]. En el caso de las elecciones de 2019, los cambios habrían tenido un impacto más limitado. En la realidad, el PSOE gobernó en solitario con 19 escaños, pero bajo el sistema propuesto habría obtenido 16, quedando nuevamente lejos de la mayoría necesaria para gobernar sin alianzas. Dada la trayectoria política del PSOE en los últimos años, la coalición más probable habría sido con Unidas Podemos, opción que hemos reflejado en nuestra tabla y que garantizaría la formación de gobierno sin grandes alteraciones en el panorama político. Por último, las elecciones de 2015 habrían experimentado transformaciones profundas. En aquella ocasión, el PSOE formó gobierno con el apoyo de los 2 escaños de Unidas Podemos, sumando

---

499 Cabe destacar que en la circunscripción de Toledo Unidas Podemos habría estado a poco más de 1000 votos de arrebatarle un escaño a VOX, aunque probablemente ello no hubiera influido en la orientación ideológica de la posible coalición de gobierno entre PP y VOX. No obstante, ha de tenerse en cuenta que la posibilidad de la existencia de este gobierno de coalición se basa en meras suposiciones y se encontraría sujeta a la variabilidad de los factores políticos. En todo caso, es importante considerar que, de conocer estos cambios en el sistema electoral, probablemente los electores hubieran variado en cierta medida la dirección de su voto, ya que hubiera sido posible que algunos partidos minoritarios hubiesen obtenido algún escaño extra, sobre todo en las circunscripciones más grandes. En este sentido, probablemente Unidas Podemos hubiese obtenido algún escaño, y, aunque hubiera sido difícil dados los actuales resultados, no debería sorprendernos demasiado que VOX hubiera aumentado también su representación en las Cortes con algún escaño más. Sea como fuere, a nuestro modo de ver, de conocer el electorado estas modificaciones del sistema electoral probablemente el único cambio en la configuración parlamentaria hubiera sido la obtención de un escaño para Unidas Podemos y la correspondiente pérdida de un escaño para VOX. Como hemos dicho, ello no hubiera variado el resultado final de las elecciones en cuanto al posible gobierno entre PP y VOX, ya que los partidos de izquierda no sumarían mayoría (17), mientras los partidos de derechas sí (18).

un total de 18. Sin embargo, con nuestra propuesta, el PSOE habría obtenido únicamente 12 escaños, lo que lo habría obligado a buscar un pacto con el PP para poder formar gobierno. En esta situación, el PP, con 14 escaños, habría tenido un rol central para liderar una coalición, siendo un acuerdo con Ciudadanos, que habría logrado 4 escaños, el desenlace más previsible para la formación de un gobierno[500].

¿Es entonces más proporcional el sistema electoral propuesto que el actual? Aplicando el índice de Gallagher a las tres últimas elecciones al parlamento castellanomanchego, la respuesta es claramente afirmativa. Este índice, que mide la desproporcionalidad entre votos y escaños, resulta consistentemente más bajo (y en algunos casos notablemente más bajo) con el sistema propuesto. Por ejemplo, en 2015, el índice con el sistema actual fue de 11,12, mientras que con el sistema propuesto se reduce significativamente a 3,35. En 2019, pasa de 11,85 a tan solo 1,97 con las modificaciones planteadas. Finalmente, en 2023, aunque la diferencia es menos marcada, el índice disminuye de 5,88 a 5,03 con el nuevo sistema[501]. Esta propuesta no solo mejora la proporcionalidad del sistema electoral, sino que también refuerza el componente dialéctico inherente a toda democracia al abrir la puerta a gobiernos de coalición. Como se observa, bajo este sistema electoral, los

---

500 Merece la pena reseñar que, a pesar de contar con el 8,64% de los votos en las elecciones de 2015, lo que proporcionalmente podría traducirse en unos 3 escaños (de 33), Ciudadanos no obtuvo representación parlamentaria en aquellos comicios. Sin embargo, con el sistema electoral aquí propuesto, los 4 escaños obtenidos (de 35) reflejan de manera más justa el respaldo electoral a Ciudadanos.

501 Debe tenerse en cuenta que, como bien ha señalado Ruiz González (Ruiz González, F., “Hacia un tamaño adecuado de las Cortes de Castilla-La Mancha”, *cit.*, p. 193), este valor ha sido uno de los más bajos en los últimos años por concentrarse el voto en los partidos con mayor probabilidad de conseguir escaño.

gobiernos de coalición son una posibilidad recurrente. De esta forma, es posible fomentar el diálogo y la representatividad sin comprometer la estabilidad, ya que, en la mayoría de los casos, el gobierno estará compuesto por solo dos partidos, lo que garantiza la gobernabilidad y evita la inestabilidad derivada de alianzas multipartidistas más complejas. Por lo tanto, estos resultados confirman que es posible diseñar un sistema electoral más proporcional que el actual, como el aquí propuesto, sin necesidad de modificar el Estatuto de Autonomía.

Sin embargo, a pesar de las ventajas que presenta la solución propuesta en este epígrafe, cabe señalar que solo resuelve parcialmente los problemas del actual modelo de representación política de Castilla-La Mancha. Aunque los ajustes producidos en el número de diputados, en su asignación provincial y en el método de reparto de escaños mitigan en gran medida el problema relacionado con el principio de proporcionalidad, el hecho de que la circunscripción electoral siga siendo la provincia genera inevitablemente ciertos desequilibrios. Además, es importante subrayar que este ajuste no soluciona las dificultades derivadas de la contradicción teórica entre los principios liberales y los del Estado de partidos[502]. Como se ha mencionado anteriormente, estas contradicciones se pueden reducir a dos puntos clave: a) la ficción de que cada diputado representa a la región en su totalidad, cuando en realidad su lealtad recae mayormente en su propio partido, lo que implica la necesidad de replantear el modelo de representación; y b) la asignación del escaño al diputado individual, cuando, en realidad, el voto del ciudadano está dirigido al partido, el cual es el verdadero órgano legitimado democráticamente y el que debería ser considerado como el auténtico representante político. En este sentido, se hace necesario explorar otras alternativas que puedan ofrecer una solución más adecuada a estos desafíos.

---

502 *Vid. supra*, Capítulo II, 2.3.

4. UNA PROPUESTA DE MODELO DE REPRESENTACIÓN POLÍTICA PARA CASTILLA-LA MANCHA

4.1. Una propuesta que equilibra los principios de proporcionalidad y de gobernabilidad

Para diseñar un modelo de representación adecuado para Castilla-La Mancha, es crucial considerar qué factores deseamos fortalecer y cuáles queremos minimizar. En cuanto a los últimos, parece evidente que la desigualdad en el valor del voto es uno de los principales aspectos a reducir. Esto implica, por un lado, garantizar que cada ciudadano tenga un poder similar de decisión en la elección de sus representantes, y por otro, que no existan grandes disparidades en la vulnerabilidad del voto entre diferentes territorios. Para lograr esto, es importante asegurar que las circunscripciones electorales cuenten con una población similar, de modo que la probabilidad de que una candidatura obtenga escaño en cada una de ellas sea equivalente, al menos desde un punto de vista matemático. En cuanto a los factores a potenciar, la libertad se presenta como un elemento clave, tal como se discutió en el Capítulo I[503]. No obstante, dado que el objetivo principal de esta investigación es proponer un modelo de representación política para Castilla-La Mancha, es crucial entender la libertad en el contexto de las posibilidades que brinda un diseño de este tipo. Todo ello plantea una cuestión fundamental: ¿cuál es la mejor forma que conocemos para maximizar la libertad en lo que respecta al diseño de un modelo de repre-

503 *Vid. supra*, Capítulo I, 1.

sentación política? ¿promoviendo una mayor gobernabilidad o una representación más proporcional en el parlamento?[504]

Debemos comenzar aclarando que, como bien se ha señalado desde la doctrina, resulta imposible maximizar la proporcionalidad y la gobernabilidad de un sistema electoral al mismo tiempo[505]. Si priorizamos la gobernabilidad sobre la proporcionalidad, corremos el riesgo de dañar seriamente el principio democrático, lo que podría implicar una grave restricción a la libertad de los ciudadanos. Un sistema que sacrifique en exceso la proporcionalidad puede llevar a que ciertos sectores de la población no estén adecuadamente representados, socavando así la legitimidad del sistema. Por otro lado, priorizar desmesuradamente la proporcionalidad podría generar un parlamento ingobernable, donde la fragmentación política dificultaría

---

504 Algunos autores han señalado que un aspecto deseable en un sistema electoral es fomentar una mayor cercanía entre los electores y sus representantes (Ruiz Manero, J., "Prólogo", a: Corona Nakamura, L. A. / Miranda Camarena, A. J. (Coords.), *Derecho electoral comparado,* Marcial Pons, Madrid, 2012, p. 16). No obstante, consideramos que fortalecer este vínculo es un objetivo difícil de alcanzar, al menos en una región extensa como Castilla-La Mancha. Esta dificultad no solo se debe al hecho de que cada representante en nuestra región debe atender a un elevado número de electores (63.154 habitantes por diputado), sino también a la gran dispersión geográfica. Un sistema que realmente pudiera promover la cercanía entre electores y elegidos tendría que ser de tipo mayoritario, con distritos uninominales. Sin embargo, imaginar distritos de más de 63.000 electores que mantengan proximidad entre sí resulta complicado en Castilla-La Mancha, dado que solo cinco municipios superan dicha población. La única solución posible para maximizar este factor sería, en nuestra opinión, crear una figura en los partidos políticos capaz de interaccionar eficazmente con los ciudadanos. Hablaremos de ello más adelante (*Vid. infra,* 4.5).

505 Carey, J. M. / Hix, S., "The Electoral Sweet Spot: Low-Magnitude Proportional Electoral Systems", *American Journal of Political Science,* nº55, 2011, pp. 383-397; p. 383.

la formación de gobiernos estables. En estos casos, la parálisis institucional podría llevar a que las decisiones clave fuesen tomadas por actores no legitimados democráticamente, como organismos externos o instituciones provisionales, lo cual también vulneraría la libertad de los ciudadanos. Además, la inestabilidad política prolongada puede derivar en situaciones de crisis que, en casos extremos, conducen a conflictos o incluso a escenarios violentos[506]. Ante estos dilemas, la solución óptima parece encontrarse en un equilibrio entre gobernabilidad y proporcionalidad. Este equilibrio permitiría que se respetase la diversidad política, sin comprometer la estabilidad del gobierno, lo que, a su vez, preserva la libertad de los ciudadanos en su máxima expresión.

4.2. Un modelo de representación del Estado de partidos

Una de las decisiones más trascendentales al diseñar un modelo de representación política es la elección entre el modelo liberal de representación y el modelo del Estado de partidos. Desde el principio, adelantamos nuestra preferencia por el

---

506 Un ejemplo típico de esta situación es la República de Weimar, que, prácticamente tras su proclamación al inicio del periodo de entreguerras, enfrentó una grave inestabilidad política. La falta de una gobernabilidad efectiva y la fragmentación del sistema político contribuyeron al ascenso del extremismo y, finalmente, a la llegada del régimen nazi. *Vid.* al respecto: Sosa Wagner, F., *Maestros alemanes del Derecho público*, Marcial Pons, Madrid, 2005, 2ªed., pp. 342-343; Mortati, C., "Valoración de conjunto sobre la experiencia constitucional", trad. de José Luis Aja Sánchez, en: V. V. A. A., *La Constitución de Weimar (Texto de la Constitución Alemana de 11 de agosto de 1919)*, Tecnos, Madrid, 2019, pp. 365-369; Casquete, J. / Tajadura, J., "La República de Weimar: Constitución y contexto", en: Casquete, J. / Tajadura, J. (Coord.), *La Constitución de Weimar: Historia, política y derecho*, Centro de Estudios Políticos y Constitucionales, Madrid, 2020, pp. 130 y ss.

modelo del Estado de partidos, ya que consideramos que el modelo liberal presenta varios desafíos difíciles de resolver. La principal diferencia entre ambos sistemas radica en que el modelo liberal concibe al diputado individual como el titular del escaño, lo que lleva inevitablemente a la adopción de un sistema electoral mayoritario. Sin embargo, este enfoque plantea diversas complicaciones. La primera de ellas es que, para implementar un modelo liberal de representación coherente en Castilla-La Mancha, tendríamos que dividir la región en distritos uninominales, lo cual es bastante problemático. Si consideramos la población total de Castilla-La Mancha y buscamos dividirla en 33 distritos, cada uno debería tener alrededor de 63.154 habitantes (siempre y cuando deseemos respetar el principio de igualdad de voto). No obstante, esto plantea importantes complicaciones, dado que únicamente cinco municipios en toda la región superan esa cifra de habitantes. Esto obligaría a que los otros 28 distritos viniesen a estar conformados por una mezcla de varios municipios más pequeños, lo que no solo complicaría la delimitación territorial, sino que podría llevar a divisiones arbitrarias o forzadas de territorios que no tienen un verdadero vínculo geográfico o social. Además, existe otro inconveniente clave: la necesidad de ajustar los distritos con cada nuevo censo electoral, lo que implica que, en cada elección, los límites de los distritos podrían verse alterados, obligando a miles de ciudadanos a cambiar de representante constantemente. Esta inestabilidad afectaría la relación entre los electores y sus representantes, haciendo más difícil generar una conexión genuina y efectiva entre ambas partes, que es precisamente uno de los principales elementos que este tipo de sistemas busca potenciar.

Otro de los grandes inconvenientes del modelo liberal de representación es que, al requerir la implementación de un sistema mayoritario, termina por socavar gravemente el principio democrático y, en consecuencia, la libertad de elección de los ciudadanos. Como ya hemos señalado[507], el sistema mayoritario está diseñado para producir un ganador claro e indiscutible, pero esto tiene un costo significativo: muchos votos se pierden, lo que penaliza fuertemente a las minorías. El sistema mayoritario tiende a favorecer el bipartidismo, lo que en muchas ocasiones limita seriamente el pluralismo político. En una estructura bipartidista, las opciones políticas se reducen, y solo dos grandes fuerzas compiten por el poder, dejando a un lado a otras corrientes de pensamiento. Es bien sabido que los sistemas bipartidistas solo funcionan cuando las diferencias ideológicas entre los ciudadanos son mínimas. Cuanta más diversidad de opiniones exista en la sociedad, peor funciona el bipartidismo. Por tanto, es un error afirmar que este sistema es universalmente válido[508].

Además, es preciso indicar que el bipartidismo tiende a funcionar mejor en contextos con una cultura política tradicionalmente bipartidista, donde la competencia electoral ha estado históricamente dominada por dos grandes partidos y la población está acostumbrada a esta dinámica. En estas sociedades, el electorado suele estar alineado con uno de los dos bloques principales, lo que refuerza la estabilidad del sistema. Sin embargo, en lugares donde esta cultura bipartidista no existe o es menos consolidada, el sistema puede producir anomalías y fallos, ya que no será capaz de captar la diversidad de opciones políticas ni representar adecuadamente las distintas corrientes del electorado. Como hemos podido ver *supra* con la tabla que compara los resultados de las últimas tres elecciones con los que habrían surgido bajo el sistema propuesto en 3.2, es evidente que las tendencias del electorado en la región están alineándose cada vez más con las dinámicas del electorado

---

507 *Vid. supra*, 2.1.

508 Sartori, G., *Partidos y sistemas de partidos. Marco para un análisis*, trad. de Fernando Santos Fontenla, Alianza, Madrid, 1999, 2ª ed., p. 244.

nacional, marcadas por una creciente polarización ideológica que seguramente se intensificará en el futuro[509]. Esto refleja una división más profunda entre bloques políticos, lo que hace más difícil la coexistencia de un sistema bipartidista tradicional.

Con todo, el problema más grave de los sistemas mayoritarios no reside en su tendencia a marginar a las minorías o en fomentar el bipartidismo. Su mayor defecto es que, debido a la propia naturaleza de este sistema, es posible, y de hecho ha ocurrido con frecuencia, que el ganador de las elecciones no sea quien obtiene la mayor cantidad de votos[510]. En este sentido, la vulneración del principio democrático es clara, ya que la candidatura ganadora no necesariamente coincide con aquella que ha recibido la mayor cantidad de votos. Este incumplimiento del principio democrático es particularmente preocupante, ya que no solo afecta a la representación de las mayorías, sino que también deslegitima la voz de los ciudadanos en el proceso electoral. Aunque la marginación de las minorías es un grave problema en sí mismo, la posibilidad de que un candidato que no cuenta con el respaldo de la

---

509 Como muestra de esta tendencia, debemos señalar que en las dos últimas elecciones a las Cortes de Castilla-La Mancha (2019 y 2023), dos partidos diferentes (Ciudadanos y VOX, respectivamente) a las dos grandes fuerzas políticas han obtenido cuatro escaños, algo que solo logró CDS en las elecciones de 1987. En todo caso, este dato cobra aún más relevancia si tenemos en cuenta que, por aquel entonces, el parlamento castellanomanchego se componía de 47 diputados, no de 33, como ocurre actualmente. Además, dado que nuestro modelo puede extrapolarse sin inconvenientes al resto de Comunidades Autónomas, es necesario tener en cuenta que en otras regiones la polarización es aún más pronunciada.

510 Un caso relativamente reciente que ilustra esta discrepancia se encuentra en las elecciones presidenciales de Estados Unidos de 2016. En esa ocasión Donald Trump se proclamó vencedor; sin embargo, Hillary Clinton logró obtener casi tres millones de votos más a nivel nacional.

mayoría acceda al poder representa una vulneración aún más significativa del principio democrático.

A esto debemos añadir que, aunque elegir a un representante de forma individual es la única manera de garantizar su autonomía, esta práctica genera diversas dificultades dentro del marco del modelo liberal de representación. Esto se debe a que, si consideramos al diputado individual como el verdadero representante político, tal como se deriva de los postulados del modelo liberal de representación, dicho representante debe ser libre en el ejercicio de su función política. Sin embargo, ello probablemente generaría la más absoluta ingobernabilidad en el parlamento. Una corrección del modelo podría realizarse si el representante estuviese sujeto a mandato imperativo. Con todo, esto también es incongruente con el modelo liberal, pues si el representante está sujeto a un mandato imperativo de sus electores, éste perdería su libertad, lo que generaría serias contradicciones y, además, probablemente llevaría a la ingobernabilidad del parlamento.

Por otro lado, si el diputado se debiera al mandato imperativo de su partido, tampoco sería libre en sus decisiones, y el sistema derivaría en una forma de representación controlada por los partidos, propia del Estado de partidos. Esta situación generaría una paradoja: al elegir a un diputado a través de un partido, el ciudadano otorga el *poder de representación* tanto al diputado como al partido. Sin embargo, el diputado únicamente puede actuar (votar) o bien en función de su conciencia o bien siguiendo las directrices del partido. Esta dualidad causa una tensión entre la autonomía del representante individual y la disciplina partidaria, dado que el voto, como acto único e indivisible, no permite separar estas dos dimensiones volitivas (la del partido y la del diputado), pues solo una de ellas puede prevalecer. Así, el único sentido de votar por un representante que está obligado a seguir la disciplina del partido parece ser el de asegurar una mayor gobernabilidad. No obstante, ello tendería a debilitar de manera considerable el principio democrático, ya que probablemente se sacrificaría desproporcionalmente la pluralidad y diversidad de opiniones en favor de una mayor eficacia en la toma de decisiones. En el contexto del modelo de Estado de partidos, existen otras formas de garantizar la gobernabilidad sin comprometer tanto la representación democrática, como veremos más adelante[511].

4.3. El partido como el verdadero representante político: un modelo de representación sin escaños parlamentarios

Como ya hemos advertido en varias ocasiones a lo largo de este escrito, un modelo coherente de representación política en un Estado de partidos debe considerar al partido, y no al diputado individual, como el auténtico representante político. En primer lugar, ello implica que es el partido el que ejerce la verdadera libertad de acción, y no los miembros del parlamento, quienes están supeditados a sus decisiones. En la práctica, el partido, más que los diputados individuales, disfruta de un amplio margen de maniobra en el ejercicio de sus funciones políticas. Los diputados, en su mayoría, votan siguiendo el mandato imperativo de su partido, y aquellos que no lo hacen pueden suponer un riesgo para la gobernabilidad del Estado, e incluso para la propia democracia, ya que los electores depositan su voto y confianza en el partido, no en el diputado individual. No obstante, el verdadero impacto de considerar al partido como el verdadero representante político va más allá de esta realidad. Si llevamos el modelo de representación del Estado de partidos hasta sus últimas consecuencias, sería necesario eliminar la figura de los diputados permanentes, lo que implicaría la desaparición de los escaños tradicionales. Como ya observamos anteriormente[512], siguiendo a Kelsen, un modelo que se rige por

---

511 *Vid. infra*, 4.4.

512 *Vid. supra*, Capítulo III, 4.3.

el Estado de partidos debería permitir que el partido envíe al parlamento el número de diputados que considere necesario, ya que, en última instancia, el partido podría votar en función de la proporción de votos obtenidos en las elecciones.

La finalidad de nuestra propuesta, además de alinear la teoría del modelo del Estado de partidos con la práctica parlamentaria y de igualar el poder de voto de todos los ciudadanos, es potenciar el principio de división del trabajo, esencial para la libertad tal como la entendemos hoy en día. Por lo tanto, proponemos que, en nuestro modelo, los partidos políticos tengan la capacidad de enviar al parlamento el número de diputados que deseen. De este modo, al momento de conformar las diferentes comisiones parlamentarias los partidos podrían designar expertos en cada una de las materias que se van a tratar, adaptándose al contexto y a las necesidades del momento parlamentario. Así, la libertad, tal como la concebimos los modernos, se vería significativamente fortalecida, ya que a medida que aumente la tecnificación y profesionalización de quienes elaboran las leyes, los ciudadanos disfrutarán de un marco normativo más robusto y eficiente, lo que, a su vez, se traducirá en una mayor protección de sus libertades y derechos. De esta forma, en este modelo el poder de voto de los partidos no se mediría por un número fijo de escaños, dado que el parlamento no tendría un número permanente de diputados. En cambio, su poder parlamentario se calcularía en función del porcentaje de votos que cada partido haya obtenido en las elecciones, eliminando así los inconvenientes de los sistemas tradicionales de asignación de escaños, los cuales, como ya vimos, pueden distorsionar en gran medida la voluntad de los electores.

4.4. Un sistema proporcional de circunscripción única

Al rechazar el modelo liberal de representación, inevitablemente nos dirigimos hacia el modelo del Estado de partidos. Por supuesto, adoptar este modelo implica casi necesariamente la implementación de un sistema electoral de tipo proporcional. La cuestión central entonces radica en determinar cuál es el sistema proporcional más adecuado para Castilla-La Mancha. Como ya hemos señalado, los principios que buscamos equilibrar son, fundamentalmente, el de gobernabilidad y el de proporcionalidad. Evidentemente, y a riesgo de caer en reiteraciones, debemos insistir que es esencial que un modelo de representación respete el principio de igualdad del voto. Cada ciudadano debe ver su voto reflejado de manera justa en la composición del parlamento, sin que se produzcan distorsiones o sobrevaloraciones de ciertos votos frente a otros. Aunque también sería deseable fomentar una mayor cercanía entre electores y elegidos, este factor, si bien importante, tiene limitaciones prácticas. Por ahora dejaremos a un lado este último elemento para retomarlo más adelante[513].

Comenzando por la proporcionalidad, si el objetivo es que el sistema refleje fielmente la diversidad de opiniones de los ciudadanos en el parlamento regional, es indudable que, cuanto más amplias sean las circunscripciones, mayor será este efecto. Y es que, como bien han indicado los mejores expertos en materia electoral, el factor decisivo para garantizar la proporcionalidad de un sistema no es tanto el método matemático empleado para la asignación de escaños, sino el tamaño del distrito electoral[514]. Cuanto mayor es el distrito, mayor es la proporcionalidad que se consigue[515]. En este sentido, y en

---

513 *Vid. infra*, 4.5.

514 Taagepera, R. / Shugart, M. S., *Seat and Votes: The Effects and Determinants of Electoral Systems,* Yale University Press, New Heaven, 1989, p. 112.

515 Este es un hecho ratificado por prácticamente toda la doctrina. *Vid.* Sartori, G., *Ingeniería constitucional comparada... cit.*, p. 21; Rae, D. W., *Leyes electorales y sistema de partidos políticos, cit.*, p. 21; Lijphart, A., *Modelos de democracia... cit.*, p. 147; Ruiz Manero, J., "Prólogo", *cit.*, p. 15; Montero, J.R. / Riera, P., "Informe sobre la reforma del

coherencia con el modelo del Estado de partidos, es razonable proponer un sistema proporcional basado en una circunscripción única. Este sistema no solo maximiza la proporcionalidad en la representación, sino que también garantiza, de manera sencilla y efectiva, que el voto de cada ciudadano tenga el mismo peso. Además, en un modelo de circunscripción única se reduce al mínimo la vulnerabilidad del voto, permitiendo al elector votar libremente por el partido de su preferencia, incluso si éste es minoritario. Aunque existe la posibilidad de que dicho partido no alcance el umbral mínimo para obtener una cuota de poder en el parlamento (como enseguida veremos), el votante tiene la libertad de optar por opciones más pequeñas sin la presión de concentrar su voto en los dos partidos más grandes para evitar que su voto pierda eficacia.

Esta postura se refuerza al comprobar que, como bien han dado cuenta algunos autores[516], del hecho de que en Castilla-La Mancha la provincia se utilice como circunscripción electoral no se deriva la creación de un vínculo legal directo entre los diputados elegidos y la provincia en la que fueron seleccionados. Esto es así porque tal como señala el artículo 10 del Estatuto de Autonomía de Castilla-La Mancha: «Los Diputados de Castilla-La Mancha representan a toda la región y no estarán sujetos a mandato imperativo alguno». Por lo tanto, el hecho de que Castilla-La Mancha utilice la provincia como circunscripción electoral solo afecta al reparto de escaños, sin que ello implique que los diputados elegidos en una determinada circunscripción deban representar exclusivamente a

---

sistema electoral (Presentado a la Comisión de Estudios del Consejo de Estado en diciembre de 2008)", en: Rubio Llorente, F. / Biglino Campos, P., (Coords.), *El informe del Consejo de Estado sobre la reforma electoral. Texto del informe y debates académicos*, Consejo de Estado / Centro de Estudios Políticos y Constitucionales, Madrid, 2009, p. 388.

516 Ruiz González, F., "Austeridad versus representatividad en la ley electoral de Castilla-La Mancha", *cit.*, p. 217.

dicha circunscripción, ya que, según lo dispuesto en el artículo 10 del Estatuto de Autonomía, deben representar a toda la región en su totalidad.

Si bien, a primera vista, podría parecer que la implementación de una circunscripción única afecta al principio constitucional de representación territorial, esto no es del todo cierto. Y es que, aun teniendo en consideración que de poco sirve que se representen las diversas zonas del territorio si los representantes deben representar a la región en su totalidad, el mandato constitucional consistente en representar las diversas zonas del territorio es, en sí mismo, un concepto controvertido. Esto se debe a la ambigüedad, vaguedad e imprecisión de la expresión "diversas zonas del territorio"[517], ya que, en primer lugar, no queda claro que dichas zonas deban identificarse necesariamente con las provincias, pues podrían referirse a comarcas u otras divisiones territoriales; y, en segundo lugar, las Comunidades Autónomas uniprovinciales, a pesar de contar con múltiples divisiones territoriales internas, operan mayoritariamente con una circunscripción única, sin que ello se considere una vulneración del principio de representación territorial. Por lo tanto, al observar que el mandato de representación territorial es sumamente impreciso y confuso, y que tanto en la teoría como en la práctica parlamentaria actual resulta indiferente que los diputados hayan sido elegidos por una provincia determinada (pues su lealtad recae sobre el partido[518]), se puede concluir que, si el modelo

---

[517] Sobre este asunto, *Vid.* Fernández Pérez, B., "El sistema electoral de las Comunidades Autónomas", *Sistema,* nº45, 1981, pp. 77-88; pp. 80 y ss.; Gavara de Cara, J. C., *La homogeneidad de los regímenes electorales autonómicos, cit.*, p. 59.

[518] Aunque dado lo expuesto anteriormente en este trabajo esta afirmación no parece precisar de una argumentación adicional, conviene destacar que resulta contradictorio exigir la representación de las *diversas zonas del territorio* a través de diputados designados

actual no lesiona el principio de representación de las diversas zonas del territorio, nuestro modelo (que además satisface este principio de otra forma[519]) tampoco lo hace[520].

Con todo, es evidente que maximizar la proporcionalidad en la representación puede comprometer gravemente la gobernabilidad del parlamento, pues de sobra es conocido que los sistemas proporcionales tienden a una mayor fragmentación parlamentaria que los sistemas mayoritarios[521]. De hecho, nuestro modelo, al ofrecer el máximo grado de proporcionalidad posible, corre el riesgo de acentuar aún más esa dispersión parlamentaria. Por tanto, será necesario establecer ciertas restricciones para favorecer la estabilidad gubernamental. Una estrategia habitual para asegurar la gobernabilidad consiste en establecer una barrera electoral que restrinja el acceso de los partidos pequeños al parlamento[522]. Aunque este mecanismo

---

por partidos con una *estructura unificada a nivel autonómico.* En este sentido, es evidente que un diputado elegido en el territorio Y por el partido X votará conforme a la línea establecida por el partido X, y no en función de las demandas específicas del territorio Y.

519 *Vid. infra,* 4.5.

520 A ello se suma el hecho de que exigir la representación de las diversas zonas del territorio no contribuirá a que el parlamento sea más proporcional, gobernable, democrático o incluso representativo. Esto se debe a que en el parlamento deben estar fundamentalmente representadas las ideas, y no tanto los territorios, pues la principal función de la Cámara Baja es debatir y consensuar principios y valores comunes, y no servir como un espacio de negociación entre territorios en busca de privilegios.

521 Rae, D. W., *Leyes electorales y sistema de partidos políticos, cit.*, p. 102.

522 El Tribunal Constitucional español ha avalado en diversas ocasiones el uso de barreras electorales. Como ya vimos *supra,* Capítulo II, 1.3, el citado Tribunal respaldó en varias sentencias la implementación de umbrales electorales, argumentando que éstos constituyen una necesidad derivada del principio de racionalización gubernativa. En este sentido, como bien indica Rae, es frecuente que las normas electorales limiten la presencia de pequeños partidos en el parlamento (*Ibid.,* p. 79).

puede reducir ligeramente la proporcionalidad en un primer momento, a largo plazo puede generar el efecto opuesto, ya que los votantes tienden a ajustar su comportamiento electoral para evitar que sus votos se desperdicien apoyando a partidos sin posibilidades reales de representación[523].

El umbral electoral varía considerablemente entre los distintos países, oscilando en muchas ocasiones entre el 0,67% (Países Bajos, actualmente) y el 10% (Turquía, entre 1982 y 2022)[524] de votos válidos, aunque lo más habitual es que se encuentre entre el 3% y el 5%. En opinión de Sartori, bajar del 3-4% carece de sentido, ya que resulta ineficaz para limitar la fragmentación parlamentaria[525], mientras que una barrera del 10% parece excesiva, ya que dificulta demasiado el acceso de partidos más pequeños[526]. De este modo, dado que nuestra propuesta se basa en una circunscripción única (lo cual podría aumentar el número de partidos representados en el parlamento), consideramos que bajar de un umbral del 5% de votos válidos sería poco práctico. En este sentido, es relevante señalar que, en España, muchas Comunidades Autónomas con circunscripción única han adoptado un umbral electoral del 5%[527]. Comunidades como Madrid, Baleares,

---

523 Pérez Alberdi, M. R., "Efectos de las barreras electorales. Efectos del sistema electoral canario a raíz de la STC 225/1998", *Revista de Derecho Político,* nº52, 2001, pp. 357-401; pp. 361-362.

524 Hoy la barrera electoral en Turquía es del 7%. Este nuevo umbral, aprobado en abril de 2022, ha sido establecido con el fin de aumentar la representación de partidos pequeños.

525 Sartori, G. / Sani, G., "Apéndice", trad. de Luis López Guerra, en: Sartori, G., *Partidos y sistemas de partidos. Marco para un análisis,* trad. de Fernando Santos Fontenla, Alianza, Madrid, 1999, 2ª ed., pp. 428-432.

526 Sartori, G., *Ingeniería constitucional comparada... cit.*, pp. 23-24.

527 Cabe mencionar que prácticamente todas las Comunidades Autónomas que no han fijado una barrera electoral del 5% han optado por establecerla en un 3%.

Cantabria y La Rioja aplican este porcentaje como requisito mínimo para obtener representación parlamentaria. Extremadura, aunque tiene dos circunscripciones, también utiliza este mismo umbral para cada una de ellas. En el caso de Galicia, que cuenta con cuatro provincias, la barrera electoral del 5% también se aplica a cada circunscripción provincial. Por su parte, la Comunidad Valenciana, con tres provincias como circunscripciones, también emplea un umbral del 5%, pero en su caso se calcula sobre el total de votos de toda la Comunidad, no de cada provincia. Por tanto, teniendo en consideración todo lo anterior, proponemos que en nuestro modelo se establezca una barrera electoral del 5% de los votos válidos[528].

Otro factor que favorecería la gobernabilidad sería calcular el porcentaje de voto de cada partido, no en función de los votos totales, sino únicamente en relación con los votos a los partidos que hayan obtenido representación parlamentaria, es decir, aquellos que hayan alcanzado un porcentaje de voto del 5% o mayor. Así, en el ejemplo que hemos expuesto en el epígrafe anterior, el porcentaje de voto de los partidos que habían obtenido representación en el parlamento no se calculó con base en el número de votos válidos totales, que fue de 1.088.453, sino con base en la cifra de votos totales obtenidos por los partidos con representación parlamentaria, que fue de 996.207. Al calcular el porcentaje de poder con base en los votos de los partidos que cuentan con representación parlamentaria, todos los partidos

---

[528] Es evidente que nuestro modelo, aunque está pensado para ser aplicado en Castilla-La Mancha, es extrapolable a otras demarcaciones. No obstante, en función de la región o territorio en el que fuese aplicado nuestro modelo, no sería descabellado considerar una barrera electoral ligeramente superior, situada entre el 5% y el 7%.

reciben más cuota de poder, si bien los partidos con más votos obtienen un mayor porcentaje de poder[529].

Sin embargo, si la cuota de poder se calculase en relación a los votos válidos totales y no en relación a los votos a los partidos con representación parlamentaria, no solo se tendería a crear un parlamento más ingobernable, sino que la suma del porcentaje de voto de todos los grupos parlamentarios no alcanzaría el 100%, lo que generaría diversos inconvenientes. Por ejemplo, si aplicamos nuestro modelo a las elecciones castellanomanchegas de 2023 utilizando el porcentaje en función de los *votos válidos a partidos con representación parlamentaria*, el PSOE hubiera obtenido un porcentaje de poder de voto del 49,22%, el PP del 36,77%, y VOX del 14,01%. En contraste, si aplicamos el porcentaje en función de los *votos válidos totales*, el PSOE habría obtenido un porcentaje de poder de voto del 45,04%, el PP del 33,65%, y VOX del 12,83%. Como resultado, el parlamento no solo sería más susceptible a la ingobernabilidad (ni el PSOE en solitario ni PP con VOX sumarían el 50%), sino que la suma total del poder de voto no daría como resultado un 100% (solo un 91,52%), lo que hace necesario que el porcentaje de poder deba calcularse con base en los votos a partidos con representación parlamentaria. La siguiente tabla muestra qué porcentaje de poder habrían logrado los partidos en las tres últimas elecciones al parlamento castellanomanchego de haberse aplicado el modelo aquí propuesto, a la vez que compara tal situación con el verdadero porcentaje de poder (escaños) que tuvieron en realidad:

---

529 Que los partidos más votados reciban una cuota de poder superior a la parte proporcional que les corresponde es un hecho común en prácticamente todos los sistemas electorales (Rae, D. W., *Leyes electorales y sistema de partidos políticos, cit.*, p. 74).

Partidos / Elecciones		PSOE	PP	VOX	Cs	UP	IG	Gobierno (real o probable)
2015	Real	42,42%	48,49%	0%	0%	9,09%	11,12	PSOE+UP
	Propuesta	39,25%	40,78%	0%	9,39%	10,58%	4	PP+Cs
2019	Real	57,58%	30,30%	0%	12,12%	0%	11,85	PSOE
	Propuesta	45,03%	29,15%	7,16%	11,62%	7,05%	0,81	PSOE+UP
2023	Real	51,52%	36,36%	12,12%	0%	0%	5,88	PSOE
	Propuesta	49,22%	36,77%	14,01%	0%	0%	4,94	PP+VOX

Fuente: Elaboración propia

Lo primero que destaca al analizar los resultados electorales de nuestra propuesta es su notable similitud con los resultados de la propuesta presentada *supra* en 3.2. Esto se explica porque ambos sistemas favorecen una mayor proporcionalidad en comparación con el modelo vigente, lo que genera resultados similares, caracterizados por gobiernos de coalición y el mantenimiento del principio de gobernabilidad. En las elecciones de 2023, por ejemplo, aunque el PSOE obtuvo la victoria en solitario con un 51,52% de los escaños, bajo nuestra propuesta habría quedado muy cerca de alcanzar la mayoría absoluta, con un 49,22%. Esto probablemente habría resultado en un gobierno de coalición formado por el PP y VOX. En las elecciones de 2019, los cambios habrían sido menos significativos. Si bien el PSOE ganó con un 57,58% de los escaños, en nuestro modelo su representación se habría ajustado más al porcentaje de votos reales, impidiéndole gobernar en solitario. No obstante, un gobierno de coalición con cualquiera de los demás partidos habría sido factible. Consideramos que lo más probable, como ya señalamos anteriormente, sería una coalición entre el PSOE y Unidas Podemos. Por último, los resultados de las elecciones de 2015 habrían sido muy diferentes. En lugar del gobierno formado por el PSOE y Unidas Podemos, como ocurrió en la realidad, nuestra propuesta habría dado lugar, aunque por un margen muy estrecho, a un gobierno entre el PP y Ciudadanos. Los partidos situados a la izquierda del espectro político habrían sumado el 49,83% del poder parlamentario, mientras que el PP y Ciudadanos habrían alcanzado el 50,17%.

Por otro lado, la proporcionalidad del sistema propuesto es considerablemente alta. Esto queda reflejado en el índice de Gallagher, que en nuestro modelo siempre se sitúa por debajo, o muy por debajo, de los valores que presenta el sistema actual. Un ejemplo destacado es el caso de las elecciones de 2019, donde nuestra propuesta arroja un índice tan bajo como 0,81, en contraste con el valor real de ese año, que fue de 11,85. No obstante, nuestro modelo mantiene una ligera desproporcionalidad, ya que los partidos que no alcanzan al menos el 5% del apoyo electoral no obtienen representación parlamentaria. El índice de Gallagher refleja esta pequeña distorsión, pero cabe destacar que no se trata de una desproporcionalidad arbitraria, sino de un diseño intencionado para favorecer la gobernabilidad del parlamento[530]. Al excluir los votos de los partidos que no alcanzan el 5% de los votos válidos, se garantiza que los partidos que sí han obtenido un respaldo significativo tengan un mayor peso en las decisiones parlamentarias, contribuyendo a un sistema más estable.

Además, la inclusión de una barrera electoral, que limita la representación parlamentaria a los partidos que superen

---

530 Tanto es así, que el partido más votado en nuestro ejemplo, el PSOE, aumenta su porcentaje de poder en el parlamento en 4,18 puntos, mientras que el partido menos votado, VOX, solo experimenta un incremento de 1,18 puntos. Esto refleja cómo la distribución de poder en el parlamento beneficia de manera más significativa a los partidos que obtienen un mayor número de votos, favoreciendo así la gobernabilidad.

un umbral del 5%, junto con el hecho de que el porcentaje de poder de voto se calcule en función de los votos totales a partidos con representación parlamentaria, favorece de manera decisiva la gobernabilidad. Esto permite que el poder se distribuya de manera más eficaz y evita la fragmentación extrema del parlamento. A su vez, este modelo, además de satisfacer los principios de proporcionalidad y de igualdad de voto, también fortalece el principio de división del trabajo, ya que permite que los partidos designen a expertos en áreas específicas, facilitando que el parlamento, y, sobre todo, las comisiones parlamentarias, estén conformadas por individuos con el conocimiento y la experiencia necesarios para abordar las complejidades de la legislación actual. De esta forma, nuestro modelo no solo garantiza una representación proporcional muy alta basada en la voluntad de los votantes, sino que también supera los inconvenientes de los métodos tradicionales de reparto de escaños, facilitando un equilibrio entre representatividad y gobernabilidad parlamentaria, a la vez que potencia otra serie de factores como el elemento dialéctico, del que hablaremos a continuación.

4.5. La potenciación del elemento dialéctico

Como vimos en el epígrafe correspondiente al constructivismo ético[531], desde una perspectiva ideal, la creación de leyes debe fundarse en un proceso dinámico y constructivo en el que el diálogo desempeña un papel central. En este sentido, la escucha activa y el pensamiento crítico son pilares fundamentales para la construcción de normas y verdades morales. Por ello, la democracia, en su concepción más pura, debe entenderse como un proceso continuo de deliberación entre diversas perspectivas orientado a la construcción de consensos que,

---

531 *Vid. supra*, Capítulo I, 1.5.

más allá de reconocer y respetar la pluralidad de opiniones, garanticen la protección de los derechos fundamentales de todos los individuos. Como pudimos ver, la teoría constructivista sostiene que el intercambio dialéctico es esencial para el desarrollo de un marco normativo que no solo sea capaz de reflejar los intereses del momento, sino que pueda propiciar un entendimiento compartido, capaz de resolver los conflictos sociales y permitir una convivencia pacífica. En este contexto, resulta fundamental que el parlamento se convierta en un espacio donde el elemento dialéctico sea potenciado y llevado a su máxima expresión dentro de los límites que permiten las posibilidades fácticas de la práctica parlamentaria.

Sin embargo, teniendo en cuenta todo esto, surge la siguiente pregunta: ¿es el parlamento, tal como lo imaginaban los teóricos de la representación liberal, un lugar donde se debaten diferentes puntos de vista y se busca llegar a un consenso a través del diálogo racional? Lamentablemente, la respuesta es no. Como hemos observado, los representantes políticos acuden al parlamento con decisiones tomadas de antemano, definidas habitualmente en los pequeños órganos de dirección de los partidos o, en el mejor de los casos, negociadas con otros partidos fuera de la Cámara. En consecuencia, ningún argumento presentado en el foro de deliberación público tiene la capacidad de cambiar la postura de los representantes políticos, que solo llegarán a acuerdos con otros partidos si tales pactos procuran un beneficio para ellos o para su organización. Así, pues, resulta evidente que el parlamento ha perdido uno de los principales factores que lo caracterizaban: el elemento dialéctico. La cuestión ahora es: ¿cómo podemos recuperar y fortalecer el esencial proceso de deliberación crítica?

Para empezar, es importante señalar que el diálogo racional y constructivo, el que realmente alimenta el pensamiento crítico y el desarrollo de las ideas más brillantes, no suele encontrarse en las esferas políticas tradicionales. En muchos casos, los verdaderos espacios donde este concreto tipo de intercambio dialéctico se produce con mayor rigor son otros, como las universidades, los medios de comunicación o los foros académicos. Son estos los lugares donde la reflexión y el análisis profundo suelen tener el protagonismo. Sin embargo, esto no significa que el parlamento deba estar desconectado de ese tipo de discusiones. Precisamente, por esta razón, en nuestro modelo proponemos, inspirándonos en Kelsen, que los partidos tengan la posibilidad de enviar libremente el número de expertos que deseen al parlamento y, sobre todo, a las comisiones parlamentarias, pudiéndolos cambiar o revocar de acuerdo con las materias que estén en debate en cada momento. Este enfoque permitiría que el parlamento no sea únicamente un lugar donde se "toman" decisiones predefinidas, sino también un espacio en el que los conocimientos especializados y el pensamiento crítico puedan enriquecer la toma de decisiones. De esta manera, los partidos tendrían la posibilidad de contar con los mejores profesionales y técnicos en cada área, lo que no solo elevaría la calidad de las decisiones legislativas, sino que también reforzaría el carácter dialéctico y deliberativo que el parlamento debería tener. Este punto, que también conecta con la idea de representación de intereses discutida en el Capítulo II[532], constituye un pilar fundamental para potenciar el diálogo en nuestro modelo de representación política.

Asimismo, como ya observamos en el epígrafe en el que estudiamos el pensamiento en materia de representación de Garrorena Morales[533], otro mecanismo que contribuiría a potenciar el elemento dialéctico sería la creación de figuras políticas, dentro de los partidos, específicamente diseñadas para fortalecer la relación entre los electores y los representantes. Tomando esta idea como referencia, proponemos que en nuestro

---

532 *Vid. supra*, Capítulo II, 3.3.

533 *Vid. supra*, Capítulo II, 4.7.

modelo todos los partidos con representación parlamentaria tengan la obligación de designar cuatro delegados territoriales en cada provincia[534]. Estos delegados estarían encargados de mantener una comunicación constante con los votantes y de canalizar sus inquietudes y propuestas, reuniéndose regularmente con los ciudadanos e informándoles sobre las políticas y decisiones del partido, pero también recibiendo sus opiniones y preocupaciones. Para garantizar una cobertura equilibrada del territorio, cada delegado se asignaría a una de las cuatro zonas en las que se dividiría la provincia, atendiendo, no solo a criterios de distribución poblacional, sino también a factores geográficos, históricos y administrativos. Esta división podría incluir comarcas, villas o agrupaciones poblaciones de cualquier tipo, con el fin de reflejar mejor las realidades territoriales de cada área. De este modo, se aseguraría una presencia proporcional en áreas tanto urbanas como rurales, permitiendo que ningún núcleo de población quede desatendido. En este sentido, los delegados territoriales de cada partido estarían encargados de realizar visitas frecuentes a sus respectivas zonas, con el fin de fomentar el contacto directo y cercano con los votantes. Además, se establecería un mecanismo para que cualquier ciudadano pudiera solicitar reuniones personales con su delegado, ya sea de manera presencial o telemática, a fin de trasladar directamente sus inquietudes y propuestas. A través de estas reuniones, además de la celebración de mítines, conferencias o entrevistas, se podría acercar el diálogo político a los ciudadanos de una manera mucho más directa.

Para garantizar que las preocupaciones ciudadanas no quedasen en meras consultas sin impacto real, sería necesario establecer mecanismos que asegurasen, en la medida de

---

534 Evidentemente, aquellos partidos que no cuenten con representación parlamentaria también podrían designar delegados en las provincias si así lo desean, pero no estarían obligados a hacerlo.

lo posible, su incorporación en el proceso de toma de decisiones autonómico. Cada delegado podría elaborar informes periódicos recogiendo las principales demandas de su territorio, que serían debatidos en reuniones internas del partido a nivel regional. Igualmente, podría crearse un Consejo de Delegados Autonómico, donde los representantes de cada provincia compartirían inquietudes comunes y colaborarían con los diputados autonómicos para trasladarlas al ámbito parlamentario. Como refuerzo, cabría implantar un sistema de iniciativas ciudadanas dentro de los partidos, de modo que, si un número significativo de ciudadanos plantease una misma cuestión en sus reuniones con los delegados, ésta debería ser debatida internamente. Para ello, las propuestas más recurrentes podrían ser evaluadas en comisiones internas, que analizarían su viabilidad y conveniencia. Posteriormente, aquellas que fuesen consideradas prioritarias podrían transformarse en propuestas oficiales del partido. Además, para garantizar la transparencia y evaluar la efectividad del modelo, cada partido podría publicar un informe anual detallando las principales demandas ciudadanas recogidas, las iniciativas políticas derivadas de estas y el grado de participación de los ciudadanos en las reuniones con sus delegados.

Este tipo de dinámica no solo fortalecería el elemento dialéctico y participativo, sino que también ayudaría a contrarrestar la sensación de desconexión existente entre el partido y los ciudadanos. Esto sería especialmente relevante en las provincias más despobladas, donde, a pesar de que el sistema actual utiliza la representación provincial, en la práctica no garantiza que los diputados actúen en función de los intereses locales, sino que, más bien, responden principalmente a las directrices de su partido. La instauración de estos delegados territoriales, específicamente encargados de mantener un vínculo directo con los votantes de cada localidad, aseguraría que las preocupaciones locales tuviesen un lugar mucho más relevante en el debate político que el que tienen actualmente.

Así, la introducción de este elemento en nuestro modelo no solo promueve una mayor interacción entre electores y representantes, sino que refuerza la idea de que el diálogo y la reflexión crítica pueden y deben estar en el centro del proceso político, a la vez que fortalece el principio de representación territorial.

Referencias bibliográficas

Adams, J., "Carta a John Penn, 27 de marzo de 1776", *National Archives*, «https://founders.archives.gov/documents/Adams/06-04-02-0026-0003».

Alexy, R. / García Figueroa, A., *Star Trek y los derechos humanos*, Tirant Lo Blanch, Valencia, 2007.

Alexy, R., "Balancing, constitutional review, and representation", International Journal of Constitutional Law, nº3, 2005.

Alexy, R., "Constitutional Rights, Democracy, and Representation", *Ricerche giuridiche*, nº2, 2014, pp. 197-209.

Alexy, R., "Los derechos fundamentales y el principio de proporcionalidad", *Revista Española de Derecho Constitucional*, nº91, 2011, pp. 11-29.

Alexy, R., *El concepto y la validez del derecho*, trad. de Jorge M. Seña, Gedisa, Barcelona, 2004, 2ª ed.

Alexy, R., *Teoría de la argumentación jurídica*, trad. de Manuel Atienza e Isabel Espejo, Centro de Estudios Políticos y Constitucionales, Madrid, 2018.

Alexy, R., *Teoría de los derechos fundamentales*, trad. de Carlos Bernal Pulido, Centro de Estudios Políticos y Constitucionales, Madrid, 2022, 3ªed.

Alzaga Villaamil, Ó. / Gutiérrez Gutiérrez, I. / Rodríguez Zapata, J., *Derecho Político Español según la Constitución de 1978 II. Derechos fundamentales y órganos del Estado (1)*, Centro de Estudios Ramón Areces, Madrid, 1998, 2ª ed.

Alzaga Villaamil, Ó., "Las Cortes Generales", en: Alzaga Villaamil, Ó. / Gutiérrez Gutiérrez, I. / Rodríguez Zapata, J., *Derecho Político Español según la Constitución de 1978 II. Derechos fundamentales y órganos del Estado (1)*, Centro de Estudios Ramón Areces, Madrid, 1998, 2ª ed.

Añón, M. J., *Necesidades y derechos. Un ensayo de fundamentación*, Centro de Estudios Constitucionales, Madrid, 1994.

Arrow, K. J., *Elección social y valores individuales*, Planeta-Agostini, trad. de Eusebio Aparicio Auñón, Barcelona, 1994.

Arruego Rodríguez, G., *Representación política y derecho fundamental*, Fundación Manuel Giménez Abad de Estudios Parlamentarios y del Estado Autonómico / Centro de Estudios Políticos y Constitucionales, Madrid, 2005.

Atienza, M. / Ruiz Manero, J., *Las piezas del Derecho. Teoría de los enunciados jurídicos,* Ariel, Barcelona, 2ª ed.

Atienza, M., "Objetivismo moral y Derecho", en: Ortega García, R., (Coord.), *Problemas constitucionales contemporáneos,* Fontamara, México, 2017.

Atienza, M., *Curso de argumentación jurídica,* Trotta, Madrid, 2013.

Atienza, M., *El Derecho como argumentación,* Ariel, Barcelona, 2012.

Austin, J., *Cómo hacer cosas con palabras,* trad. de Genaro R. Carrió; Eduardo A. Rabossi, Paidós, Barcelona, 2016.

Baldi, B. / Márquez Albert, J. J., "Crisis de la representatividad democrática y populismos. Una mirada sobre Italia y España", *Revista Ámbitos,* nº37, 2017, pp. 95-109.

Bastida Freijedo, F. J., "Derecho de participación a través de representantes y función constitucional de los partidos políticos", *Revista Española de Derecho Constitucional,* nº21, 1987, pp. 199-228.

Bentham, J., *Los principios de la moral y la legislación,* trad. de Margarita Costa, Claridad, Buenos Aires, 2008.

Bernal Pulido, C., *El principio de proporcionalidad y los derechos fundamentales: El principio de proporcionalidad como criterio para determinar el contenido de los derechos fundamentales vinculante para el Legislador,* Universidad Externado de Colombia, Bogotá, 2014, 4ºed.

Bobbio, N., "Estructura y función en la teoría del Derecho de Kelsen", en: Bobbio, N., *Contribución a la teoría del Derecho,* trad. de Alfonso Ruiz Miguel, Olejnik, Argentina, 2022.

Bobbio, N., *Contribución a la teoría del Derecho,* trad. de Alfonso Ruiz Miguel, Olejnik, Argentina, 2022.

Brennan, J., *Contra la democracia,* trad. de Ramón González Ferriz, Deusto, Barcelona, 2018.

Burke, E., "Discurso a los electores de Bristol (Fragmento)", en: Burke, E., *Textos Políticos,* trad. de Vicente Herrero, Fondo de Cultura Económica, México, 1942.

Burke, E., "Pensamientos sobre las causas del actual descontento", en: Burke, E., *Textos Políticos,* trad. de Vicente Herrero, Fondo de Cultura Económica, México, 1942.

Burke, E., *Textos Políticos,* trad. de Vicente Herrero, Fondo de Cultura Económica, México, 1942.

Caamaño Domínguez, F., *El mandato parlamentario,* Publicaciones del Congreso de los Diputados, Madrid, 1991.

Camps Ortiz, F. E., *El sistema electoral proporcional y el mayoritario: votar una lista, votar un candidato,* Universidad Católica de Valencia San Vicente Mártir, Valencia, 2016.

Carey, J. M. / Hix, S., "The Electoral Sweet Spot: Low-Magnitude Proportional Electoral Systems", *American Journal of Political Science,* nº55, 2011, pp. 383-397.

Casquete, J. / Tajadura, J. (Coord.), *La Constitución de Weimar: Historia, política y derecho,* Centro de Estudios Políticos y Constitucionales, Madrid, 2020.

Chueca Rodríguez, R. L., *La regla y el principio de la mayoría,* Centro de Estudios Constitucionales, Madrid, 1993.

Constant, B., "Discurso sobre la libertad de los antiguos comparada con la de los modernos", Selección de textos políticos de Benjamin Constant, trad. de Oscar Godoy Arcaya, *Revista de Estudios Públicos,* nº59, 1995, pp. 51-68.

Constant, B., *Curso de política constitucional,* trad. de Francisco Lucas de Yturbe, Taurus, Madrid, 1968.

Corona Nakamura, L. A. / Miranda Camarena, A. J. (Coords.), *Derecho electoral comparado,* Marcial Pons, Madrid, 2012.

Costa, P., "El problema de la representación política: Una perspectiva histórica", *Anuario de la Facultad de Derecho de la Universidad Autónoma de Madrid,* trad. de Alejandro Agüero y María Julia Solla, nº8, 2004, pp. 15-61.

Dahl, R., *La democracia y sus críticos,* trad. de Leandro Wolfson, Paidós, Barcelona, 1992.

Dahl, R., *La democracia,* trad. de Fernando Vallespín, Ariel, Barcelona, 2012.

Dahl, R., *La poliarquía. Participación y oposición,* trad. de Julia Moreno San Martín, Tecnos, Madrid, 1997, 2ª ed.

de Esteban, J., "La reforma de la ley electoral: respuesta al profesor Nohlen", *Revista Española de Investigaciones Sociológicas,* nº17, 1982, pp. 139-142.

de Miguel Bárcena, J. / Tajadura Tejada, J., *Kelsen versus Schmitt: Política y derecho en la crisis del constitucionalismo,* Guillermo Escolar, Madrid, 2022, 3ªed.

de Otto, I., *Defensa de la Constitución y partidos políticos,* Centro de Estudios Políticos y Constitucionales, Madrid, 1985.

de Vega, P., "Significado constitucional de la representación política", *Revista de Estudios Políticos (Nueva Época)*, pp. 25-45.

Duso, G., (Coord.), *El poder: Para una historia de la filosofía política moderna*, trad. de Silvio Mattoni, Siglo XXI, México, 2005.

Duverger, M., *Sociología política*, trad. de Jorge Esteban, Ariel, Barcelona, 1982, 3ªed.

Dworkin, R., *Los derechos en serio*, trad. de Marta Gustavino, Planeta-Agostini, Barcelona, 1993.

Fenichel Pitkin, H., *El concepto de representación*, trad. de Ricardo Montoro, Centro de estudios políticos y constitucionales, Madrid, 2014.

Fernández Esquer, C., "El Sistema electoral de Castilla-La Mancha tras la reforma de 2014: Análisis de sus rendimientos y propuestas de mejora", *Anuario Parlamento Y Constitución*, nº21, 2020, pp. 11-38.

Fernández Esquer, C., "La reforma del sistema electoral de Castilla-La Mancha de 2014", *Cuadernos Manuel Giménez Abad*, nº11, 2016, pp. 76-85.

Fernández Esquer, C., *Sistemas electorales regionales en Estados multinivel: los casos de Alemania, Bélgica, Italia y España*, Centro de Estudios Políticos y Constitucionales, Madrid, 2022.

Fernández Pérez, B., "El sistema electoral de las Comunidades Autónomas", *Sistema*, nº45, 1981, pp. 77-88.

Fernández Segado, F., "Partidos políticos: representación parlamentaria e interdicción del mandato imperativo", *Pensamiento constitucional*, nº2, 1995, pp. 29-57.

Fernández-Miranda Campoamor, A., "Reflexiones sobre una improbable reforma del sistema electoral del Congreso de los Diputados", *Revista de Derecho Político*, nº74, 2009, pp. 19-46.

Ferrajoli, L., *Principia iuris. Teoría del derecho y de la democracia*, trad. de Perfecto Andrés Ibáñez, Juan Carlos Bayón, Marina Gascón, Luis Prieto Sanchís y Alfonso Ruiz Miguel, Trotta, Madrid, 2011.

Gallagher, M., "Proporcionality, Disproporcionality and Electoral Systems", *Electoral Studies*, nº1, 1991, pp. 33-51.

García Amado, J. A., *Hans Kelsen y la norma fundamental*, Marcial Pons, Madrid, 1996.

García Figueroa, A., "Justificación interna y justificación externa", en: Gascón Abellán, M., (Coord.), *Argumentación jurídica*, Tirant Lo Blanch, Valencia, 2014.

García Figueroa, A., *Criaturas de la moralidad: Una aproximación neoconstitucionalista al Derecho a través de los derechos,* Trotta, Madrid, 2009.

García Figueroa, A., *Praxis: Una introducción a la moral, la política y el Derecho,* Atelier, Barcelona, 2017.

García Guerrero, J. L., "Teorías de la representación política, democracia directa y partidos políticos", en: López Garrido, D., Massó Garrote, M. F. y Pegoraro, L., (Directores), *Derecho Constitucional Comparado,* Tirant Lo Blanch, Valencia, 2017.

García Guerrero, J. L., *Democracia representativa de partidos y grupos parlamentarios,* Publicaciones del Congreso de los Diputados, Madrid, 1996.

García-Escudero Márquez, P., *El procedimiento legislativo en las Cortes Generales,* Centro de Estudios Políticos y Constitucionales, Madrid, 2006.

Gargarella, R., *Crisis de la representación política,* Fontamara, México, 1997.

Garrorena Morales, A., *Escritos sobre la democracia. La democracia y la crisis de la democracia representativa,* Centro de Estudios Políticos y Constitucionales, Madrid, 2015.

Garrorena Morales, A., *Representación política y Constitución democrática (Hacía una revisión crítica de la teoría de la representación),* Civitas, Madrid, 1991.

Garrote de Marcos, M., "El control de constitucionalidad del sistema electoral de las Cortes de Castilla-La Mancha: a propósito de las SSTC 197/2014 y 15/2015", *Asamblea. Revista Parlamentaria De La Asamblea De Madrid,* nº32, pp. 279-300.

Gascón Abellán, M., (Coord.), *Argumentación jurídica,* Tirant Lo Blanch, Valencia, 2014.

Gavara de Cara, J. C., *La homogeneidad de los regímenes electorales autonómicos,* Centro de Estudios Políticos y Constitucionales, Madrid, 2007.

Gavara de Cava, J. C., "Los regímenes electorales autonómicos como sistemas proporcionales", *Cuadernos de Derecho Público,* nº22-23, 2004, pp. 205-237.

González Encinar, J., J. (Coord.), *Derecho de partidos,* Espasa, Madrid, 1992.

Greppi, A., *Teoría constitucional y representación política: La doctrina estándar y su obsolescencia,* Marcial Pons, Madrid, 2022.

Habermas, J., *Conciencia moral y acción comunicativa,* trad. de Ramón Cotarelo García, Trotta, 2008.

Habermas, J., *Facticidad y validez*, trad. de Manuel Jiménez Redondo, Trotta, Madrid, 1998.

Hamilton, A. / Madison, J. / Jay, J., *El federalista*, trad. de Daniel Blanch y Ramón Maíz, Akal, Madrid, 2015.

Hernández Bravo de Laguna, J., "La constitucionalización de los partidos en España", *Anales de la Facultad de Derecho*, nº23, 2006, pp. 119-138.

Hernández Marín, R., "Ficciones jurídicas", *Doxa. Cuadernos de Filosofía del Derecho*, nº3, 1986, pp. 141-147.

Hernández Marín, R., *El Derecho como dogma*, Tecnos, Madrid, 1984.

Hervada, J. / Zumaquero, J. M., *Textos Internacionales de Derechos Humanos*, Universidad de Navarra, Pamplona, 1978.

Hobbes, T., *Leviatán*, trad. de Antonio Escohotado, ed. de C. Moya y A. Escohotado, 2ª ed., Madrid, 1980.

Jellinek, G., *Teoría General del Estado*, trad. de Fernando de los Ríos, Albatros, Buenos Aires, 1981.

Jiménez Campo, J., "Los partidos políticos en la jurisprudencia constitucional", en: González Encinar, J., J. (Coord.), *Derecho de partidos*, Espasa, Madrid, 1992.

José María Asencio Mellado / Alba Rosell Corbelle (Coord.), *Derecho probatorio y otros estudios procesales*, Ediciones Jurídicas Castillo de Luna, España, 2020.

Kant, I., *Crítica de la razón práctica*, trad. de Emilio Miñana y Villagrasa; Manuel García Morente, Tecnos, Madrid, 2017.

Kant, I., *Fundamentación de la metafísica de las costumbres*, trad. de Manuel García Morente, Austral, Barcelona, 2016.

Kelsen, H., *¿Qué es Justicia?*, trad. de Albert Calsamiglia, Ariel, Barcelona, 2001, 3ªed.

Kelsen, H., "¿Qué es justicia?", en: Kelsen, H., *¿Qué es Justicia?*, trad. de Albert Calsamiglia, Ariel, Barcelona, 2001, 3ªed.

Kelsen, H., "¿Quién debe ser el defensor de la Constitución?", en: Schimtt, C. / Kelsen, H., *La polémica Schmitt / Kelsen sobre la justicia constitucional: El defensor de la Constitución versus ¿Quién debe ser el defensor de la Constitución?*, trad. de Manuel Sánchez Sarto / Roberto J. Brie, Tecnos, Madrid, 2019, 2ª ed.

Kelsen, H., "Absolutismo y relativismo en filosofía y en política", en: Kelsen, H., *¿Qué es Justicia?*, trad. de Albert Calsamiglia, Ariel, Barcelona, 2001, 3ªed.

Kelsen, H., "La garantía jurisdiccional de la Constitución", en: Kelsen, H., *Escritos sobre Justicia constitucional*, trad. de Juan Luis Requejo Pagés, Tecnos, Madrid, 2021.

Kelsen, H., "Los fundamentos de la democracia", trad. de Juan Ruiz Manero, en: Kelsen, H., *Escritos sobre la democracia y el socialismo,* Debate, Madrid, 1988.

Kelsen, H., *Escritos sobre Justicia constitucional,* trad. de Juan Luis Requejo Pagés, Tecnos, Madrid, 2021.

Kelsen, H., *Escritos sobre la democracia y el socialismo,* Debate, Madrid, 1988.

Kelsen, H., *Esencia y valor de la democracia,* trad. de Rafael Luengo Tapia y Luis Legaz Lacambra, Comares, Granada, 2002.

Kelsen, H., *Teoría General del Estado,* trad. de Luis Legaz Lacambra, Editora Nacional, México, 1979, 15ª ed.

Kelsen, H., *Teoría pura del derecho (2ªed.),* trad. de Roberto J. Vernego, Universidad Nacional Autónoma de México, México, 1983.

Kriele, M., *Introducción a la Teoría del Estado: Fundamentos históricos de la legitimidad del Estado constitucional democrático,* trad. de Eugenio Bulygin, Depalma, Buenos Aires, 1980.

Laporta San Miguel, F., "Sobre la teoría de la democracia y el concepto de representación política: algunas propuestas para debate", *Doxa. Cuadernos de Filosofía del Derecho,* nº6, 1989, pp. 121-141.

Leibholz, G., "Representación e identidad", en: Lenk, K. / Neumann, F., *Teoría y sociología críticas de los partidos políticos,* trad. de Ignacio de Otto, Anagrama, Barcelona, 1980.

Lenk, K. / Neumann, F., *Teoría y sociología críticas de los partidos políticos,* trad. de Ignacio de Otto, Anagrama, Barcelona, 1980.

Lijphart, A., "Prefacio a la edición española", en: Lijphart, A., *Sistemas electorales y sistemas de partidos. Un estudio de veintisiete democracias (1945-1990),* trad. de Fernando Jiménez Sánchez, Centro de Estudios Constitucionales, Madrid, 1995.

Lijphart, A., *Modelos de democracia. Formas de gobierno y resultados en treinta y seis países,* trad. de Carme Castellnou, Ariel, Barcelona, 2000.

Lijphart, A., *Sistemas electorales y sistemas de partidos. Un estudio de veintisiete democracias (1945-1990),* trad. de Fernando Jiménez Sánchez, Centro de Estudios Constitucionales, Madrid, 1995.

López Garrido, D., Massó Garrote, M. F. y Pegoraro, L., (Directores), *Derecho Constitucional Comparado,* Tirant Lo Blanch, Valencia, 2017.

MacCormick, N., *Razonamiento jurídico y Teoría del Derecho,* trad. de José Ángel Gascón Salvador, Palestra, Lima, 2018.

Maquiavelo, N, *El príncipe (Comentado por Napoleón Bonaparte),* Espasa, Madrid, 1988, 19ª ed.

Marcet, J., "Consenso y disenso de doce años de Ley Electoral", *Revista de las Cortes Generales,* nº41, 1997, pp. 201-215.

Martín Sánchez, M., "El Estado Autonómico y el procedimiento electoral en España: Reforma de la Ley Electoral de Castilla-La Mancha", *Revista de Derecho Electoral,* nº10, 2010, pp. 1-19.

Martínez Sospedra, M., "El concepto constitucional de circunscripción y sus efectos sobre la eficacia del principio de soberanía popular", en: V. V. A. A., *I Jornadas de Derecho Parlamentario. Volumen II,* Publicaciones del Congreso de los Diputados, Madrid, 1985.

Michels, R., *Los partidos políticos: Un estudio sociológico de las tendencias oligárquicas de la democracia moderna,* trad. de Enrique Molina de Vedia, Amorrortu Editores, Buenos Aires, 2017.

Monereo Pérez, J. L., "La democracia en el pensamiento de Kelsen", Estudio preliminar en: Kelsen, H., *Esencia y valor de la democracia,* trad. de Rafael Luengo Tapia y Luis Legaz Lacambra, Comares, Granada, 2002.

Montero, J.R. / Riera, P., "Informe sobre la reforma del sistema electoral (Presentado a la Comisión de Estudios del Consejo de Estado en diciembre de 2008)", en: Rubio Llorente, F. / Biglino Campos, P., (Coords.), *El informe del Consejo de Estado sobre la reforma electoral. Texto del informe y debates académicos,* Consejo de Estado / Centro de Estudios Políticos y Constitucionales, Madrid, 2009.

Montesquieu, *Del Espíritu de las Leyes,* trad. de Mercedes Blázquez; Pedro de Vega, Tecnos, Madrid, 2000, 5º ed.

Mortati, C., "Valoración de conjunto sobre la experiencia constitucional", trad. de José Luis Aja Sánchez, en: V. V. A. A., *La Constitución de Weimar (Texto de la Constitución Alemana de 11 de agosto de 1919),* Tecnos, Madrid, 2019.

Muñoz Machado, S., *Derecho Público de las Comunidades Autónomas I,* Iustel, Madrid, 2007.

Nino, C. S., *El constructivismo ético,* Centro de estudios constitucionales, Madrid, 1989.

Nino, C. S., *Introducción al análisis del Derecho,* Ariel, Barcelona, 1983.

Nohlen, D., "La reforma de la ley electoral. Pautas para una discusión", *Revista Española de Investigaciones Sociológicas,* nº16, 1981, pp. 135-143.

Ocaña, F. A. / Oñate, P., "Índices indicadores del sistema electoral y del sistema de partidos. Una propuesta informática para su cálculo", *Revista Española de Investigaciones Sociológicas,* nº86, 1999, pp. 223-245.

Oliver Araujo, J., *Los sistemas electorales autonómicos,* Generalitat de Catalunya. Departament de Governació i Relacions Institucionals. Institut d'Estudis Autonòmics, Barcelona, 2011.

Ortega García, R., (Coord.), *Problemas constitucionales contemporáneos,* Fontamara, México, 2017.

Palacios Romeo, F. / Cebrián Zazurca, E. (Coords.), *Elegir cómo elegir. Retos y urgencias del régimen electoral en España,* Fundación Manuel Giménez Abad, Zaragoza, 2018.

Palacios Romeo, F., "Democracia, representación y sistema electoral, una histórica difícil empatía bajo lógica del control hegemónico", en: Palacios Romeo, F. / Cebrián Zazurca, E. (Coords.), *Elegir cómo elegir. Retos y urgencias del régimen electoral en España,* Fundación Manuel Giménez Abad, Zaragoza, 2018.

Penchaszadeh, A. P., Spagnolo, M., "Voluntades (des)encontradas: las máscaras de la representación en la teoría política de Jean-Jacques Rousseau", *Daimon. Revista Internacional de Filosofía,* nº47, 2009, pp. 49-64.

Pérez Alberdi, M. R., "Efectos de las barreras electorales. Efectos del sistema electoral canario a raíz de la STC 225/1998", *Revista de Derecho Político,* nº52, 2001, pp. 357-401.

Piccinini, M., "Poder común y representación en Thomas Hobbes", en: Duso, G., (Coord.), *El poder: Para una historia de la filosofía política moderna,* trad. de Silvio Mattoni, Siglo XXI, México, 2005.

Prieto Sanchís, L., *Justicia constitucional y derechos fundamentales,* Trotta, 3ª ed., Madrid, 2014.

Rae, D. W., *Leyes electorales y sistema de partidos políticos,* trad. de Eloy Fuente Herrero, Centro de Investigación y Técnicas Políticas, Madrid, 1977.

Ramírez González, V., (Coord.) *Sistema electoral para el Congreso de los Diputados. Propuesta para un parlamento más ecuánime, representativo y gobernable,* Universidad de Granada, Granada, 2013.

Ramírez, M., "Grupos parlamentarios y sistema de partidos", en: V. V. A. A., *I Jornadas de Derecho Parlamentario. Volumen I,* Congreso de los Diputados, Madrid, 1985.

Rawls, J., "El sentido de la justicia", en: Rawls, J., *Justicia como equidad,* trad. de Miguel Ángel Rodilla, Tecnos, Madrid, 1986.

Rawls, J., "Justicia como equidad", en: Rawls, J., *Justicia como equidad,* trad. de Miguel Ángel Rodilla, Tecnos, Madrid, 1986.

Rawls, J., "Justicia distributiva", en: Rawls, J., *Justicia como equidad,* trad. de Miguel Ángel Rodilla, Tecnos, Madrid, 1986.

Rawls, J., *El liberalismo político,* trad. de Antoni Domènech, Crítica, Barcelona, 2019.

Rawls, J., *Justicia como equidad,* trad. de Miguel Ángel Rodilla, Tecnos, Madrid, 1986.

Rawls, J., *Teoría de la justicia,* trad. de María Dolores González, FCE, México, 1995, 2ª ed.

Rodilla, M. A., "Prefacio", a: Sendín Mateos, J. A., *La filosofía moral de Hans Kelsen,* Marcial Pons, Madrid, 2017.

Rodilla, M. Á., "Presentación", a: Rawls, J., *Justicia como equidad,* trad. de Miguel Ángel Rodilla, Tecnos, Madrid, 1986.

Rousseau, J-J., *El contrato social,* trad. de María José Villaverde, Taurus, Barcelona, 2021, 3ª ed.

Rubio Llorente, F. / Biglino Campos, P., (Coords.), *El informe del Consejo de Estado sobre la reforma electoral. Texto del informe y debates académicos,* Consejo de Estado / Centro de Estudios Políticos y Constitucionales, Madrid, 2009.

Rubio Llorente, F., "El parlamento y la representación política", en: V. V. A. A., *I Jornadas de Derecho Parlamentario. Volumen I,* Congreso de los Diputados, Madrid, 1985.

Rubio Llorente, F., "Prólogo" a: Caamaño Domínguez, F., *El mandato parlamentario,* Publicaciones del Congreso de los Diputados, Madrid, 1991.

Ruiz González, F., "Austeridad versus representatividad en la ley electoral de Castilla-La Mancha", *Revista Anuario Parlamento Y Constitución,* nº15, pp. 201-224.

Ruiz González, F., "Hacia un tamaño adecuado de las Cortes de Castilla-La Mancha", *Anuario Parlamento Y Constitución,* nº25, 2024, pp. 181-203.

Ruiz Manero, J., "Presentación: Teoría de la democracia y crítica del marxismo en Kelsen", en: Kelsen, H., *Escritos sobre la democracia y el socialismo,* Debate, Madrid, 1988.

Ruiz Manero, J., "Prólogo", a: Corona Nakamura, L. A. / Miranda Camarena, A. C. (Coords.), *Derecho electoral comparado,* Marcial Pons, Madrid, 2012.

Santaolalla López, F., "Partido político, grupo parlamentario y diputado", en: González Encinar, J., J. (Coord.), *Derecho de partidos,* Espasa, Madrid, 1992.

Santaolalla López, F., "Problemas jurídico-políticos del voto bloqueado", *Revista de Estudios Políticos,* nº53, 1986, pp. 29-43.

Santaolalla López, F., *Derecho Parlamentario Español,* Editora Nacional, Madrid, 1984.

Santaolalla López, F., *Por un nuevo procedimiento legislativo,* Dykinson, Madrid, 2015.

Sartori, G. / Sani, G., "Apéndice", trad. de Luis López Guerra, en: Sartori, G., *Partidos y sistemas de partidos. Marco para un análisis,* trad. de Fernando Santos Fontenla, Alianza, Madrid, 1999, 2ª ed.

Sartori, G., *¿Qué es la democracia?,* trad. de Miguel Ángel González Rodríguez / María Cristina Pestellini Laparelli Salomon / Miguel Ángel Ruiz de Azúa, Taurus, España, 2007.

Sartori, G., *Elementos de teoría política,* trad. de María Luz Morán, Alianza, Madrid, 1992.

Sartori, G., *Homo videns. La sociedad teledirigida,* trad. de Ana Díaz Soler, Taurus, Madrid, 2003, 6ªed.

Sartori, G., *Ingeniería constitucional comparada. Una investigación de estructuras, incentivos y resultados,* trad. de Roberto Reyes Mazzoni, Fondo de Cultura Económica, México, 1994.

Sartori, G., *Partidos y sistemas de partidos. Marco para un análisis,* trad. de Fernando Santos Fontenla, Alianza, Madrid, 1999, 2ª ed.

Sartori, G., *Teoría de la democracia. Tomo 1. El debate contemporáneo,* trad. de Santiago Sánchez González, Alianza, Madrid, 1988.

Sastre Ariza, S., "A vueltas con la democracia", en: Valmaña Ochaíta, A., (Coord.), *Democracia en el Mundo Antiguo y en la actualidad,* Andavira, Santiago de Compostela, 2013.

Schimtt, C. / Kelsen, H., *La polémica Schmitt / Kelsen sobre la justicia constitucional: El defensor de la Constitución versus ¿Quién debe ser el defensor de la Constitución?,* trad. de Manuel Sánchez Sarto / Roberto J. Brie, Tecnos, Madrid, 2019, 2ª ed.

Schmitt, C., "El defensor de la Constitución", en: Schimtt, C. / Kelsen, H., *La polémica Schmitt / Kelsen sobre la justicia constitucional: El defensor de la Constitución versus ¿Quién debe ser el defensor de la Constitución?,* trad. de Manuel Sánchez Sarto / Roberto J. Brie, Tecnos, Madrid, 2019, 2ª ed.

Schmitt, C., *Teoría de la Constitución*, trad. de Franciso Ayala, Alianza Editorial, Madrid, 2019.

Sendín Mateos, J. A., *La filosofía moral de Hans Kelsen*, Marcial Pons, Madrid, 2017.

Sieyès, E., *Escritos y discursos de la Revolución*, trad. de Ramón Máiz, Centro de Estudios Políticos y Constitucionales, Madrid, 2007.

Smith, A., *La riqueza de las naciones*, trad. de Carlos Rodríguez Braun, Biblioteca Nueva, Madrid, 2019.

Solozábal Echevarría, J. J., "Representación política y pluralismo territorial", *Revista de Estudios Políticos*, nº50, 1986, pp. 69-99.

Sosa Wagner, F., *Maestros alemanes del Derecho público*, Marcial Pons, Madrid, 2005, 2ªed.

Stuart Mill, J., *Consideraciones sobre el gobierno representativo*, trad. de Carlos Mellizo, Alianza, Madrid, 2019, 2ª ed.

Stuart Mill, J., *El utilitarismo*, trad. de Esperanza Guisán Seijas, Alianza, Madrid, 1984.

Taagepera, R. / Shugart, M. S., *Seat and Votes: The Effects and Determinants of Electoral Systems*, Yale University Press, New Heaven, 1989.

Tocqueville, A., *La democracia en América*, trad. de Eduardo Nolla, Trotta, Madrid, 2018, 2ª ed.

Torres del Moral, A., "Crisis del mandato representativo en el Estado de partidos", *Revista de Derecho Político*, nº14, 1982, pp. 7-30.

Torres del Moral, A., "La reforma del sistema electoral o la cuadratura del círculo", *Revista de Derecho Político*, nº74, 2009, pp. 49-111.

Triepel, H., "Derecho constitucional y realidad constitucional", en: Lenk, K. / Neumann, F., *Teoría y sociología críticas de los partidos políticos*, trad. de Ignacio de Otto, Anagrama, Barcelona, 1980.

Urdánoz Ganuza, J, "La desigualdad de voto en España", *Anuario de la Facultad de Derecho de la Universidad Autónoma de Madrid*, nº13, 2009, pp. 271-290.

Urdánoz Ganuza, J., "Umbrales de representación y proporcionalidad", *Revista Española de Investigaciones Sociológicas*, nº121, 2008, pp. 133-166.

Uriarte, E., "La política como vocación y como profesión", *Revista Española de Ciencia Política*, nº3, 2000, pp. 97-124.

V. V. A. A., *I Jornadas de Derecho Parlamentario. Volumen I*, Publicaciones del Congreso de los Diputados, Madrid, 1985.

V. V. A. A., *I Jornadas de Derecho Parlamentario. Volumen II*, Publicaciones del Congreso de los Diputados, Madrid, 1985.

V. V. A. A., *La Constitución de Weimar (Texto de la Constitución Alemana de 11 de agosto de 1919)*, Tecnos, Madrid, 2019.

Vallés, J. M., "Sistemas electorales, Estado de las Autonomías y Comunidades Autónomas", *Revista de Estudios Políticos*, nº34, 1983, pp. 107-132.

Valmaña Ochaíta, A., (Coord.), *Democracia en el Mundo Antiguo y en la actualidad*, Andavira, Santiago de Compostela, 2013.

Vecina Cifuentes, J., "Contra las inmunidades del poder: El caso español", en: José María Asencio Mellado / Alba Rosell Corbelle (Coord.), *Derecho probatorio y otros estudios procesales*, Ediciones Jurídicas Castillo de Luna, España, 2020.

Vidal Marín, T., "Una vez más la Ley Electoral de Castilla-La Mancha a juicio: comentario a la STC 15/2015, de 5 de febrero de 2015", *Parlamento y Constitución. Anuario*, nº18, 2017, pp. 199-204.

Vidal Martín, T., *Sistemas Electorales y Estado Autonómico. Especial consideración del Sistema Electoral de Castilla-La Mancha*, Ediciones Parlamentarias de Castilla-La Mancha, Toledo, 2006.